O cadete e o capitão

●●--●

Luiz Maklouf Carvalho

O cadete e o capitão

A vida de Jair Bolsonaro no quartel

todavia

Para Elza

*Para que uma coisa seja interessante, basta
olhá-la durante muito tempo.*

Gustave Flaubert*

---

* Carta ao amigo Alfred Le Poittevis, set. 1845. Em *Gustave Flaubert: Cartas
exemplares*. Rio de Janeiro: Imago, 2005.

Introdução 11

1. O pequeno mateiro e o capitão Lamarca:
Uma história mal contada 21
2. O cadete 531, ou "Cavalão" 29
3. O salvamento do soldado Celso 43
4. Melancias na fronteira 46
5. "Demonstrações de excessiva ambição" 50
6. Acidente com paraquedas 53
7. Artigo em *Veja* e prisão disciplinar 57
8. Operação Beco sem Saída 71
9. Sindicância no Exército 85
10. O Conselho colhe os primeiros depoimentos 92
11. Mais perícias 109
12. Entra em cena o Superior Tribunal Militar 116
13. O Ministério Público Militar é impedido de falar 125
14. Fala o relator 217
15. Fala a advogada de Jair Bolsonaro 219
16. *In dubio pro reo* 222
17. Revisor traça "perfil psicológico" 227
18. Os ministros votam: 9 a 4 230

Referências bibliográficas 251
Sobre o autor 252
Créditos das imagens 253

Introdução

O capitão do Exército Jair Messias Bolsonaro, presidente da República desde 1º de janeiro de 2019, foi julgado pelo Superior Tribunal Militar (STM) em 16 de junho de 1988 — lá se vão mais de trinta anos. Cinco meses antes, em janeiro, um conselho de justificação do Exército o considerara culpado, por 3 a 0, por ter tido "conduta irregular e praticado atos que afetam a honra pessoal, o pundonor militar[1] e o decoro da classe". O STM o absolveu, por 9 a 4. Este livro, ao contar a vida de Jair Bolsonaro em seus quinze anos de quartel, questiona esse resultado.

Tudo começou em setembro de 1986, quando o capitão artilheiro e paraquedista da ativa publicou na revista *Veja* o artigo "O salário está baixo", uma crítica contundente à política salarial do governo José Sarney, o primeiro depois da ditadura militar. Por quebra de disciplina e hierarquia, considerada uma transgressão grave pelo regulamento do Exército, Bolsonaro foi punido com quinze dias de prisão disciplinar. O caso teve grande repercussão, deu ao capitão seus primeiros quinze minutos de fama, mas não foi além disso.

Pouco mais de um ano depois, em outubro de 1987, a edição 999 de *Veja* acusou os capitães Bolsonaro e "Xerife" — que depois se descobriu ser Fábio Passos[2] — de serem os autores de

---

1 "Pundonor" nos dicionários: matéria ou ponto de honra, aquilo de que não se pode abrir mão, sob a ameaça de ser ou sentir-se desonrado.　2 Fábio Passos e sua mulher, Lígia D'Arc Passos, já deram declarações públicas de que não falam a respeito. A revista *Veja* o acusou de ter tentado vender uma entrevista sobre

um plano batizado de Beco sem Saída. O objetivo, segundo *Veja*, "era explodir bombas em várias unidades da Vila Militar, da Academia Militar das Agulhas Negras (Aman), em Resende (RJ) e em vários quartéis". Os dois negaram as acusações.

Desmentida publicamente pelos capitães Bolsonaro e Fábio Passos, pelo Comando Militar do Leste, ao qual eram subordinados, e pelo ministro do Exército, general Leônidas Pires Gonçalves,[3] *Veja* contra-atacou em sua edição seguinte, a de n⁰ 1000, de 4 de novembro de 1987.

Além de classificar os dois oficiais como mentirosos, reafirmando que ambos haviam revelado a ameaça terrorista contida no plano Beco sem Saída à repórter de *Veja* Cassia Maria, da sucursal do Rio de Janeiro, a revista publicou dois desenhos — ou croquis, como chamou — atribuídos ao capitão Bolsonaro. Em um deles, segundo a revista, viam-se as tubulações do que seria a adutora do Guandu, responsável pelo abastecimento de água no Rio de Janeiro, e junto delas, o desenho de uma carga de dinamite ("petardo de TNT").

A revelação de *Veja* foi bombástica, com o perdão do trocadilho, e a partir daí travou-se uma guerra de versões. Bolsonaro manteve-se na posição de que *Veja* havia mentido — sustentada até hoje — e *Veja* jamais recuou das informações publicadas. Essa questão específica transformou-se no eixo da judicialização militar do caso, com mais repercussão na imprensa. Bolsonaro respondeu a uma sindicância e a um Conselho de Justificação militares — e foi então que voltou à tona, como mais uma

o caso (cf. <https://veja.abril.com.br/politica/ex-colega-quer-dinheiro-para-detalhar-acao-de-bolsonaro-em-plano-de-atentado/> [esse e os demais links deste livro foram acessados em 29 de maio de 2019]). Passos negou a acusação. Ele também respondeu a conselhos de justificação, paralelos aos de Bolsonaro, que só muito de passagem serão citados. **3** Cf. verbete biográfico disponível em: <http://www.fgv.br/cpdoc/acervo/dicionarios/verbete-biografico/leonidas-pires-goncalves-1>.

das acusações contra ele, o artigo já quase esquecido de um ano antes sobre a questão salarial.

A repórter Cassia Maria,[4] que assinou as matérias, e o fotógrafo Ricardo Chvaicer,[5] também de *Veja* e que a acompanhou à Vila Militar, foram chamados para prestar depoimentos e participar de acareações, inclusive com Bolsonaro. Os dois chefes da sucursal da revista no Rio de Janeiro — Alessandro Porro, já falecido, e Ali Kamel, hoje diretor de jornalismo da TV Globo — também foram chamados. Kamel contará como foi. A direção de *Veja*, sediada em São Paulo e comandada então pelos jornalistas José Roberto Guzzo e Elio Gaspari, bancou a história do começo ao fim. Lastreado na documentação completa do caso, e no áudio da sessão secreta de julgamento, *O cadete e o capitão* mostrará que não houve empate de 2 a 2 nos laudos periciais grafotécnicos sobre os dois croquis que a revista *Veja* atribuiu ao capitão Bolsonaro. Apesar de os juízes terem liberdade para decidir sem levar em conta a questão numérica, o suposto empate — e, em consequência, o princípio de que a dúvida favorece o réu — foi o principal argumento para a absolvição. Ocorre que nunca existiram quatro laudos. Apenas três — dois deles afirmando que o capitão era o autor dos croquis e, portanto, culpado. Foi como contar como válido, no final de um jogo de futebol, um gol anulado pelo juiz.

4 Cassia Maria Vieira Rodrigues mora na zona sul do Rio de Janeiro, é sócia de duas empresas de consultoria e, de vez em quando, escreve artigos para *O Globo*. Foi informada sobre este livro e do meu interesse em entrevistá-la, mas não aceitou. A amigos, refere-se ao episódio com Bolsonaro como "entrevero". Sabe que o hoje presidente a ataca quando fala sobre o assunto. Esses amigos entendem seu silêncio como fruto do medo, agravado com a ascensão de Bolsonaro à presidência da República. 5 Chvaicer continua fotógrafo, facilmente encontrável na internet. Mandei muitas mensagens e áudios para seu telefone celular, pedindo uma entrevista, todos ignorados. Falei até com um parente muito próximo dele, na tentativa de um contato. Mandei a Chvaicer cópias do depoimento que ele prestou no processo, perguntando se o mantinha ou não. Não recebi resposta.

A sessão secreta do julgamento do STM — como mostra o áudio, com mais de cinco horas de duração — foi cheia de singularidades. Uma delas é *Veja* e sua repórter terem virado saco de pancadas dos ministros militares. Outras permitem aventar, com base também na análise da documentação, um jogo combinado para preservar o capitão — o espírito de corpo militar, dito de outra forma —, desde que ele apressasse sua saída do Exército. E foi o que ele fez, seis meses depois, sem a mácula indelével de uma condenação, depois de se eleger vereador no Rio de Janeiro.[6]

Esta é uma das histórias que este livro traz com detalhes no contexto mais amplo dos quase quinze anos de vida militar do hoje presidente da República, capitão reformado de artilharia. Parte dela já foi contada, inclusive pelo autor destas linhas,[7] sem, no entanto, o questionamento que agora traz.[8]

A narrativa baseia-se nos autos dos conselhos de justificação a que Bolsonaro respondeu, com farta documentação militar sobre sua vida no Exército, onde ele ingressou em março de 1973 e saiu — da ativa para a reserva — em dezembro de 1988, já eleito vereador. Os documentos estão nos arquivos do STM — assim como o áudio da sessão final do julgamento —, acessíveis

---

6 Pelo Partido Democrata Cristão (PDC), com 11 062 votos, em 15 de novembro de 1988. Em 22 de dezembro foi excluído do serviço ativo do Exército, indo para a reserva remunerada. Passou a capitão reformado em 21 de março de 2015, quando fez sessenta anos.   **7** "O julgamento que tirou Bolsonaro do anonimato". *Estadão*, 1º abr. 2018. Em: <https://politica.estadao.com.br/noticias/geral,o-julgamento-que-tirou-bolsonaro-do-anonimato,70002249929>; "Nos tempos de cadete, Bolsonaro era bom atleta e médio em Economia". *Estadão*, 1º jan. 2019. Em: <https://politica.estadao.com.br/noticias/geral,nos-tempos-de-cadete-bolsonaro-era-bom-atleta-e-medio-em-economia,70002662883>; "Bolsonaro tirou satisfação com oficial do Exército, registra Tribunal". *Estadão*, 16 dez. 2018. Em: <https://politica.estadao.com.br/noticias/geral,bolsonaro-tirou-satisfacao-com-oficial-no-exercito-registra-tribunal,70002647884>.

8 A explicação para o erro é eu ter confiado no acórdão da decisão do STM sem uma checagem mais detida nas perícias, como feita para este livro.

a quem os solicite, como alguns jornalistas já o fizeram, entre eles este autor, como repórter do jornal *O Estado de S. Paulo*.

Os três volumes disponíveis nos arquivos do STM contêm toda a documentação da sindicância e do Conselho de Justificação a que Bolsonaro respondeu no Rio, e do Conselho de Justificação que o julgou no STM: suas folhas de alterações na carreira militar; depoimentos de militares e civis, inclusive de *Veja*, que serviram de testemunha; os vários depoimentos do acusado, suas defesas e a de seus advogados, os *três* laudos da perícia grafotécnica, despachos, relatórios e decisões. Além dos documentos reunidos nesses três grossos volumes de cerca de 770 páginas cheias[9] — boa parte delas com o carimbo "reservado" —, o STM disponibilizou o áudio completo da sessão decisiva do julgamento. São 37 gravações de boa qualidade que registram passo a passo a sessão secreta daquela noite de quinta-feira, 16 de junho de 1988.

O cadete e o capitão tem dezoito capítulos.

O primeiro vai da infância de Jair Messias Bolsonaro no interior de São Paulo à sua entrada no Exército, primeiro na Escola de Cadetes de Campinas (SP), em 8 de março de 1973, depois na Aman, em março de 1974.

O segundo capítulo conta a vida do cadete 531, ou "Cavalão", na Aman, como documentada em suas folhas de alterações. O terceiro e o quarto relatam a vida de oficial de Bolsonaro, com uma passagem ainda pouco conhecida pela cidade de Nioaque, no Mato Grosso do Sul. Os dois seguintes, os capítulos cinco e seis, abordam sua volta ao Rio de Janeiro, um acidente grave na aterragem com paraquedas e sua entrada, já como capitão paraquedista, na Escola de Aperfeiçoamento de Oficiais (ESAO).

9 Os três volumes somam 1538 páginas (480 + 432 + 626), quase sempre com uma página em branco intercalando duas páginas cheias.

Os cinco capítulos seguintes trazem, pela ordem: o antes, o durante e o depois do artigo que Bolsonaro escreveu para a revista *Veja* em setembro de 1986; as acusações sobre o plano Beco sem Saída um ano depois, e seu desmentido; a sindicância militar a que respondeu; o Conselho de Justificação a que foi submetido; e a sequência de perícias grafotécnicas. Do 12º ao último capítulo, detalha-se o julgamento no STM, com trechos dos áudios no calor da hora.

Logo se verá que é um livro com muitas citações literais. Não vi outra saída. Como entender o caso em profundidade sem, por exemplo, ler na íntegra textos de *Veja*, trechos relevantes dos depoimentos e dos laudos periciais ou de documentos militares relacionados ao caso, como os elogios e as críticas que Bolsonaro recebeu de seus superiores hierárquicos?

Perdi a conta das vezes em que solicitei entrevistas ao personagem principal por intermédio de seus assessores e de pessoas próximas, civis ou militares, seja quando Bolsonaro era candidato à presidência,[10] seja quando já presidente. Nem resposta houve. A mesma atitude tiveram seus filhos mais velhos — o vereador Carlos, o deputado federal Eduardo e o senador Flávio Bolsonaro — e a mãe dos três, Rogéria Nantes Bolsonaro, ex-mulher do capitão. Os quatro conviveram intensamente com ele em seus tempos de quartel.

Um episódio ocorrido no estúdio do *Jornal Nacional*, da TV Globo, em 28 de agosto de 2018, mostra que Bolsonaro lembra bem daqueles tempos. Ele estava lá, como candidato, para ser sabatinado por William Bonner e Renata Vasconcelos. O diretor

---

10 Entrevistei-o apenas uma vez, para a revista *Piauí*, por telefone, em maio de 2008, quando era deputado federal. A pauta era o episódio em que uma liderança indígena o atingiu com um copo d'água durante reunião na Comissão de Relações Exteriores e Defesa Nacional da Câmara dos Deputados. Ver "O copo e a flecha", *Piauí*, 21 jun. 2008. Em: <https://piaui.folha.uol.com.br/materia/o-copo-e-a-flecha/>.

de jornalismo Ali Kamel o conduziu à bancada minutos antes de entrarem no ar, para que sentisse o ambiente e conhecesse a posição das câmeras, robotizadas. "Parece uma mesa para metralhadora", ele brincou, fazendo o gesto de atirar. "Fique certo de que não é", retrucou Bonner, brincando também.

A caminho da sala onde aguardaria, com seus assessores, ser chamado para a entrevista, Bolsonaro foi acompanhado por profissionais da redação do telejornal, fotógrafos e técnicos da TV Globo. De repente ele se virou para o diretor de jornalismo Ali Kamel. "Ali [chamou-o de Alí e não de Áli, como é o correto], a gente já se cruzou por telefone ali pelos anos de 1988, não?" Quem viu a cena, conta que Kamel hesitou uns segundos — não esperava a pergunta —, e disse: "Sim, sim, eu tinha 25 e era chefe de redação da *Veja* no Rio". Bolsonaro respondeu: "Sem mágoas, sem mágoas".

Kamel replicou, na hora: "Mágoas? Mas como assim? Foi depois daquela reportagem que o senhor se lançou na vida política!". Bolsonaro riu, a seu estilo, e emendou: "É isso mesmo. Sabe que há uns dez anos eu encontrei num aeroporto a Cassia Maria Rodrigues. Eu não a reconheci, tinha muitos anos que eu não a via. Mas ela disse: 'Deputado, sou a Cassia, aquela repórter de *Veja* que denunciou o senhor'. Eu disse para ela: 'Que denunciou que nada! Você me catapultou para a política!'".

Não é sempre que Bolsonaro se refere a essa história em tom apaziguador. Ele criou e divulga até hoje a versão de que *Veja* demitiu a repórter, por incompetência, três dias depois das reportagens que denunciaram o plano Beco sem Saída. Um bom exemplo é a entrevista que deu ao jornalista Rubens Valente, da *Folha de S.Paulo*,[11] quando deputado federal. Bolsonaro chamou

---

11 Cf. <https://www.youtube.com/watch?v=WKVPPXqnZsU&feature=youtu.be>. A versão disponível foi postada por simpatizantes de Bolsonaro, com a inclusão de duas frases que não fazem parte do contexto da entrevista. Rubens

a jornalista Cassia Maria de "maluca". Valente observou que ele ofendia uma profissional que não estava ali para se defender. "Tem profissional vagabundo em qualquer lugar", respondeu Bolsonaro. "No meio de vocês tem bastante, na *Folha* também tem."

Na época, *Veja* negou ter demitido a repórter Cassia Maria, a quem classificou como uma "profissional qualificada". No arquivo da editora Abril, obtive a rescisão do contrato de trabalho da repórter, assinada em 16 de novembro de 1987 — e aqui publicada pela primeira vez (p. 153) —, que reforça ter sido ela a pedir demissão.

Cassia saiu de *Veja* porque foi convidada a trabalhar na sucursal de Brasília do *Jornal do Brasil*, para o qual cobriu o julgamento de Bolsonaro realizado no STM.[12] Esteve lá, "muito serelepe", como observou de modo ofensivo um dos ministros do STM. Muitos outros desrespeitos foram cometidos por mais ministros do Tribunal Militar durante a sessão secreta de julgamento, como se verá.

O silêncio de Bolsonaro aos pedidos de entrevista que fiz para este livro se estendeu por toda a cadeia militar que o assessora: do Centro de Comunicação Social do Exército a coronéis da reserva que o assistem no Palácio do Planalto. Nunca me responderam nem que sim nem que não.

Na tentativa de conversar com oficiais do Exército da ativa e da reserva que conviveram com Bolsonaro no quartel e depois

---

Valente foi dos poucos, se não o único, jornalistas a entrevistar e filmar Bolsonaro pessoalmente com os documentos arquivados no STM em mãos, o que lhe permitiu perguntas pontuais. O então deputado dá um show de grosseria. E o repórter, uma aula de jornalismo.　**12** O *Jornal do Brasil* confirmou o convite em matéria publicada em 17 de junho de 1988, um dia depois do julgamento de Bolsonaro: "Ela [Cassia Maria] foi convidada pela sucursal do *Jornal do Brasil* em Brasília a integrar seu quadro de repórteres, e por isso pediu demissão da revista". Em: <https://news.google.com/newspapers?nid=0qX8s2k1IRwC&dat=19880617&printsec=frontpage&hl=pt-BR>.

dessa época, um me recebeu pessoalmente e deu entrevista, dois conversaram comigo por telefone e dois pelo Facebook. Um major e um coronel próximos ao presidente ouviram meu pedido, mas nunca soube se o encaminharam. As outras fontes que utilizei — acervos online do *Estadão*, da *Folha de S.Paulo*, de *O Globo*, do *Jornal do Brasil*[13] e da revista *Veja*, além de vídeos, reportagens, livros — estão devidamente citadas. Meus agradecimentos aos sites do Google, Facebook, Twitter, Wikipédia, Arquivos da Ditadura,[14] STM, do Centro de Pesquisa e Documentação de História Contemporânea do Brasil (CPDOC), da Fundação Getulio Vargas (FGV) e Memória, da Biblioteca Nacional. Utilizei links para o site da revista *Veja*, restrito a assinantes, assim como três dos jornais citados, para situar de passagem a conjuntura, citando o assunto de capa e/ou a matéria principal.

O livro nasceu quando meus editores no *Estadão* me pediram matérias sobre Jair Bolsonaro pouco antes de o deputado sair candidato à presidência do país. Para ser franco, relutei, mas só até abrir o link de acesso à documentação do STM. Sempre soube que ali havia um livro, e de fato ele se concretizou com o interesse de Flávio Moura, André Conti e Ana Paula Hisayama, editores da Todavia, aos quais agradeço pela atenção e pelo profissionalismo de toda a equipe.

Foi importante, durante o trabalho, compartilhar informações com alguns profissionais do jornalismo e conhecedores do direito, aos quais muito agradeço. Também ajudou, e como, o apoio da família. A responsabilidade sobre o que segue é inteiramente minha.

---

13 Este em: <https://news.google.com/newspapers?nid=0qX8s2k1IRwC>.
14 Documentos reunidos por Elio Gaspari, em: <http://arquivosdaditadura. com.br/>.

I.
O pequeno mateiro e o capitão Lamarca: Uma história mal contada

Uma foto do livro *Jair Messias Bolsonaro: Mito ou verdade*,[1] escrito por seu filho Flávio Bolsonaro, mostra o futuro presidente ainda menino, ao lado do pai, ambos exibindo uma traíra de bom tamanho, pescada em Ribeira, no interior de São Paulo. Não há data, mas o garoto parece ter cinco, seis anos. Sua mão esquerda aponta o peixe pendurado em uma vara que o pai segura. De cigarro na boca, Percy Geraldo Bolsonaro, ou "Gerardo", como era conhecido, observa o filho, o segundo mais velho dos seis que teve com Olinda Bonturi Bolsonaro.

Jair Messias nasceu em 21 de março de 1955 na cidade de Glicério, a 440 quilômetros da capital paulista — a Wikipédia o cita como o único glicerense ilustre ou notório.[2] Dias depois foi registrado em Campinas. O motivo, segundo o livro de Flávio, "foi o simples fato de que, segundo os costumes da época, só teria futuro quem tivesse em sua certidão o registro de uma grande cidade".

Percy Geraldo, filho de imigrantes italianos,[3] era dentista prático. Depois de Campinas, levou a família para a cidade paulista de Ribeira, a cerca de 360 quilômetros de São Paulo.

---

1 Altadena Editora, 2017. **2** Cf. <https://pt.wikipedia.org/wiki/Glic%C3%-A9rio_(S%C3%A3o_Paulo)>. **3** Mais sobre a origem da família em Lucas Ferraz, "Berço do clã Bolsonaro, região da Itália se agita com disputa no Brasil", em <https://noticias.uol.com.br/politica/eleicoes/2018/noticias/bbc/2018/10/25/berco-do-cla-bolsonaro-regiao-da-italia-se-agita-com-disputa-no-brasil.htm>.

De acordo com a biografia, chegou a ser processado e preso por exercício ilegal da profissão, "vítima de perseguição política". O livro, porém, não traz informação que comprove a perseguição a Percy.

Na insistência em criar, de trás para a frente, uma versão para o conservadorismo puro-sangue da família, como se Bolsonaro fosse um predestinado, o livro coloca dona Olinda e seus filhos na "Marcha da família com Deus pela liberdade", manifestação de apoio à movimentação civil-militar que em 31 de março de 1964 derrubou o presidente eleito João Goulart por meio de um golpe, instalando a ditadura que durou 21 anos. Mesmo que tivessem participado, o que é muito improvável, que importância teria isso tanto tempo depois?

Jair Messias tinha nove anos então. Já moravam em Jundiaí (SP), onde Geraldo vendia elásticos para borzeguins, um tipo de calçado. Eram pobres, diz o livro. Jair Messias estudava no grupo escolar Coronel Siqueira de Moraes, "já se revelando um bom aluno", segundo Flávio, também sem fornecer detalhes.

Em 1965, a família se mudou para Sete Barras e, no ano seguinte, para Eldorado Paulista, cidades localizadas no desassistido Vale do Ribeira, onde, segundo o neto, o avô voltou à profissão de dentista prático. Foi em Eldorado, a 260 quilômetros de São Paulo, que Bolsonaro e seus cinco irmãos passaram a maior parte da infância. Na *Folhateen* de 16 de maio de 2011, o então deputado federal, com 56 anos, contou algumas passagens da infância para a repórter Anna Virgínia Balloussier:

"Naquela época, existia respeito. Os filhos chamavam o pai de senhor. A gente se borrava de medo, porque todo mundo apanhava em casa.

O irmão mais velho, o Guido, era o disciplinador, o capataz. Pegava o fio de ferro e dava lambada nos irmãos. Sem problema nenhum, ninguém sofreu *bullying*.

Minha mãe, basicamente, era aquela chocadeira: um filho atrás do outro. Foram três homens e três mulheres".[4]

Além de estudar — em escola pública —, Jair Messias garimpava, pescava, limpava os peixes, ajudava os irmãos a vendê-los, e coletava palmito e maracujá. "Bolsonaro embrenhava-se na mata, sozinho, puxando seu burro em busca de palmito. [Nem] sequer imaginava que seu conhecimento da região iria mudar o rumo de sua vida", diz o livro de Flávio Bolsonaro.

A versão que ele conta é a mesma que o pai veio moldando, ao sabor das circunstâncias, ao longo de sua vida parlamentar: a de ter ajudado o Exército na caçada ao capitão Carlos Lamarca, desertor do Exército, e, naquele final de 1969, começo de 1970, empenhado em criar uma escola de formação de guerrilheiros para uma futura ação contra a ditadura militar. O palco era Capelinha, no Vale do Ribeira.

O presidente voltou a essa história em uma das rápidas entrevistas que concedeu durante sua viagem a Israel em abril de 2019. "Respeito o povo palestino, não posso concordar com grupos terroristas. Aí complica, né? Senão estaria contra a minha biografia, eu que combati esse pessoal da esquerdalha desde 70, quando era garoto, no Vale do Ribeira, o grupo do Lamarca",[5] disse.

Uma passagem dramática aconteceu justamente em Eldorado Paulista, em 8 de maio de 1970. Driblando as tropas do Exército, o capitão da revivida Vanguarda Popular Revolucionária (VPR) chegou a Eldorado com meia dúzia de guerrilheiros e trocou tiros com seis policiais do destacamento local, ferindo

---

4 Íntegra em: <https://www1.folha.uol.com.br/poder/2018/11/salvei-o-negao-celso-boiola-da-morte.shtml. **5** <https://oglobo.globo.com/mundo/ao-deixar-israel-bolsonaro-diz-que-respeita-os-palestinos-nao-quer-encrenca-23569513>.

três deles.[6] Um dos militantes de Lamarca foi atingido. Durou coisa de sete minutos, mas foi intenso e marcou a memória de Eldorado.[7]

A versão de Flávio Bolsonaro: "Ao articular sua fuga da base, Lamarca teve que passar por Eldorado. À tardinha, por volta das dezoito horas do dia 8 de maio de 1970, Bolsonaro encontrava-se no colégio, a menos de cem metros da praça onde Lamarca surpreendeu um pequeno grupo de policiais da, então, Força Pública de São Paulo, furando o bloqueio em direção à vizinha cidade de Sete Barras".

[...]

"Nessa época Bolsonaro tinha quinze anos de idade e, como conhecedor das matas do Vale do Ribeira, aproximou-se dos militares do Exército oferecendo-se para colaborar com informações sobre a região na captura do terrorista Lamarca. Foi assim que conheceu e se encantou pelo Exército Brasileiro, quando sentiu tocar no seu coração a vontade de servir ao seu país."

Para deixar o relato ainda mais redondo, Flávio Bolsonaro acrescentou: "Nessa operação [do Exército, em Eldorado] um militar entregou-lhe um prospecto conhecido como Icam — Instrução de Concurso de Admissão e Matrícula".

Bolsonaro pai, em algum momento de sua fabulação, adicionou outro detalhe sobre o qual não há evidência alguma.

---

6 Segundo documento militar oficial da Operação Registro, como foi batizada a maior mobilização das Forças Armadas. Disponível em: <https://www.dropbox.com/s/3z5lj0gbry7y1zv/docregistro.compressed.pdf?dl=0>. Repórteres da Agência Pública revisitaram a área recentemente: "Napalm no Vale do Ribeira. Documentos, destroços e relatos dos moradores contam uma história obscura da ditadura: em 1970 a Força Aérea Brasileira (FAB) bombardeou região rural próxima a São Paulo com bombas incendiárias". Em: <https://apublica.org/2014/08/napalm-no-vale-do-ribeira/>.
7 Ver Plínio Fraga, "Bolsonaro é o 'moleque sabido' que ajudou na captura de Lamarca?". *Época*. Em: <https://epoca.globo.com/bolsonaro-o-moleque--sabido-que-ajudou-na-captura-de-lamarca-22971054>.

"Não por acaso, a base de guerrilha de Lamarca foi escolhida próximo à fazenda da família Paiva. Eles tinham os mesmos ideais." É uma referência à família de Rubens Paiva, o ex-deputado assassinado pela repressão, cujo corpo nunca foi encontrado. Seu irmão, Jaime Paiva, tinha realmente uma fazenda em Eldorado. O resto não procede.[8]

Não é impossível que o garoto mateiro, assim como alguns moradores da região, tenha fornecido uma ou outra indicação aos oficiais do Exército. Mas, se foi assim, foram dicas inúteis, pois àquela altura Lamarca já furara o cerco; ele só seria capturado mais de um ano depois, na Bahia.[9] Também nos documentos oficiais do Exército sobre o episódio — chamado de Operação Registro[10] — não há indicação, muito menos nominal, de que os militares que caçavam Lamarca em Eldorado tenham recebido qualquer ajuda de populares.[11]

Em entrevista concedida em maio de 2017 ao jornalista Rubens Valente,[12] já citada na introdução, Jair Bolsonaro reiterou: "Em 1970 eu entrei na luta armada ao lado do Exército nas matas do Vale do rio Ribeira do Iguape". Como candidato à presidência,

---

8 Ver *Não és tu, Brasil* (Mandarim, 1996), de Marcelo Rubens Paiva, filho de Rubens Paiva.   **9** Lamarca foi morto por militares do Exército em 17 de setembro de 1971, quando descansava à sombra de uma árvore em Pintada, no sertão da Bahia. Em 11 de setembro de 1996, a Comissão Especial dos Mortos e Desaparecidos responsabilizou a União pelas mortes de Carlos Lamarca (e Carlos Marighella), determinando a indenização das famílias. Em 13 de junho de 2007, a Comissão de Anistia, do Ministério da Justiça, aprovou uma promoção especial para Lamarca. Veja mais em: <https://acervo.oglobo.globo.com/ fatos-historicos/exercito-matou-capitao-lamarca-sombra-de-uma-arvore- -ha-45-anos-9981822#ixzz5fcGeeLXY>.   **10** Mais sobre a Operação Registro em: <http://arquivosdaditadura.com.br/documento/galeria/trechos-ope- racao-registro-sobre-fracasso>, e <https://acervo.veja.abril.com.br/#/editio n/598?page=14&section=1&word=opera%C3%A7%C3%A3o%20registro%20 e%20pajussara>.   **11** Ver também: *1970: A guerra no Vale do Ribeira* (Gregory, 2016), de Celso Luiz Pinho.   **12** Cf. <https://www.youtube.com/watch?v= WKVPPXqnZsU&feature=youtu.be>.

Bolsonaro repetiu a mesma história no programa *Roda Viva*, da TV Cultura, em julho de 2018. Não há nenhuma indicação de que seja verdade.

Detalhes desconhecidos da juventude de Bolsonaro em Eldorado vieram a público em novembro de 2018, quando já era presidente eleito. Matéria do jornalista Edmundo Leite, coordenador do acervo do *Estadão*, informou que entre 1971, com dezesseis anos, e 1976, quando já estava no Exército, Bolsonaro criou, esporadicamente, palavras cruzadas para o jornal *O Estado de S. Paulo*,[13] tendo somado 21 colaborações. Segundo contou em entrevista a Leite, por certo período também entregou o *Estadão* aos 32 assinantes do jornal na cidade de Eldorado.

Foi em Campinas que Jair Bolsonaro fez exames para a Escola Preparatória de Cadetes do Exército (EsPCEx). Na lista de aprovados publicada no *Diário da Noite* de 13 de janeiro de 1973,[14] seu nome aparece, em ordem alfabética, entre o de Jackson Alves da Rocha e o de Jayme Antônio Suaya. "Mesmo sendo pobre, sem ter dinheiro sequer para pagar um cursinho preparatório, [Bolsonaro] foi aprovado — [e além disso], por correspondência, fez eletricidade e português no Instituto Universal Brasileiro", informa Flávio na biografia do pai.

Apesar de "tocado no coração" e "com vontade de servir o país", Jair Messias "não havia se dado conta da importância de sua conquista". Preferiu participar de um torneio regional de futebol como goleiro do Madureira, time de Eldorado. De acordo com o livro, Bolsonaro disse a seu Geraldo:

"— Pai, eu passei pra EsPCEx, mas eu não vou não. Vou disputar o Desafio ao Galo [o torneio regional] pelo time de Cajamar."

---

13 Cf. <https://acervo.estadao.com.br/noticias/acervo,bolsonaro-criou--dicionario-proprio-para-cruzadinhas-eu-tinha-dificuldade-em-portugues,70002601183,0.htm>. **14** Fac-símile em: < https://www.migalhas.com.br/Quentes/17,MI287138,61044-Artigo+sobre+baixos+salarios+no+Exercito+marcou+nascimento+da>.

Percy Geraldo baixou o centralismo:

— O quê? Você vai pra Campinas e esquece o futebór. [sic].

E foi assim que em 8 de março de 1973, com dezoito anos, Jair Messias entrou para a EsPCEx. Sua ficha o registra com 1,83 metro de altura, branco, olhos azuis, tipo sanguíneo O. Era o praça 11 411." Já nos primeiros meses, porém, se deu conta de que havia procurado a escola errada. "Como já possuía o científico, deveria ter prestado concurso para a Aman, e não para a EsPCEx. No final de 1973, então, prestou concurso para a Aman."

Suas notas finais na EsPCEx, em dezembro de 1973, foram, em ordem decrescente: 78 em desenho, 75 em química, 71 em instrução militar e inglês, 70 em matemática, 66 em física, 65 em educação moral e cívica, 53 em português e 51 em história. Notas suficientes para levá-lo ao segundo ano, mas Bolsonaro optou por tentar a Aman.[15]

"Eram apenas 38 vagas para mais de 30 mil candidatos em todo o Brasil", diz o livro de Flávio Bolsonaro.[16] Jair Messias soube que tinha sido aprovado na Aman na véspera, por uma ligação que recebeu na única cabine telefônica de Eldorado, situada na pracinha central. Casualmente, ele estava por perto. "A operadora da central chamou-o para atender uma ligação. Era o capitão Amaro dos Santos Lima, seu instrutor na EsPCEx, com o seguinte recado:

— Ô Bolsonaro, você não vai se apresentar na Academia, não? Amanhã é o último dia... Você passou no concurso!"[17]

---

15 Ele voltou à EsPCEx quando a turma de 1973 se formou, como mostra foto cedida pelo tenente-coronel da reserva Júlio Lemos, daquela turma, e amigo do hoje presidente. **16** Não consegui apurar essa informação. **17** Na p. 30 de *Jair Messias Bolsonaro: Mito ou verdade*, vê-se uma foto em que o capitão Amaro e seu aluno Jair Bolsonaro aparecem marchando, com farda de gala, no desfile de Sete de Setembro de 1973, em Campinas.

Flávio registra: "O menino pobre, bom filho, estudioso e trabalhador havia conseguido uma façanha de orgulhar a família inteira".

O livro de Flávio Bolsonaro é a única fonte que conta detalhes sobre a entrada de Jair Messias Bolsonaro na Aman, em Resende, no Rio de Janeiro. Diz, por exemplo, que o dia de sua apresentação na academia foi a primeira vez que ele usou terno e gravata, o primeiro emprestado por um tio, "dois palmos mais baixo", manga parando no antebraço. "Adentrou pelos portões da Aman com os braços encolhidos para tentar disfarçar a falta de pano",[18] lê-se.

Grave mesmo foi o "seu desespero com o início das aulas e o grau de dificuldade das matérias, em especial da aterrorizante geometria descritiva. [...] Bolsonaro pensou em desistir pois nunca tinha ouvido falar disso na vida".[19] Sensibilizado com as angústias do novo aluno, o capitão Oliveira, da sessão psicotécnica de ensino, deu-lhe uma semana para que decidisse se queria mesmo cursar a Aman. De volta a casa, Jair Messias conversou com seu Geraldo:

"— Pai, está sendo muito difícil para mim, não sei se volto para a EsPCEx ou apenas confirmo minha baixa na Aman, o que o senhor acha?"

Seu Geraldo mais uma vez resolveu:

"Amanhã cedo você embarca num ônibus da Viação 9 de Julho pra São Paulo. Depois você vai pegar o 'Cometão' para descer em Resende, e não se discute mais o assunto."[20]

---

18 Uma foto em *Jair Messias Bolsonaro: Mito ou verdade*, na p. 32, o mostra entrando na Aman, de terno e gravata em 1974. É o quarto da fila. "Bolsonaro encurtou o braço para caber no paletó", diz a legenda. Não dá para ter certeza. **19** Ibid., p. 32.   **20** Ibid., p. 33.

2.
O cadete 531, ou "Cavalão"

A Aman é a instituição de ensino superior responsável pela formação dos oficiais combatentes de carreira do Exército Brasileiro.[1] Sua história teve início em 1810, com a criação da Academia Real Militar pelo príncipe regente d. João. Em 1951 ganhou sua atual denominação. Está sediada em Resende, no estado do Rio de Janeiro, desde 1944.

O campus de Resende, de 67 quilômetros quadrados, é uma vila militar com mais de quinhentas casas, alojamentos para 1800 cadetes, hospital, estação de tratamento de esgoto, igrejas, capelas e áreas extensas para treinamento esportivo e militar. Cerca de 12 mil pessoas circulam por lá diariamente.[2]

Jair Bolsonaro foi efetivado na Aman em 10 de março de 1974. Em 24 de agosto, recebeu o espadim de Caxias, confirmando-o cadete. Integrou a turma Tiradentes, composta de 427 alunos, tendo sido declarado aspirante a oficial de artilharia em 15 de dezembro de 1977.

Dessa turma, um chegou a presidente da República — nosso singular e polêmico personagem — e cinco ao generalato: o atual comandante do Exército, Edson Leal Pujol; seu chefe de Estado Maior, Paulo Humberto de Oliveira; o chefe do Departamento de Educação e Cultura do Exército, Mauro Cesar Lourena Cid; o

1 Cf. <http://www.aman.eb.mil.br/institucional>. 2 Essas e outras informações sobre a Aman estão na matéria "Conheça a academia que formou o presidente e seis integrantes do governo", de Júlia Dias Carneiro, da BBC News Brasil. Disponível em: <https://www.bbc.com/portuguese/brasil-46655124>.

comandante militar do Norte, Carlos Alberto Barcellos; e o atual presidente do Clube Militar, Eduardo José Barbosa.

Ao receberem o espadim, Bolsonaro e seus colegas de turma prestaram, como fazem todos os cadetes, o seguinte juramento à bandeira:

"Incorporando-me ao Exército Brasileiro, prometo cumprir rigorosamente as ordens das autoridades a que estiver subordinado, respeitar os superiores hierárquicos, tratar com afeição os irmãos de armas e com bondade os subordinados e dedicar-me inteiramente ao serviço da Pátria, cuja honra, integridade e instituições defenderei com o sacrifício da própria vida."

Documentos de sua vida militar — as folhas de alterações, disponíveis no processo julgado pelo STM[3] — mostram que seu número de cadete foi 531. Nome de guerra, Bolsonaro. Seu apelido, segundo o livro de Flávio, era "Cavalão", devido à sua boa saúde e força física.

Nos exames finais do primeiro ano na Aman, realizados em dezembro de 1974, a nota mais alta do cadete 531 foi justamente na disciplina que tinha achado "aterrorizante" no início das aulas: geometria descritiva, 9,3. Tirou 8,7 em matemática e Grupo I de disciplinas militares; 7,7 em filosofia; 7,3 em física I e Grupo III; 6,6 em química e 6,1 em Grupo II. Classificou-se para o segundo ano em 59º lugar, com 28 300 pontos. E escolheu, como arma, a artilharia.[4]

---

3 Nem todas as folhas de alterações encontram-se nos arquivos do STM. O conjunto completo delas foi solicitado ao comando do Exército por órgãos da imprensa, via Lei de Acesso à Informação. O Exército, porém, negou-lhes o acesso. Um dos veículos ao qual esse acesso foi recusado é a revista *Época*, como se vê na matéria de Vinicius Sassine: <https://epoca.globo.com/o-boletim-de--bolsonaro-nas-escolas-militares-que-frequentou-nos-anos-70-80-23243285>.
4 Segundo definição do Exército: "A Artilharia de Campanha é o principal meio de apoio de fogo da Força Terrestre. Suas unidades e subunidades podem ser dotadas de canhões, obuses, foguetes ou mísseis. Tem por missão apoiar a arma-base pelo fogo, destruindo ou neutralizando os alvos que

Em outubro de 1975, o cadete 531 recebeu dois elogios do capitão comandante da 5ª companhia do curso básico (não nomeado).

O primeiro, no dia 14: "Louvo-o pelo esforço, tenacidade, zelo e dedicação revelados nos treinamentos e na apresentação do Corpo de Cadetes durante o desfile de Sete de Setembro, caracterizados pelo garbo, precisão de movimentos e marcialidade, honrando as tradições mais caras da Academia."

O segundo, dez dias depois: "Pela inteireza moral demonstrada ao apontar erro de grau em verificação corrente (VC),[5] mesmo sabendo que tal procedimento iria diminuir seu grau. Tal atitude é um exemplo a ser seguido por seus pares, pois bem caracteriza a noção de valor moral, tão importante para o militar em formação."

O cadete 531 fechou seu segundo ano na Aman com um 9,5 nas matérias militares do Grupo I. Tirou 8,8 em estatística; 8,5 em mecânica; 7,8 em topografia; 7,3 em Grupo II; e 6,3 em Grupo III e psicologia. Obteve o 48º lugar entre 386 alunos, com 56 375 pontos.

ameacem o êxito da operação. A artilharia antiaérea, componente terrestre da defesa aeroespacial ativa, realiza a defesa antiaérea de forças, instalações ou áreas. A artilharia de costa participa da defesa contra operações navais inimigas em áreas marítimas próximas ao litoral ou em águas interiores. Suas características são a precisão e a rapidez, para destruir ou neutralizar as instalações, os equipamentos e as tropas inimigas localizadas em profundidade no campo de batalha". Em: <http://www.eb.mil.br/armas- -quadros-e-servicos/-/asset_publisher/W4kQlILo3SEa/content/arma-de- -artilharia?inheritRedirect=false>.

As outras armas são: cavalaria, infantaria, engenharia, intendência, comunicações e material bélico.

5 Segundo a seção de Comunicação Social da Aman, "VC ou verificação corrente é um tipo de avaliação da aprendizagem, uma prova teórica formal. As VC são aplicadas no decorrer da instrução; por sua vez, as Verificações Finais (VF) avaliam todo conteúdo ministrado na matéria".

Uma boa descrição do cotidiano dos cadetes da Aman pode ser encontrada no livro *O espírito militar: Um antropólogo na caserna*,[6] do professor Celso Castro, pesquisador da FGV. Entre agosto de 1987 e março de 1988, ele esteve na Academia num total de 36 dias e realizou entrevistas gravadas com 43 cadetes, além de ex-cadetes e oficiais. A palavra que eles mais usaram para definir o período de adaptação foi "pressão" — principalmente vinda dos tenentes, com quem os cadetes permanecem em contato o tempo todo.

Um cadete do primeiro ano contou a Castro:

"A gente voltava do rancho [refeitório] e... 'Sentar! Levantar! Sentar! Levantar! Ficar de frente!...' O tenente apertava a gente, né? Não dava tempo, a gente voltava do rancho, o pelotão já tava em forma e ele perguntava: 'Quem é que quer ir embora? Atenção! Isso aí é muito fácil, não está satisfeito é só ir embora."

Ex-cadetes disseram o seguinte:

"[o tenente] grita com você, esculacha contigo, acaba com você, bota você lá embaixo... a moral, tudo, tudo, vai embora... Tudo isso faz parte do jogo. É como se fosse um jogo, isso aí faz parte da regra [...]."

"A impressão que dá é que o tenente quer que você saia dali de qualquer jeito. É o momento em que eles põem à prova a pessoa para ver se realmente ela vai continuar ou não. Então você tá com o sapato brilhando, o tenente vem *na sua cara*... Pô, isso não é força de expressão não, eu já vi a obturação do dente do cara gritando comigo: 'Seu cagalhão! Você tem que sair daqui! Olha que sapato imundo!'"

"Você chega na Aman e se assusta com o tipo de tratamento que você leva. Acaba com tudo, frescura de família, não tem mais aquele carinho dos pais, dos irmãos, não tem proteção. Você tá sozinho ali, tá jogado... É uma época em que eles procuram ver

6 Jorge Zahar, 1990.

se o cara realmente gosta da vida militar. O oficial fica gritando, falando alto demais, te humilhando... chega até certo ponto de te humilhar, dependendo da situação, pra ver se você aguenta e se era realmente aquilo que você queria ou se você foi lá influenciado pelos pais."

"Os 'meus' cadetes eram de dez anos depois [do Bolsonaro]. Hoje, recém-idos para a reserva ou generais de brigada recém-promovidos", disse o professor Celso Castro, por e-mail. "Imagino, contudo, que a turma de dez anos antes tenha tido mais impacto ideológico do regime militar do que a de dez anos depois, já pós-transição." Castro observa ainda que Bolsonaro tem mais tempo na carreira política do que na militar, de modo que o enxerga "mais como político do que militar, e imagino que seja visto assim pela maioria dos ex-colegas".

Em 1976, em seu terceiro ano na academia, Cavalão começou a se destacar: em maio, foi convocado para o treinamento da equipe de pentatlo militar; em outubro, depois dos jogos,[7] foi elogiado pelo major instrutor da seção de educação física da equipe do pentatlo (não nomeado):

"Jair Messias Bolsonaro, do curso de artilharia, integrando pela primeira vez a equipe de pentatlo militar da Aman, evidenciou suas qualidades de atleta e desportista, quando mercê de seu esforço próprio e competindo com atletas mais experimentados conseguiu o terceiro lugar individual na Navamaer/76,[8] na difícil modalidade que é o pentatlo militar."

No final de 1976, suas notas foram 5,4 em psicologia e 5,9 em economia e finanças — as mais baixas de Bolsonaro em todo o curso. Manteve um 9,4 em Grupo I, e entre 7 e 7,8 nas

7 De 13 a 17 setembro, no Rio de Janeiro.   8 A Navamaer é uma competição entre as três escolas de formação de oficiais de carreira das Forças Armadas do Brasil: Escola Naval (EN), Academia Militar das Agulhas Negras (Aman) e Academia da Força Aérea (AFA). Ocorre anualmente e tem como principal objetivo estreitar os laços de amizade entre Marinha, Exército e Aeronáutica.

demais disciplinas (filosofia II, redação e estilística, balística e Grupo II, III e IV). Passou para o quarto e último ano da Aman como o 12º dos 69 cadetes, com 84 053 pontos.

Segundo reportagem da *Folha de S.Paulo* publicada em julho de 2009,[9] diversos oficiais que haviam combatido na guerrilha do Araguaia faziam parte da equipe de instrutores das turmas da Aman entre 1974 e 1977. "Os instrutores que derrotaram a guerrilha comunista eram adorados pelos alunos", contou um coronel da reserva ao jornal. Bolsonaro foi ouvido e disse que as aulas sobre o combate aos guerrilheiros do Partido Comunista do Brasil (PCdoB), no sul do Pará, mostraram aos cadetes as intenções "daquela cambada comunista". O então deputado federal contou também que, além das aulas sobre o Araguaia, os alunos recebiam instruções nas matas do Parque Nacional de Itatiaia, vizinho a Resende, com simulação de combates antiguerrilha.

O primeiro elogio ao cadete 531 no ano de 1977 foi registrado em 24 de março, pelo comando do curso de artilharia:

"Por não ter perdido pontos durante o ano de 1976, demonstrando elevado grau de responsabilidade no cumprimento de suas obrigações, assiduidade e pontualidade, qualidades fundamentais para um futuro oficial."

Uma semana depois do elogio, no rememorado 31 de março, o cadete 531 sofreu um acidente: bateu com a testa em uma árvore ao lado do campo de treinamento, sofrendo um corte logo acima do supercílio esquerdo. Levou quatro pontos. As folhas registram que "não houve imperícia, imprudência, negligência ou prática de qualquer outra transgressão preliminar". Presenciaram a testada o primeiro-tenente de artilharia Antônio Carlos

---

9 "Araguaia é referência em aulas do Exército", de Raphael Gomide e Sérgio Torres. Disponível em: <https://www1.folha.uol.com.br/fsp/brasil/fc2607200906.htm>.

Guelfi e os cadetes 404, Fernando Cury Bassoto,[10] e 1525, Vilmar Fernandes Barbosa. Acidentes não eram (e não são) incomuns na Aman. Alguns deles, na época, foram fatais. É o que contou, numa postagem de julho de 2012,[11] o coronel reformado Jorge Alberto Forrer Garcia, já falecido, da mesma turma de Bolsonaro. Reclamando de uma placa em homenagem a um cadete morto dramaticamente na instrução,[12] em 1990, Forrer Garcia sugeriu que a homenagem fosse estendida a outros cadetes mortos, entre eles os da turma de Bolsonaro. Citou quatro:

Gilberto Pereira Nogueira — No terceiro ano, atingido por estilhaços durante exercício de tiro real com canhão sem recuo, calibre 57mm;

10 O coronel da reserva Fernando Bassoto é professor na Academia Militar das Agulhas Negras. Localizado pelo Facebook e solicitado a dar entrevista, respondeu: "Não tenho interesse e nem acho apropriado conversar sobre tal assunto, muito embora compreenda o interesse que a matéria suscita; mesmo porque minha vivência com o atual presidente se restringe aos tempos de cadete, visto que nunca tivemos a oportunidade de servir em um mesmo quartel. Peço escusas e espero que compreenda minha recusa. Atenciosamente".
11 No site Terrorismo Nunca Mais (Ternuma), que homenageia o torturador Carlos Alberto Brilhante Ustra, igualmente admirado por Bolsonaro. Disponível em: <https://www.averdadesufocada.com/index.php?option=com_content&view=article&id=7229:1307-a-placa-na-aman&catid=48&Itemid=95>.
12 Cadete Márcio Lapoente da Silveira, de dezoito anos, durante um treinamento da Aman, em Resende. Morreu depois de ser espancado e submetido a exercícios até a exaustão. O caso teve grande repercussão e foi parar na Comissão Interamericana de Direitos Humanos da OEA. A Justiça Militar condenou, na primeira instância, o capitão Antônio Carlos de Pessoa, mas o caso foi arquivado. O capitão também foi condenado na área cível, mas a sentença foi reformada. Ver matéria de Juliana Dal Piva em O Globo: <https://oglobo.globo.com/brasil/tribunal-reverte-condenacao-do-estado-por-morte-de-cadete-em-treinamento-na-aman-22807513>.

Miguel Paulo Soto Choucino e Jocelino Leite Caldas — No quarto ano, em decorrência de acidente com viatura em exercício da Seção de Instrução Especial (SIEsp);[13]

Luis Edson Gewehr Dutra — Também no quarto ano, em decorrência de acidente com viatura em exercício do curso de Infantaria.[14]

O segundo elogio que Bolsonaro recebeu em 1977 veio igualmente do comando, no dia 5 de abril, atribuído a seu desempenho em uma viagem de instrução a Olinda, em Pernambuco:

"Pelo elevado padrão de consciência profissional, amor à carreira e desprendimento demonstrado pelo cadete 531, do quarto ano, que cooperou voluntariamente no estágio de instrução para aspirante a oficial R2, do serviço de saúde, realizado no 4º BPE [Batalhão de Polícia do Exército] em Olinda, PE. De 7/1 a 9/2, [período] em que esteve alojado naquela OM [organização militar] ministrou aos aspirantes a of R2 instruções de topografia, minas e armadilhas, e treinamento físico."

O elogio foi redobrado pelo tenente-coronel Marcílio Faria Braga, comandante do 4º BPE:

---

13 Um bom exemplo do que é um estágio na SIEsp está no site da própria Aman: <http://www.aman.eb.mil.br/ultimas-noticias/178-cadetes-do-curso--basico-concluem-o-primeiro-estagio-da-siesp>. **14** O site de Paulo Roberto Lopes relata outras mortes ocorridas na Aman: <www.paulopes.com.br>. Na turma de 1977, segundo diz, pode ter havido dez mortes. Além dos quatro que Garcia listou, ele dá o nome de outros três cadetes: André Luiz Húmia, Jadir Silva Siqueira e Nelson de Faria Proença, todos da turma de 1977. A Aman já recebeu solicitações para divulgar o número total de mortes ocorridas na instituição, mas nunca o fez. Ver: <https://www.paulopes.com. br/2008/10/ipm-conclui-que-morte-de-cadete-foi-de.html>. Em fevereiro de 1978, uma reportagem da revista italiana *Storia* acusou a Aman de "escola de torturas a que são submetidos seus próprios cadetes". O ministro Gualter Godinho, do STM, que desmentiu a matéria e a classificou de "maldosa exploração feita no exterior, deturpando a imagem de nosso país". (*"Storia* é desmentida no STM": <https://acervo.estadao.com.br/pagina/#!/19780221-31574-nac-0014-999-14-not>).

"A instrução revestiu-se de maior eficiência graças à seriedade e senso de responsabilidade com que o cadete Bolsonaro se entregou àquela tarefa, motivo pelo qual tornou-se alvo da admiração dos militares daquele batalhão.

"A atitude do cadete Bolsonaro enche de orgulho seus superiores e colegas de arma, credenciando-o a ser citado como exemplo entre seus pares, pelo grande número de qualidades altamente positivas demonstradas com seu ato, e pela forma brilhante como representou o cadete da Aman junto a uma unidade do Exército."

No começo do segundo semestre de 1977, um problema dentário atrapalhou o ingresso de Cavalão no curso de paraquedismo. De acordo com o livro de Flávio Bolsonaro, o coronel dentista que o avaliou sugeriu sua reprovação por causa de uma cárie detectada em um pré-molar.

Segundo o filho, Bolsonaro teve que emprestar dinheiro dos colegas para fazer uma obturação de emergência. "Cumprida a exigência, é aprovado na avaliação médica." Semanas depois, no momento de indicar os cadetes selecionados para o curso de paraquedismo, o major Gilberto (sem sobrenome) dirigiu-se a Bolsonaro:

"— Você não poderá fazer o curso, pois foi reprovado no exame odontológico.

— Não senhor, major. Eu fui aprovado — respondeu indignado e explicando o ocorrido.

— Bolsonaro, o senhor não fará o curso, volte para sua ala agora.

— Major, eu quero ser paraquedista.

Começava o problema, pois Bolsonaro reagia, relutava a cumprir a ordem. Depois de muita resistência, aproxima-se o comandante do Corpo de Cadetes, coronel Ney Almério Ferreira Diniz."

Na versão contada por Flávio, o coronel ouviu Bolsonaro e mandou chamar o coronel dentista que o havia avaliado (não nomeado). Este reiterou a reprovação. "O senhor está mentindo,

37

coronel!", indignou-se o cadete Bolsonaro, chamando seu superior hierárquico de mentiroso na frente de outro coronel.

O coronel Almério aconselhou Bolsonaro a retratar-se com o coronel dentista anônimo, mas, segundo o livro, Bolsonaro recusou-se, insistindo que havia feito a obturação e sido aprovado pelo coronel dentista. Almério mandou o cadete regressar à sua ala, o que ele fez.

"Tal atitude", conta Flávio, "colocava em risco sua permanência no Exército, pois dirigir-se dessa forma a um superior hierárquico poderia significar seu desligamento da Aman. Porém, logo em seguida e sem mais explicações, Bolsonaro é comunicado de que poderia, sim, começar o curso de paraquedismo na Aman."

Depoimentos contidos do processo a que Bolsonaro respondeu no STM muitos anos depois mostram que pai e filho erraram na identificação do coronel Almério, talvez por serem quase homônimos. O comandante do Corpo de Cadetes da Aman na época do episódio era o coronel Almério José Ferreira Diniz. Ney Almério Ferreira Diniz, seu irmão, serviu com Bolsonaro bem depois desse fato, em outra unidade. Dez anos depois, ambos atuaram como testemunhas de defesa de Bolsonaro quando ele respondeu a sindicâncias no final de 1987.

Almério Diniz, o que foi seu comandante na Aman, depôs em 30 de dezembro de 1987, já como general de brigada da reserva, referindo-se a dois episódios que destacaram Bolsonaro na Aman — um deles foi o do curso de paraquedismo. Almério Diniz contou que o então cadete o procurou, dizendo ter sido reprovado no exame odontológico, "e, na tentativa de resolver o problema, [Bolsonaro] empenhou-se de todas as formas, sanando as irregularidades apontadas no exame com sacrifício de suas horas de folga (à noite) e utilizando recursos financeiros próprios [...]. Ficou nessa oportunidade patenteado todo o empenho [de Bolsonaro], demonstrando entusiasmo, persistência e força de vontade, para a realização do curso de paraquedismo".

38

Isso foi tudo. O comandante não mencionou o suposto xingamento ao coronel dentista que ele próprio teria testemunhado.

"Não me lembro do episódio — e acho muito improvável que tenha havido o desrespeito a um oficial superior", disse o tenente-coronel da reserva Júlio Fernando Pinheiro de Lemos. Entrevistei-o em 10 de fevereiro de 2019, num domingo, em sua confortável residência na cidade paulista de Taubaté, a 140 quilômetros de São Paulo. Júlio Lemos foi da turma de Cavalão na Aman. Seu apelido — quase todos tinham um — era "Cascata", por ser falante demais — apenas quando quer.

Tornou-se amigo do capitão Bolsonaro depois que ele virou deputado — acompanhou-o, por exemplo, ao *Programa do Jô*[15] em 2005 — e segue amigo do presidente da República,

15 Disponível em <https://www.youtube.com/watch?v=uLEpbTwW2MI>. Bolsonaro era deputado federal e pediu a entrevista, alegando que fora citado como "defensor da tortura" em programa anterior. No começo, falou que era do Vale da Ribeira, de Eldorado Paulista, citou a passagem de Lamarca por lá, criticando-o, e não disse que "entrou na luta armada" contra ele, como inventaria depois. Durante a entrevista, voltou a defender a tortura, dizendo que "a opção de um método ortodoxo, para ele [traficante] poder falar é dele, não é minha". Jô Soares contrapôs: "Você se dá conta do perigo do que está dizendo, a justificativa da tortura sob qualquer condição?". O deputado manteve o que disse. Na época, deu o que falar a resposta de Bolsonaro quando Jô argumentou que a pena de morte nunca deu certo em lugar nenhum. "Eu nunca vi um condenado voltar e executar alguém", disse Bolsonaro. Jô perguntou quem seria o carrasco, se a pena de morte passasse a existir no Brasil. "Pode ser eu, de graça", disse Bolsonaro. Jô respondeu: "Já pensou você, carrasco, dizendo pro seu filho: 'O papai vai chegar tarde, porque vai matar um moço, mas vá pra cama cedo?'". A plateia veio abaixo. Quando Jô perguntou por que ele tinha ameaçado fuzilar o ex-presidente Fernando Henrique Cardoso, Bolsonaro respondeu, gargalhando: "Se eu não peço o fuzilamento do Fernando Henrique você não estaria me entrevistando aqui agora. Foi uma força de expressão". Ao final, quando defendia o armamento da população, Bolsonaro disse ao apresentador (que é gordo): "Você é fácil de acertar, inclusive". Fechando o quadro, Jô respondeu: "Espero que seja uma metáfora, e não uma ameaça".

que foi seu padrinho de casamento com dona Adriana, cozinheira de mão cheia e, por sua vez, amiga da primeira-dama, Michelle Bolsonaro.

No momento da entrevista, sem aviso prévio, o coronel Júlio Lemos me informou que uma câmera já preparada num tripé iria filmar nossa conversa. Sem atender aos meus reclamos, manteve-a ligada o tempo todo, tendo a mulher e um amigo por plateia. Entendendo que ele iria mostrar o vídeo a seu amigo presidente, por alguns instantes dirigi-me diretamente a Bolsonaro. Expliquei que o amigo dele estava me filmando e que eu aproveitava a oportunidade para reiterar o pedido de entrevista para este livro. Nunca soube se o vídeo foi mostrado ao presidente.

Júlio Lemos ajudou Bolsonaro na campanha eleitoral, atuando de modo ativo nas redes sociais. Reza pela mesma cartilha, bem à direita, e torce pelo sucesso do amigo. Participa de reuniões dominicais com o presidente e alguns poucos amigos da turma de 1977.

Cascata e Cavalão não tiveram uma convivência estreita nos tempos da Aman "por conta do ritmo acelerado", explicou Lemos. Contou que Bolsonaro, da artilharia, conquistou duas vezes, em 1976 e em 1977, a tradicional Corrida da Infantaria (ou Corrida do Infante, como ele chamou), sempre vencida por essa arma. "O Bolsonaro era dedicado, muito simples e humilde, mas de personalidade forte."

O tenente-coronel da reserva já se candidatou uma vez a vereador e duas vezes a deputado, mas nunca chegou lá. Não foi convidado a participar do governo, porém, caso seja, disse estar à disposição. Júlio Lemos é da área técnica, piloto de helicóptero com 1200 horas de voo. Gosta de contar — e conta bem — que construiu sozinho um girocóptero, aeronave semelhante ao helicóptero, e nele voou, como comprovou com uma foto que me exibiu. Também foi testemunha na sindicância a que Bolsonaro respondeu em 1987 — como mais à frente se verá.

O cadete 531 fez o curso básico de paraquedismo entre 4 e 21 de julho de 1977, saltando cinco vezes de aeronave militar em voo, para usar a expressão que eles adotam. Em 22 de setembro daquele ano, foi novamente elogiado: "Fibra, denodo, cavalheirismo e persistência foram características constantes desse atleta em todos os combates esportivos realizados, batendo seu próprio recorde na prova de cross country do pentatlo militar".

Fechou o quarto e último ano de Aman com 9,7 em Grupo I; 7,5 em Grupo V; 7,3 em psicologia III; 7,2 em Grupo IV; 7 em direito e geografia; 5,7 em Grupo II; 5,6 em Grupo III; e 5,3 em história militar. Média geral de 6,9. Foi o 19º da turma de artilharia, recebendo conceito B. Assinou o Livro de Honra, como "estímulo ao exemplo", por ter realizado o curso sem sofrer nenhuma punição. Em dezembro de 1977, foi declarado aspirante a oficial de artilharia. Tinha 22 anos.

A cerimônia da Aman de encerramento de curso e de entrega das 375 espadas foi realizada em 15 de dezembro no pátio Mascarenhas de Morais. O penúltimo presidente da ditadura, general Ernesto Geisel,[16] esteve presente com a primeira-dama, dona Lucy, assim como o vice-presidente do país, o general Adalberto Pereira dos Santos, os três ministros militares, o chefe do Serviço Nacional de Informações (SNI), general João Figueiredo, e o ministro das Relações Exteriores, Azeredo da Silveira.

16 Muitos anos mais tarde, em entrevista a dois pesquisadores da FGV, Maria Celina D'Araujo e Celso Castro, Geisel fez dois comentários sobre Bolsonaro, então deputado federal: "Neste momento em que estamos aqui conversando, há muitos dizendo: 'Temos que dar um golpe. Temos que derrubar o presidente! Temos que voltar à ditadura militar!'. E não é só o Bolsonaro, não! Tem muita gente no meio civil que está pensando assim". E: "Presentemente, o que há de militares no Congresso? Não contemos o Bolsonaro, porque o Bolsonaro é um caso completamente fora do normal, inclusive um mau militar. Mas o que há de militar no Congresso? Acho que não há mais ninguém" (*Ernesto Geisel*, FGV, 1997).

O jornal *O Estado de S. Paulo* cobriu a cerimônia,[17] cujo grande destaque foi o cadete Emílio Carlos Accocela, que se graduava com a nota mais alta daqueles últimos vinte anos: 9,4. "Seguro, marchando com firmeza, ele recebeu o espadim de Geisel, que chegou a se comover diante da própria emoção do aspirante, a custo contendo as lágrimas", diz a matéria da sucursal do jornal no Rio. Na ocasião, Accocela revelou aos jornalistas que pretendia chegar ao generalato. Chegou. Doutor em engenharia elétrica, tornou-se em fevereiro de 2019 o diretor técnico da Telebras.[18]

Naquele dezembro de 1977, Geisel já se livrara do ministro do Exército, general Sylvio Frota, linha duríssima, defenestrado em 12 de outubro. Era o começo do fim do predomínio do Exército sobre os presidentes militares, existente nos quatro anos em que Bolsonaro passara na Aman.[19]

Ele gostou tanto dos anos passados na academia militar que fez menção ao período no convite de seu casamento com Michelle, em 21 de março de 2013. Está lá: "Deste relacionamento brotou um sentimento que me fez voltar aos tempos de cadete na Aman, em Resende. Tudo passou a ser diferente, a esperança e a alegria de viver brotaram de tal forma que ainda hoje me pergunto se tudo isso é verdade".[20]

---

17 "Geisel entrega espadim ao melhor cadete em 20 anos". Em: <https://acervo.estadao.com.br/pagina/#!/19771216-31518-nac-0006-999-6-not>. **18** Tentei falar com ele na Telebras tanto através de sua assessoria de comunicação como de sua secretária direta, esclarecendo a pauta. A assessoria me informou que Emílio iria perguntar ao presidente Jair Bolsonaro se devia ou não falar. Foi mais um do círculo próximo do presidente a não dar resposta. **19** Ver *A ditadura envergonhada*, primeiro volume da série "As ilusões armadas" (Companhia das Letras, 2002), de Elio Gaspari, sobre a ditadura militar. **20** A foto está em: <https://issuu.com/mistraleditora/docs/fnoivas20>.

3.
O salvamento do soldado Celso

Concluído o curso, Bolsonaro foi desligado da Aman em 14 de janeiro de 1978. Em seguida, serviu como oficial subalterno no 21º Grupo de Artilharia de Campanha (GAC), em São Cristóvão, no Rio de Janeiro. Entre 1978 e 1979, segundo informa sua ficha cadastral no Exército, assumiu funções como encarregado da seção de pessoal, chefe da seção mobilizadora e oficial de ligação do grupo. Em fevereiro de 1978, o capitão de artilharia Carlos Alberto Cardoso de Lamare, seu comandante, formalizou um longo elogio a ele:

"Por motivo de sua destacada atuação na Escola de Fogo realizada para o curso de artilharia do CPOR/RJ [Centro de Preparação de Oficiais da Reserva], onde desempenhou várias funções com desembaraço e eficiência, demonstrando suas qualidades de excelente oficial de artilharia; que recentemente vindo da Aman já tem dado prova de seu elevado espírito de disciplina, responsabilidade e camaradagem, além de seu excelente preparo físico."

As folhas registram que no primeiro semestre de 1978 Bolsonaro participou do XIV Pentatlo e que não foi selecionado para as eliminatórias do VII Pentatlo Militar sul-americano. Em março, aparece a informação de um pedido de empréstimo pessoal de 1447 cruzeiros, a serem pagos em doze vezes, e também a de um desconto mensal, a partir de fevereiro, de 175 cruzeiros para o Grêmio Beneficente dos Oficiais do Exército (GBOEx).

No segundo semestre de 1978, o então segundo-tenente[1] Jair Bolsonaro continuava no mesmo grupo de artilharia de São Cristóvão. Em agosto, fez curso de motorista militar, habilitando-se para dirigir viaturas de até 2,5 toneladas, como caminhões de grande porte. Acidentou-se novamente no final de outubro, durante uma sessão de exercícios, torcendo o joelho esquerdo. Mas o episódio mais relevante desse período foi o salvamento do soldado Celso — ou "Negão Celso", segundo o livro de Flávio. O acidente aconteceu durante uma travessia por corda sobre uma lagoa de 2,5 metros de profundidade.

"Para aumentar o grau de dificuldade, o sargento Rubens, conhecido como 'Rubão', ficava balançando a corda para derrubar os soldados dentro da água", diz Flávio no livro. Celso caiu na "água barrenta, completamente escura e com lodo no fundo, no meio da lagoa. Afundou como um martelo e ficou no fundo, impossibilitando que o barco o amparasse. Rapidamente, Bolsonaro arrancou a gandola [jaqueta], os coturnos e, em poucos segundos, pulou na água para resgatá-lo".[2] Muito esforço depois, "Negão Celso" foi salvo. "Uma evidente prova do 'racismo' de Bolsonaro já nos tempos da caserna", ironiza o livro de seu filho mais velho.[3]

O episódio veio à tona durante o processo a que Bolsonaro respondeu no STM anos depois. Ele próprio o invocou como um dos argumentos em sua defesa, apoiada no depoimento

---

1 Cf. nomeação oficial em: <http://memoria.bn.br/DocReader/DocReader.asp x?bib=030015_09&pesq=%22messias%20bolsonaro%22&pasta=ano%20197>. 2 *Jair Messias Bolsonaro: Mito ou verdade*, p. 43. 3 No já citado *Folhateen* de 16 de maio de 2011, o então deputado federal contou o caso assim: "E teve o caso do negão Celso. Em 1978, tinha um exercício em que passávamos por uma corda em cima de uma lagoa. Mas o sargento balançou a corda, e o recruta Celso catapum dentro d'água! Agarrei o negão no fundo. Tirei ele pra fora, porque estava morrendo afogado. Eu era um atleta, um cavalo. Depois me contaram: 'O soldado Celso é boiola!'. Começou a brincadeira em cima de mim: só tirei o negão para fazer boca a boca. Se fosse racista, eu teria pulado?".

de uma de suas testemunhas, o segundo-sargento Jorge Mion. "Não foi um salvamento qualquer", escreveu Bolsonaro na primeira defesa que apresentou ao STM. "Foi um salvamento de um soldado do Exército brasileiro, durante uma instrução." Repetiu, então, o que o sargento Mion havia contado: "O soldado caiu de uma corda, no meio da lagoa da pista, e teria morrido afogado, não fosse a pronta ação do então aspirante Bolsonaro, que, no meio de vários militares presentes, foi quem, arriscando a própria vida, lançou-se n'água e salvou a vida do soldado Celso".

Foi por esse episódio que o Exército o condecorou, com a Medalha do Pacificador com palma, por "ato de bravura", em 5 de dezembro de 2018, depois de eleito presidente.[4] Só então se soube o nome completo do soldado: Celso Luiz Morais. No dia em que recebeu a homenagem, Bolsonaro contou que havia requerido a medalha em 2012, quando começaram a se avolumar as acusações de que ele era racista.[5]

4 O programa *Domingo Legal*, da TV Record, entrevistou o ex-soldado e hoje figurinista em sua casa do Jardim América, na zona norte do Rio. Ver "Conheça o homem que foi salvo de um afogamento por Jair Bolsonaro", em: <https://www.youtube.com/watch?v=cH-EpwADSfA>. 5 Bolsonaro foi denunciado por racismo no Supremo Tribunal Federal. A denúncia foi rejeitada pela primeira turma por 3 a 2. Ver: <https://politica.estadao.com.br/blogs/fausto-macedo/primeira-turma-do-stf-rejeita-denuncia-contra-bolsonaro-por-racismo/>.

4.
Melancias na fronteira

No início de maio de 1979, depois de passar pouco mais de um ano no 21º GAC, o segundo-tenente Bolsonaro deu uma guinada em sua carreira militar: pediu transferência, "por interesse próprio", do Rio de Janeiro para o 9º GAC na longínqua Nioaque, no Mato Grosso do Sul.

Na despedida, o comandante do 21º GAC, coronel Nivaldo Pinheiro Pinto, registrou a "maneira eficiente" com que Bolsonaro havia desempenhado suas funções — entre elas escrever o boletim de informações da unidade — e o considerou "um oficial sincero em suas manifestações e atitudes, inteligente, sério, discreto, dotado de excelente preparo físico e resistência à fadiga, qualidades que, aliadas ao seu espírito militar, permitiram-lhe compor com êxito as missões que lhe foram confiadas".

Por que um oficial com todas essas qualificações quis se transferir para Nioaque? O livro de Flávio menciona apenas, em duas linhas, que lá o pai serviu de 1979 a 1981. Bolsonaro, quando falou de passagem sobre sua transferência do Rio de Janeiro para o Mato Grosso do Sul, alegou ter sido motivado pelo desafio patriótico, por estar numa região de fronteira.[1]

Essa motivação pode até ter pesado na balança, mas não foi a única.

---

1 "Você vai dizer que servi voluntariamente por três anos na fronteira do Brasil?", perguntou aos gritos na já citada entrevista a Rubens Valente.

O coronel da reserva Ney Almério Diniz, testemunha de defesa no processo do Conselho de Justificação do Exército, serviu com Bolsonaro em Nioaque, como subcomandante. Em seu depoimento, em 30 de dezembro de 1987, diante da pergunta sobre se Bolsonaro havia mantido "alguma atividade de plantio de arroz", respondeu que "durante o período em que era subcomandante [Bolsonaro] não manteve tal tipo de atividade".

O tal plantio voltou à baila em reportagem do site G1[2] publicada em 30 de outubro de 2018, quando Bolsonaro já era presidente eleito.

Diz o texto:

"Na cidade cuja principal atividade econômica é a produção rural, Bolsonaro também se aventurou como agricultor. Segundo José Cardoso, funcionário público, ele arrendou terras para plantar: 'Nós plantamos arroz, só que na época deu uma chuvarada, não deu para colher, e perdemos o arroz. Então, ele 'fez a terra' de novo e plantou melancia, bastante mesmo. A melancia deu bem, colheu bem, comemos muita melancia na época', diverte-se José, que cuidava da lavoura."

Outra referência sobre a temporada de Bolsonaro em Nioaque deve ser vista com cautela, por ser fruto de uma carta anônima surgida na época do processo de 1987 e anexada aos relatórios secretos do SNI e do Centro de Informações do Exército (CIE).

Arapongas desses órgãos passaram a vigiar Bolsonaro depois do artigo que ele escreveu para a revista *Veja* em setembro de 1986, reclamando dos baixos salários dos militares, até

---

2 "Bolsonaro foi treinador de futebol e agricultor quando viveu em MS: "'Andávamos de Kombi velha', relembram colegas", de Jaqueline Naujorks, Kharina Prado e Maureen Matiello, G1-MS e TV Morena. Em: <https://g1.globo.com/ms/mato-grosso-do-sul/noticia/2018/10/30/bolsonaro-foi-treinador-de-futebol-e-agricultor-quando-viveu-em-ms-andavamos-de-kombi-velha-relembram-colegas.ghtml>.

o começo de sua vida parlamentar, em 1988. A existência desses documentos foi noticiada por *O Globo* em junho de 2018.[3] A íntegra da cópia dos originais está publicada no site Documentos Revelados.[4]

O trecho sobre Nioaque diz: "Ao invés de fazer croquis de bombas [referência às denúncias de *Veja* em 1987], escreve quantas vezes você foi ao Paraguai trazer muamba, e sobre os seus problemas no Mato Grosso."

As folhas de alterações informam que o segundo-tenente se apresentou na guarnição de Nioaque em 5 de junho de 1979 e uma semana depois viajou para Campo Grande, a capital, para se juntar à equipe do II° Exército nas competições do XVI Pentatlo. O comandante o elogiou por "empenhar-se com entusiasmo e lealdade, demonstrando ser possuidor de excelente preparo físico".

No mês seguinte, casou-se com Rogéria Nantes Braga em Resende, no dia 7 de julho, e ganhou oito dias de folga.

De acordo com seu cadastro no Exército, as funções de Jair Bolsonaro no 9° GAC eram: chefe da linha de fogo, encarregado da seção de pessoal, adjunto da seção de operações e comandante da 2ª bateria de obuses. Fechou o ano promovido a primeiro-tenente.[5] E continuou a receber elogios: "Militar dotado de uma grande capacidade física, destacou-se pela voluntariedade e arrojo, principalmente como cte [comandante] do Pelopes [Pelotão de Operações Especiais], quando da realização de exercícios em Ponta Porã, onde pode dar mostras de

---

3 "Dossiê relata como Bolsonaro foi espionado pelo SNI entre 1986 e 1989", de Juliana Dal Piva. Disponível em: <https://oglobo.globo.com/brasil/dossie--relata-como-bolsonaro-foi-espionado-pelo-sni-entre-1986-1989-22759982>.
4 Cf. <https://www.documentosrevelados.com.br/geral/prontuario-e-dossie-completos-sobre-jair-bolsonaro-emitido-pelo-centro-de-informacoes--do-exercito/>. **5** Cf. <http://memoria.bn.br/docreader/DocReader.aspx?bib=029033_15&pagfis=148137>.

sua chefia e liderança" (31 dez. 1980); "oficial jovem e dedicado, de elevado espírito de corpo e responsabilidade" (dez. 1981). Jair Bolsonaro serviu em Nioaque até o fim de 1981. A essa altura, já era pai de Flávio Nantes Bolsonaro, nascido em 30 de abril de 1981, senador eleito em 2018 e autor do livro *Jair Messias Bolsonaro: Mito ou verdade*. Na despedida, o coronel Ubirajara Souto Mayor, comandante do 9º GAC, o elogiou pela "valiosa cooperação e eficiente participação nas atividades de instrução da unidade" e por ter "cumprido corretamente, em seus mínimos detalhes, a desativação da usina de força e luz". Acrescentou que era "um oficial educado civil e militarmente" e que se revelou "um bom instrutor".

Não consegui localizar o coronel Souto Mayor. O comandante que o substituiu no 9º GAC, coronel Eduardo Galvão, hoje na reserva, disse por e-mail que Bolsonaro já havia deixado Nioaque quando assumiu e portanto não podia avaliar seu desempenho. "Apenas sei que realizou vários voos como observador aéreo", complementou. As folhas de alterações disponíveis não trazem esse registro.

5.
"Demonstrações de excessiva ambição"

Adeus, arroz. Adeus, melancias. Adeus, Paraguai. Em 1982, de volta ao Rio de Janeiro, Bolsonaro fez o curso de instrutor na Escola de Educação Física do Exército e incorporou-se ao 8º Grupo de Artilharia de Campanha Paraquedista (GAC/PQDT), onde ficaria até 1987. Seu comandante era o coronel Carlos Alberto Pellegrino, mais tarde a testemunha mais contundente contra Bolsonaro durante o processo.

Cavalão concluiu o curso de educação física no fim de 1982, com nota 8,7, conceito Muito Bom, e foi o primeiro colocado entre os 37 alunos.[1] As folhas de alterações mostram que esse conceito se repetiu nos outros cinco quesitos avaliados: valor intelectual, aptidão para a chefia, aptidão para o trabalho em grupo, devotamento e espírito militar.

Novamente recebeu elogios por sua participação na IX Olimpíada do Exército em novembro daquele ano: "Pelo dinamismo, trabalho meticuloso e cuidadoso, aliado à vontade de acertar, prestou assistência aos chefes e subcomandantes do pentatlo militar no mais alto nível. Imparcial e leal, desincumbiu-se de suas inúmeras atribuições com equilíbrio e ponderação". Para arrematar o ano, em 6 de dezembro Bolsonaro participou da travessia náutica Flamengo-Urca, realizada

---

1 "Você vai escrever que eu fui primeiro lugar em educação física, primeiro no curso de mergulho? Que eu fui o destaque no curso de paraquedismo e no curso de mestre de salto?", ele perguntou, aos berros, na entrevista a Rubens Valente.

anualmente pela Escola de Educação Física do Exército no encerramento do curso de instrutores. Percorreu os 2500 metros em 55 minutos e 58 segundos. No dia seguinte, nasceu Carlos Nantes Bolsonaro, seu segundo filho com Rogéria.[2] Em 25 de março de 1983, Bolsonaro já tinha uma década de Exército. Aquele foi um ano movimentado: fez algumas viagens como instrutor de educação física, ficou em quinto lugar no curso de mestre de saltos no 8º GAC/PQDT, torceu o joelho direito durante uma instrução. Nas férias, fez uma viagem a uma região de garimpo, no interior da Bahia, que muita dor de cabeça lhe traria mais tarde. O coronel Pellegrino registrou, na parte "C" da ficha de informações de Bolsonaro:

"Deu mostras de imaturidade ao ser atraído por empreendimento de 'garimpo de ouro'. Necessita ser colocado em funções que exijam esforço e dedicação, a fim de reorientar sua carreira. Deu demonstrações de excessiva ambição em realizar-se financeira e economicamente."

No final daquele mesmo 1983, em 29 de dezembro, Pellegrino o elogiou "pela dedicação ao planejamento do treinamento físico dos quadros e da tropa, e preparo das competições de pentatlo e orientação, dando mostras de conhecimento do assunto e senso prático. Louvo também pela sua conduta como comandante da Bateria de Serviços, onde esforçou-se em bem apoiar a Seção Administrativa do Grupo e as Seções de Serviços Gerais e Manutenção, saindo de maneira bastante satisfatória".

---

2 Em 2000, quando tinha dezessete anos, Carlos disputou um mandato de vereador contra a própria mãe. Já separada de Bolsonaro e casada com um colega vereador, Rogéria tentava sua segunda reeleição. Carlos venceu. Veja matéria deste autor no *Estadão*: "A disputa eleitoral no clã Bolsonaro" em: <https://politica.estadao.com.br/noticias/geral,a-disputa-eleitoral-no-cla-bolsonaro,70002268663>. Nenhum dos Bolsonaro mencionados na reportagem respondeu aos meus inúmeros pedidos de entrevista.

Quatro anos depois, o coronel Pellegrino testemunharia contra seu ex-comandado.

Bolsonaro fechou o ano de 1983 como capitão, aos 28 anos, promovido em 26 de dezembro por antiguidade, pelo ministro do Exército de então, o general Walter Pires de Carvalho e Albuquerque, do governo João Figueiredo, o último do período ditatorial.

Entre um salto e outro de paraquedas — acumulou 44 no total —, o capitão seguiu servindo no 8º GAC/PQDT. Foi comandante da Bateria de Comando e Serviços (BSv), oficial de treinamento físico e chefe da Iª seção (apoio técnico e treinamento), "onde houve-se [nesta última] com grande eficiência e demonstrou para com seus homens um desvelo invulgar", atestou em 21 de janeiro de 1984 seu comandante, coronel Frederico Luiz Faria Sodré de Castro. Em 10 de julho daquele ano, nasceu Eduardo Nantes Bolsonaro.

O capitão ganhou uma medalha militar de bronze, como todos os que completavam dez anos de caserna, tirou "excelente" em um teste de aptidão de tiro e incluiu sua mãe, dona Olinda, e sua tia Vânia Rubian como suas dependentes no Fundo de Saúde do Exército (Fusex).

Em maio de 1985, faria outro curso: o de mergulho autônomo, no Grupamento de Busca e Salvamento do Corpo de Bombeiros do Rio de Janeiro. O livro de Flávio Bolsonaro conta que o pai ficou três minutos e 42 segundos no fundo de uma piscina, conquistando nota 10 na prova de apneia.[3] Cavalão foi o primeiro colocado entre onze alunos.

---

3 O recorde do *Guiness* em 2018 é de 24 minutos e três segundos. Em: <http://www.brasilskindiver.com.br/223-novo-recorde-de-apnea-com-oxig %C3%AAnio-puro,-24-minutos-e-3-segundos>.

6.
Acidente com paraquedas

Um problema de saúde o levou ao hospital em agosto de 1985, quando precisou de oito dias para se restabelecer. A ocorrência não está especificada nas folhas de alterações de Bolsonaro, mas o livro do filho traz uma explicação.

O capitão resolveu fazer um curso civil de salto livre de paraquedas — por isso não está no registro militar —, oferecido por um capitão da reserva, Rezende. Voou para o salto em um teco-teco com um colega de turma, o capitão "Negão" Adilson. No salto, em paraquedas T-10 (com capacidade máxima comprovada para uso de até 163 quilos), um vento forte "atingiu severamente Bolsonaro próximo da aterragem, a algumas dezenas de metros do solo, fazendo-o perder o controle."[1]

Flávio continua em seu livro:

"Passou por cima da avenida das Américas, na Barra da Tijuca, escapando de ser atropelado ao pousar ou ter seu paraquedas embolado a um carro e ser arrastado, mas não conseguiu se desviar de um prédio alto, com o qual se chocou fortemente.

"Ao tentar se proteger do primeiro impacto, Bolsonaro quebrou os dois braços na parede e bateu violentamente com a cabeça, vindo a rachar seu capacete de motociclista. Despencou de uma altura de aproximadamente oito metros, caindo em pé. Quando tentou se levantar, acabou agravando ainda mais as fraturas nos tornozelos, em razão da queda.

---

[1] *Jair Messias Bolsonaro: Mito ou verdade*, p. 47.

"Aproximadamente três horas após, Bolsonaro foi encontrado pelo capitão Adilson, todo quebrado, e levado para o Hospital Central do Exército (HCE), em Benfica, Rio."[2]

Segundo o livro, Bolsonaro ficou esquecido no hospital em um local "destinado a pacientes com uma doença rara e ainda pouco conhecida, a Aids. [...] Todos tinham medo de ter contato com alguém contaminado, inclusive os profissionais de saúde, que também temiam ser infectados. Mas nem Bolsonaro nem ninguém sabia disso".[3]

Quando seu amigo e major paraquedista Carneiro — também conhecido como "Godzilla"[4] — foi visitá-lo, Bolsonaro disse, segundo o relato de Flávio:

"— Major, estou na m... aqui. Ninguém fala comigo, não sei o que está acontecendo, ninguém quer me atender. Tô largado nesta sala, cheio de dor, com as quatro patas quebradas e só quero ser operado. Meu braço já está começando a cheirar mal por causa das feridas. Me ajuda a sair daqui!"[5]

Godzilla respondeu:

"— Pô, Cavalo, você tá no quarto dos aidéticos... Ninguém vai entrar aqui não, só eu.

"O major, então, botou Bolsonaro sobre suas costas, que se firmou com as axilas sobre seus ombros, já que os dois antebraços estavam quebrados, um inclusive com fratura quase exposta, e o colocou dentro de seu carro a fim de levá-lo para outro hospital.

"Quase ninguém reparou que o 'aidético' quebrado estava fugindo do hospital nas costas de outra pessoa. Em questão de segundos todos já estavam à procura de Bolsonaro por ter autoconcedido 'alta por evasão', uma transgressão gravíssima no Regulamento Disciplinar do Exército (RDE).

2 Ibid.   3 Ibid., p. 48.   4 Ibid., p. 48.   5 Ibid., p. 48.

"Desfeito o mal-entendido, Bolsonaro foi levado para uma outra sala, no próprio HCE, onde foi, finalmente, operado pelo dr. Deusdeth, então capitão médico e hoje um renomado cirurgião ortopedista, especialista em coluna e presidente da Associação Brasileira Beneficente de Reabilitação (ABBR)."[6] Em entrevista concedida por telefone, o ortopedista e traumatologista Deusdeth Gomes do Nascimento se lembrou de ter atendido e operado Bolsonaro. "Na queda, ele fraturou os dois tornozelos e precisou de cirurgia, que foi bem-sucedida." No entanto, não houve fratura nos braços nem internação na ala dos soropositivos, segundo se recorda o médico. Ele preferiu não dizer em quem votou na última eleição para presidente.

Recuperado, Cavalão viveu outra aventura, mas essa não consta em suas folhas de alterações. Em setembro daquele ano, 1985, um ônibus Cometa caiu no córrego do Vigário, na serra das Araras, e Bolsonaro se apresentou como voluntário no salvamento de passageiros. Essa passagem foi revelada na época do processo por outra testemunha de defesa, o tenente Djalma Antônio de Souza Filho, do Corpo de Bombeiros do Rio de Janeiro, instrutor do capitão em um estágio de mergulho. O tenente contou que Bolsonaro trabalhou no salvamento "durante dois dias seguidos, realizando mergulhos de até vinte metros, sem revezamentos e em condições adversas". Conforme essa testemunha, ele próprio pediu para que sua participação não fosse oficializada, "por estar de férias". Talvez por isso sua atuação não conste no registro oficial.

Em dezembro, foi designado presidente do Conselho de Justiça do 8º GAC/PQDT — instância para questões internas —, para o primeiro trimestre de 1986. Nesse posto, foi o relator de uma avaliação da situação socioeconômica do capitão Telmo

6 Ibid., p. 48-9.

Henrique de Siqueira Megale, "para fins de auxílio financeiro não indenizável". Em março de 1987, o capitão de artilharia e paraquedista do 8º GAC já era aluno do curso de preparação para a EsAO.[7]

---

7 Também conhecida como "Casa do Capitão", a EsAO, fundada em 1919, diplomou, até 2018, 30 260 oficiais, 29 460 do Exército e 1083 estrangeiros de 21 países. Em: <http://www.esao.eb.mil.br/historico>. Um vídeo no YouTube registra uma visita de Bolsonaro à EsAO em novembro de 2018, já presidente eleito: <https://www.youtube.com/watch?v=_nnwLqfFDZ4>.

7.
Artigo em *Veja* e prisão disciplinar

"Eu vi Rubens Paiva morrendo na prisão", anunciava uma destacada chamada de capa da revista *Veja* nº 939, de 3 de setembro de 1986, a mesma edição em que, na última página, o capitão Jair Messias Bolsonaro assinava o artigo que começaria a mudar sua vida. Na reportagem sobre Paiva, o segundo-tenente médico do Exército, Amílcar Lobo, contava à revista que o desaparecido deputado Rubens Paiva tinha sido assassinado, sob tortura, na Polícia do Exército do quartel da rua Barão de Mesquita, no Rio de Janeiro.[1] Na época, Bolsonaro não fez comentários sobre a denúncia de Lobo; só anos mais tarde é que passaria a atacar Rubens Paiva e a defender a tortura.

A edição 939 de *Veja* traçava um panorama do Brasil dos tempos do governo José Sarney. A capa tratava da guerra eleitoral entre Paulo Maluf e Antônio Ermírio de Moraes pelo cargo de governador do estado de São Paulo na sucessão do emedebista Franco Montoro. Com a eleição constituinte de 1986 na porta, *Veja* também trazia material sobre a disputa para o Senado no Rio de Janeiro por dois juristas de peso: Evandro Lins e Silva e Afonso Arinos de Melo Franco. Eleito senador pelo Rio, Afonso Arinos, no ano seguinte, seria o presidente da Constituinte.

Na seção de esportes, a reportagem principal falava da disputa entre Ayrton Senna e Nelson Piquet na Fórmula 1. Entre

---

1 Disponível em: <https://acervo.veja.abril.com.br/#/edition/33608?page=44&section=1>.

os livros mais vendidos, dois abordavam os desmandos de duas ditaduras: *Olga*, de Fernando Morais, e *Brasil nunca mais*, organizado por d. Paulo Evaristo Arns, uma vigorosa e documentada denúncia contra a tortura. A tiragem dessa edição de setembro de 1986 foi de 809 420 exemplares. *Veja* já se tornara, de longe, a maior revista nacional. O jornalista José Roberto Guzzo dirigia a redação, secundado por Elio Gaspari, diretor-adjunto, ambos sediados em São Paulo. O chefe da sucursal do Rio de Janeiro, praça do capitão Bolsonaro, era José Carlos de Andrade, o Zeca.

O artigo assinado por Bolsonaro na seção Ponto de Vista levava o título "O salário está baixo". É improvável que ele próprio o tenha escrito, ao menos em sua forma final. Ele mesmo já se referiu ao artigo como fruto de uma entrevista que tinha dado à *Veja* — hipótese mais razoável. Não era incomum que entrevistas fossem transformadas em artigos pela redação. Ou então algum colega mais qualificado o ajudou a redigir e ele depois o encaminhou à redação semipronto.

"Descontentes e sem perspectivas, os cadetes estão abandonando a Academia das Agulhas Negras", dizia a legenda abaixo de uma foto 3 × 4 do capitão fardado, de boina, olhando para a frente. Em um de seus depoimentos durante o processo que sofreu, ele contou que foi sem uniforme à sucursal da revista em Botafogo — na rua da Passagem, 123, 9º andar. Levou a farda na bolsa, lá a vestiu e posou para uma série de fotos.

O artigo tinha sete parágrafos[2] e era um petardo, até então inédito,[3] de um oficial da ativa contra as autoridades militares

---

2 Disponível em: < https://acervo.veja.abril.com.br/#/edition/939?page=154 &section=1&word=paiva>. **3** Em 1983, na edição 799, de 28 de dezembro, *Veja* publicara, também na seção Ponto de Vista, o artigo "A religião do exemplo", do general de brigada da reserva José Maria de Toledo Camargo, assessor de imprensa da presidência da República de 1977 a 1978 (ditadura Geisel). Era uma crítica ao general Newton Cruz por sua agressão a um repórter durante

e o governo Sarney. O ministro do Exército na ocasião era o general Leônidas Pires Gonçalves.

Na introdução, Bolsonaro dizia tê-lo escrito "em nome da verdade". A mentira, segundo ele, estava em notícias da imprensa sobre o desligamento de dezenas de cadetes da Academia Militar das Agulhas Negras — de onde saíra havia quase dez anos — "por homossexualismo, consumo de drogas e uma suposta falta de vocação para a carreira". Admitiu que esses fatores existiam, residualmente, mas que o motivo de fundo era outro: "Mais de 90% das evasões se deram devido à crise financeira que assola a massa dos oficiais e sargentos do Exército brasileiro".

Passou, então, a expor seu entendimento sobre as perdas salariais do funcionalismo público e, particularmente, dos militares. "Como capitão do Exército brasileiro, da ativa, sou obrigado pela minha consciência a confessar que a tropa vive uma situação crítica no que se refere a vencimentos", escreveu. Enquanto o salário de um capitão com oito a nove anos no posto era de 10 433 cruzados, argumentava o autor, o de um terceiro-sargento com o mesmo tempo de serviço era de 4134 cruzados.

No quarto parágrafo lia-se o seguinte: "Afinal, um homem que dedica os melhores anos de sua vida à carreira militar, enfrentando nos corpos da tropa, um ritmo de trabalho não inferior a 48 horas semanais, com serviços aos sábados, domingos e feriados, instruções noturnas, marchas, acampamentos e outras atividades típicas da vida dos quartéis, não pode simplesmente pensar em patriotismo — como querem muitos — quando não pode sequer sonhar em constituir condignamente uma família."

Não se tratava de pleitear aumento salarial, ressalvou, mas de reclamar — "como fariam, se pudessem, meus colegas — um

as medidas de emergência do governo Figueiredo. "O que se viu foi um general irritado, ocupando um posto de alto comando, descontrolado na frente de um gravador e agredindo um jornalista", escreveu o general Toledo Camargo.

vencimento digno da confiança que meus superiores depositam em mim". E encerrava assim: "Torno público este depoimento para que o povo brasileiro saiba a verdade sobre o que está ocorrendo na massa de profissionais preparados para defendê-lo. Corro o risco de ver minha carreira de devoto militar seriamente ameaçada, mas a imposição da crise e da falta de perspectiva que enfrentamos é maior. Sou um cidadão brasileiro cumpridor dos meus deveres, patriota e portador de uma excelente folha de serviços. Apesar disso, não consigo sonhar com as necessidades mínimas que uma pessoa do meu nível cultural e social poderia almejar. Amo o Brasil e não sofro de nenhum desvio vocacional. Brasil acima de tudo."[4]

O rodapé do artigo o identificava: "Jair Messias Bolsonaro é capitão de artilharia do 8º GAC, paraquedista, 31 anos, casado e pai de três filhos".

Foi um deus nos acuda. Na segunda-feira seguinte, uma breve nota do *Jornal do Brasil* dizia tudo sobre a reação do comandante do Exército, general Leônidas Pires Gonçalves: "O ministro considerou o artigo um ato de indisciplina inadmissível". A "punição de oficial" saiu ainda no dia 2 de setembro e foi publicada no boletim interno nº 163, do dia 3. Tão séria que o datilógrafo dessa folha de alterações cometeu uma "transgreção GRAVE", com cê-cedilha. O capitão, com uma quase impecável folha de serviços — havia a "excessiva ambição" por ter ido ao garimpo —, foi punido pelo comandante do 8º GAC, paraquedista, coronel Ary Schittini Mesquita,[5] "por ter elaborado e feito publicar em revista semanal, de tiragem

---

4 Matéria de *O Globo* um ano depois, em 26 de outubro de 87 ("Artigo valeu 15 dias de prisão"), informava que esta última frase era o lema do movimento militar Centelha Nativista, ao qual Bolsonaro "seria vinculado". **5** Foi testemunha no Conselho de Justificação contra Bolsonaro no episódio ocorrido um ano depois, como se verá. Já faleceu. Há uma foto e um registro dele em: <http://www.turmafloriano.com.br/art.htm>.

nacional, sem conhecimento e autorização de seus superiores, artigo em que tece comentários sobre a política de remuneração do pessoal civil e militar da União; ter abordado aspectos da política econômico-financeira do governo fora de sua esfera de atribuições e sem possuir um nível de conhecimento global que lhe facultasse a correta análise; ter sido indiscreto na abordagem de assuntos de caráter oficial comprometendo a disciplina; ter censurado a política governamental; ter ferido a ética gerando clima de inquietação no âmbito da OM [organização militar], da GU [grandes unidades] e da força; e por ter contribuído para prejudicar o excelente conceito da tropa Paraquedista no âmbito do Exército e da nação".

O embasamento foi a infração a seis artigos do Regulamento Disciplinar do Exército (RDE).[6] "Fica preso por 15 dias, a contar de 1 set. 86", diz a nota do boletim interno. "Deixo de aplicar maior punição em virtude de ser a primeira punição do oficial." A mídia deu grande espaço à punição sofrida

6 Estava vigente, na época, o decreto 90 608, de 4 de dezembro de 1984. Bolsonaro foi punido pelos artigos 63, 65, 66, 68 e 106 do anexo 1 (Relações de transgressões):

63 — Manifestar-se o militar da ativa, sem que esteja autorizado, a respeito de assuntos políticos.

65 — Discutir ou provocar discussões, por qualquer veículo de comunicação, sobre assuntos políticos ou militares, excetuando-se os de natureza exclusivamente técnica, quando devidamente autorizado.

66 — Ser indiscreto em relação a assuntos de caráter oficial, cuja divulgação possa ser prejudicial à disciplina ou à boa ordem do serviço.

68 — Publicar ou contribuir para que sejam publicados documentos, fatos ou assuntos militares que possam concorrer para o desprestígio do Exército ou que firam a disciplina ou a segurança.

106 — Censurar ato de superior ou procurar desconsiderá-lo seja entre militares ou seja entre civis.

Com os agravantes de n° 2 e letra "c" do n° 6 do artigo 18:

Art 18 — São circunstâncias agravantes: 2) prática simultânea ou conexão de duas ou mais transgressões; 6) ser praticada a transgressão: c) com premeditação.

por Bolsonaro. "Capitão é punido por artigo", destacou o *Jornal do Brasil*, lembrando que no próprio texto Bolsonaro previra o risco de isso acontecer. *Veja* balanceou a repercussão em sua edição seguinte, a de nº 940, com data de 10 de setembro:[7] "Disciplina salarial — Com a prisão do capitão Jair Bolsonaro, esquenta a discussão sobre o soldo dos militares", dizia a chamada das páginas 46 e 47.[8] Uma foto registrava o protesto por melhores salários organizado naquela semana pelas mulheres de oficiais do Exército no complexo militar da Praia Vermelha.

Segundo a revista, o preso havia recebido cerca de 150 telegramas de solidariedade assinados por oficiais da ativa e da reserva, disparados de todas as regiões do país. E também contara com o endosso público de oficiais do Instituto Militar de Engenharia (IME), sediado no Rio. Além do grupo de mulheres que se manifestaram e divulgaram o envio de um documento ao ministro do Exército. "Ele expôs a insatisfação geral de uma classe", declarou, na matéria, o capitão Artur Teixeira, do IME. "Que os militares são mal pagos todo mundo sabe", disse um oficial do CIE, não identificado. "O que não podemos admitir é a indisciplina."

Um dos telegramas enviados a Bolsonaro, *Veja* informava, fora o do general da reserva Newton de Oliveira Cruz, ex-chefe do CIE no governo do general João Figueiredo. Àquela altura, Cruz era candidato à constituinte pelo PDS do Rio de Janeiro. "Expresso meu acordo e minha tristeza com os fatos relatados em seu artigo", dizia o telegrama, ainda segundo a revista.

Um ano mais tarde, na sindicância da operação Beco sem Saída, Bolsonaro indicou o general da reserva como uma de suas testemunhas de defesa. Newton Cruz contou que nada teve a ver com o artigo, que desmentiu uma nota do *Jornal do*

---

7 A capa da edição, novamente, era o caso Rubens Paiva: "Viagem ao mundo da tortura". 8 Cf. <https://acervo.veja.abril.com.br/#/edition/33607?page=46&section=1>.

Brasil insinuando que Bolsonaro agira sob sua orientação e confirmou ter mandado a ele o telegrama de felicitações. Em retribuição, o capitão quis conhecê-lo, contou o general, por isso tiveram três encontros no Rio de Janeiro e outro em Brasília, em outubro de 1987, quando a turma de artilharia da EsAO estava por lá em exercício de instrução. Bolsonaro e o capitão Moraes fizeram contato e levaram um grupo de oficiais para conhecer o ex-chefe do SNI, que lhes ofereceu um jantar. "Foi uma retemperante noite", definiu Newton Cruz em seu depoimento. Desses encontros e de várias conversas telefônicas, disse ter guardado "uma boa impressão e um conceito positivo" de Bolsonaro.

A movimentação de Bolsonaro para levar os capitães a essa "noite retemperante" foi observada, no mesmo dia, pelo capitão Juarez Aparecido de Paula Cunha, seu colega da EsAO, também presente na instrução em Brasília. Em abril de 2019, Juarez Cunha, general da reserva, ocupava o posto de presidente dos Correios, indicado por Gilberto Kassab, ministro das Comunicações no governo Michel Temer e mantido pelo governo Bolsonaro. O capitão Juarez Cunha foi testemunha na sindicância de 1987. Ele contou ter assistido ao embarque, em uma Veraneio, de Bolsonaro e do grupo que iria jantar com Newton Cruz. E relatou o fato ao instrutor-chefe do curso de artilharia, coronel Cyrino. Bolsonaro não gostou da delação e o "procurou em particular" para dizer que "não havia gostado da atitude dele em Brasília" e que, "embora tendo servido [com Juarez Cunha] por muito tempo, poderia esquecer que era seu amigo, em caso de acontecer 'qualquer coisa'". É um depoimento adverso ao colega capitão.

"Eu disse apenas o que ele me disse", afirmou Juarez Cunha quando o entrevistei em dezembro de 2018, por telefone, para o *Estadão*.[9] "Não é relevante, não levou a coisa nenhuma, e

---

9 Cf. <https://politica.estadao.com.br/noticias/geral,bolsonaro-tirou-satisfacao-com-oficial-no-exercito-registra-tribunal,70002647884>.

contar isso agora, trinta anos depois, só vai fazer tempestade em copo d'água", disse. "O Bolsonaro é um grande amigo meu, e isso nunca trouxe problema para a nossa amizade." O presidente dos Correios não soube dizer se o presidente eleito tinha conhecimento dos termos da inquirição: "Isso tem de perguntar pra ele". Na época, como sempre, a assessoria de Bolsonaro não me respondeu.

Nove leitores de *Veja* aplaudiram o artigo de Bolsonaro na seção de cartas de duas edições depois, a de n⁰ 941, de 17 de setembro. Duas cartas foram publicadas na edição seguinte, a de n⁰ 942, de 24 de setembro. Uma parabenizando Bolsonaro e outra, de Roberto Telles Schreiner, de Porto Alegre, lembrando que o salário de 10 mil cruzados do capitão era muitas vezes maior que o salário mínimo da época.

Naquele ano, pouco se soube a respeito dos bastidores que cercaram o artigo de *Veja* assinado por Jair Bolsonaro. No Exército, não foi aberta uma sindicância nem se tomaram depoimentos. Houve, sim, como já vimos, a prisão por transgressão disciplinar e hierárquica. O capitão a cumpriu sem reclamar e não se manifestou sobre ela.[10] Só viria a fazer isso um ano depois. Em depoimento de 11 de dezembro de 1987, disse que acreditava ter ficado conhecido pela maioria dos militares do Exército e dos leitores da revista, que passou a ser mais notado por alguns companheiros de farda, que poucos foram visitá-lo durante a prisão disciplinar, que recebeu cartas, telegramas e telefonemas de solidariedade e que desde então o artigo passou a ser o mote das conversas com colegas. No dia seguinte, 12 de dezembro, contou que depois da prisão disciplinar voltou

10 Em outubro de 1990, eleito deputado federal, ele disse ao *Jornal do Brasil*, sobre o artigo de *Veja*: "Coloquei o meu na reta. Os militares gostam disso. Você tem que mostrar que é homem quando o inimigo está atacando, não quando está recuando sem munição" (Sérgio Sá Leitão, "Capitão indisciplinado faz aposta no jogo democrático". *JB*, 11 out. 1990).

à sucursal de *Veja* em Botafogo para agradecer a José Carlos de Andrade pelo artigo e pelas cartas publicadas em edições subsequentes.

José Carlos de Andrade entrou em *Veja* em 1986 e passou a chefiar a sucursal do Rio. Dois anos antes estivera na sucursal de Brasília de *O Globo*. "Sugeri o nome de Bolsonaro para a seção Ponto de Vista na reunião de pauta da segunda-feira, com a direção de São Paulo", contou em entrevista por e-mail. "Ele ainda era um total desconhecido fora da caserna, mas quem tinha fonte no meio militar sabia das insatisfações. O Clube Militar, intramuros, dava força aos protestos do jovem capitão. Ele já contava com o apoio de generais de pijama, e não foi num repente que resolveu meter a cara. Eu acredito que tinha projeto para seguir na política partidária, sacado por alguns oficiais que o estimularam a representar a classe verde--oliva, como ponto de partida. Foi o 'Ponto de Vista' que o projetou nacionalmente".

Pauta aprovada, JC de Andrade, como ele assina, convidou o capitão a visitar a sucursal da revista e ali acertaram os detalhes práticos para o artigo combinado. "Ele levou o artigo datilografado, que foi envelopado e enviado para São Paulo", disse JC. "A forma final sempre coube aos editores de *Veja*, mas nada de substancial nas correções. Nada se fazia sem a aprovação do Guzzo e do Gaspari." JC lembrou que a visita de agradecimento do capitão "foi um encontro cordial e de pouca duração, com a simplicidade e cuidado dele para não errar no tom". O chefe da sucursal definiu a jornalista Cassia Maria como "uma boa repórter, muito eficiente no trabalho" e não se lembrou se ela teve algum papel importante nas preliminares que deram origem ao artigo.

Nos depoimentos que prestou em 1987, Jair Bolsonaro contou que alguns colegas da EsAO passaram a cumprimentá--lo mais efusivamente depois do artigo e que recebia um

65

"tratamento especial" da EsAO, do general comandante,[11] "pelo fato de ter socorrido o filho do general em um acidente automobilístico ocorrido em 1984 e, também, possivelmente, pela matéria que havia assinado em setembro de 1986". O capitão contou ainda que não quis aceitar os setecentos cruzados a que teria direito pelo artigo, "cerca de 8% de seus vencimentos brutos, à época". Em um segundo depoimento, do dia 12 de dezembro, disse haver decidido escrever o artigo "porque estava vivendo uma situação de conflito interno, por não ter sido tratado por seus superiores da maneira como achava que devia ser tratado".

Bolsonaro explicou ter apresentado um "anteprojeto" sobre o problema salarial do meio militar a seu comandante do 8º GAC/PQDT, o coronel Ary Schittini de Mesquita,[12] e que este encaminhou a proposta para o coronel de infantaria R2 [seção de informações] Reis de Oliveira. Duas semanas depois, Schittini devolveu-lhe o "anteprojeto", dizendo: "[...] primeiro você deveria ser um excelente S4 [responsável pela fiscalização administrativa, função que o capitão exercia naquele momento], para depois voltar a pensar nesse assunto".

O coronel Ary Schittini também foi chamado para depor. Disse não ter recebido nenhum "anteprojeto", e sim "um documento que continha dados relativos a variações salariais (achatamento) dos vencimentos dos militares, tendo em vista a implantação do Plano Cruzado". Mandou-o para a 2ª seção e declarou não se lembrar se o devolveu a Bolsonaro. Schittini contou que, como Bolsonaro insistia em falar com ele sobre essas questões, a certa altura desistiu de convencê-lo do contrário

---

11 General de brigada Mário Sérgio Rodrigues de Mattos, comandante da EsAO de 28 de janeiro de 1987 a 27 de fevereiro de 1989.   12 Bolsonaro teve três comandantes no 8º GAC paraquedista: os coronéis Carlos Alfredo Pellegrino, Frederico Luiz Faria Sodré de Castro e Ary Schittini.

e passou a sustar o assunto. Disse não ter sido informado de que o capitão escreveria o artigo para a revista.

No depoimento do dia 12 de dezembro, quando o interrogador perguntou a Bolsonaro por que, diante da resposta [ou do silêncio] do coronel Schittini, ele não recorreu, internamente, a outra instância hierárquica, ele disse simplesmente ter preferido a publicação. O interrogador quis saber se ele não achava que essa escolha configurava um "ato aético em relação à Instituição [Exército]", e Bolsonaro respondeu ter "plena consciência que cometeu um ato de indisciplina". Interrogado sobre se sabia que "estava sendo desleal para com a Instituição e para com seu comandante", respondeu que havia cometido "uma transgressão disciplinar e que, à época, não levou em consideração que seria uma deslealdade, mas que agora acha que sim".

Essa parte do depoimento esclarece um ponto que Bolsonaro pôs em dúvida anos depois, o de ter dito que cometera uma deslealdade com o Exército e com seu comandante direto. É verdade que ele retirou essa afirmação em depoimento posterior, mas também é verdade que a fez. Não só na frase citada, mas em outra resposta do mesmo depoimento, algumas linhas depois. Quando mais uma vez ouviu a pergunta sobre se considerava sua decisão uma "atitude desleal", respondeu que "em primeira instância foi uma indisciplina e consideraria também uma deslealdade".

O coronel Edson Bimbi, subcomandante de Bolsonaro no 8º GAC paraquedista, acompanhou de perto o episódio da revista *Veja*. "Ele falou comigo na segunda-feira, depois da publicação do artigo, ainda na adrenalina, perguntando o que fazer", lembrou-se Bimbi, hoje advogado e coronel da reserva, em uma entrevista concedida por telefone, de São José dos Campos (SP). "O teu caminho é a política", ele respondeu ao capitão na época. "O Bolsonaro era uma liderança carismática para os subtenentes, cabos e soldados", disse Bimbi. "Vivia reclamando por melhores soldos e condições, mas não tinha eco junto aos canais hierárquicos superiores." O advogado lembrou que Bolsonaro não deixou escapar que conversava com a revista *Veja*. "Foi uma surpresa, claro, mas não era difícil presumir que ele traria suas reivindicações a público, acredito que por idealismo", afirmou Bimbi, que votou em Bolsonaro para presidente da República. Em um vídeo curto gravado com Bolsonaro, este o saúda, sorrindo, com: "Ô meu coronel, lembra do capita aqui?".

A bateria de depoimentos de dezembro de 1987 revelou também que o marido de Rogéria, pai de três filhos, complementava seus rendimentos em 1986 comercializando bolsas a tiracolo de náilon, fabricadas com material de paraquedas por um alfaiate do 8º GAC/PQDT. As bolsas eram vendidas até mesmo dentro do quartel, sem conhecimento do comandante, como contou o próprio Bolsonaro, garantindo que seu lucro era mínimo, "sendo o maior beneficiado o alfaiate, que mora, com vários filhos, na favela do Acari".

O coronel Schittini confirmou essa "transação comercial com paraquedas adquiridos pelo Justificante [Bolsonaro], e transformados em bolsas pelo alfaiate da Unidade, mas que tão logo tomou conhecimento advertiu o oficial para que cessasse tal comércio, no que foi prontamente atendido". Em outro depoimento de dezembro de 1987, perguntaram a Bolsonaro se ele já tentara um emprego fora do Exército para melhorar sua situação financeira. Ele contou que uma vez, por curiosidade, havia perguntado na Petrobras como funcionava a área que contratava mergulhadores autônomos, ocasião em que encaminhou aproximadamente dez praças para serem submetidos a um exame de admissão.

O general de brigada da reserva Almério José Ferreira Diniz, comandante de Bolsonaro nos tempos da Aman, testemunhando em sua defesa no fim daquele ano, em 30 de dezembro, também tratou do artigo de *Veja*. "O capitão errou", disse o general, passando a defender as razões do ex-cadete 531. "Sem perspectiva, vendo a sua situação e dos seus comandados, o cap Bolsonaro foi impelido a publicar seu artigo, o que lhe valeu uma punição, por ter cometido transgressão disciplinar [...] A grande maioria dos militares considerou que o artigo refletiu o pensamento da classe, embora alguns reconhecessem que o meio utilizado não fosse o mais adequado." Diniz disse ainda que "a publicação do desabafo do capitão Bolsonaro despertou a opinião pública para a situação constrangedora que vivia o pessoal do Exército" e que graças ao artigo "é que teve início o estudo de melhoria no soldo, compatíveis com as necessidades e responsabilidades dos militares". Para o general, "querer transformar uma transgressão disciplinar, já punida, em ato que ofenda a ética militar, de ser indigno do oficialato, ou com ele incompatível, não só é injusto, como fere o princípio elementar do Direito, além de não ter a mínima noção do que seja ética militar e transgressão disciplinar".

A repercussão do artigo no interior da caserna e adjacências está contada também pelos arapongas do CIEx e do SNI. Informes secretos, hoje tornados públicos,[13] mostram que o capitão passou a ser observado de perto desde a publicação do artigo.

"Repercutiram favoravelmente na grande maioria do público interno do CML [Comando Militar do Leste] as declarações do epigrafado [Bolsonaro], publicadas na revista *Veja*", diz um informe com data de 1º de setembro de 1986. "Na Eceme [Escola de Comando e Estado-Maior do Exército, sediada no Rio] chegou a ser marcada uma reunião de oficiais para tratar do assunto, posteriormente suspensa pelo comando. Na BDA/PQDT

---

13 Cf. <https://www.documentosrevelados.com.br/geral/prontuario-e-dossie-completos-sobre-jair-bolsonaro-emitido-pelo-centro-de-informacoes-do-exercito/>.

[brigada paraquedista, que o capitão integrava] seus integrantes apoiaram ostensivamente as declarações do referido oficial, havendo comentários como 'alguém tinha que falar'".

Os informes registram manifestações das esposas de oficiais, mencionando o nome de duas ex-mulheres, a de um capitão e a de um tenente-coronel. Um telex de 10 de setembro diz que "a esposa do epigrafado [Rogéria] concedeu entrevista à revista *Veja*, a qual deverá ser publicada no próximo número". Se foi verdade, a entrevista nunca foi publicada. Também há registros de manifestações solidárias ocorridas no IME e em unidades militares de Porto Alegre e de Belém, nesse caso com a prisão disciplinar de dois oficiais. Enfim, o epigrafado "causou", conseguindo seus quinze indeléveis minutos de fama.

Prisão cumprida, barulho amainado, já em novembro o capitão Bolsonaro deixou de ser notícia[14] e sua vida militar seguiu em frente. Em fevereiro de 1987, três meses depois da indisciplina e da prisão, recebeu outro elogio do coronel Ary Schittini, "por autoconfiança, confiabilidade, coragem, idealismo, independência de ideias e de juízo, iniciativa e vigor físico, dentre outras [características]".

Na conclusão do curso na ESAO, no fim de 1987, o conceito Muito Bom só se manteve em resistência física. Nas demais disciplinas obteve Bom e Regular, este último em aptidão para trabalho em grupo e espírito militar. A nota final do oficial de artilharia foi 7,68, alcançando o 28º lugar entre 49 alunos.

14 *Veja* o citou mais duas vezes naquele 1986, em nota e matéria que relembraram sua prisão, ambas em outubro (edições 944 e 947).

8.
Operação Beco sem Saída

Na noite alta de 25 de outubro de 1987, um domingo, o capitão Jair Messias Bolsonaro foi chamado ao gabinete do subcomandante da EsAO,[1] no quartel da Vila Militar, zona norte do Rio de Janeiro.

O coronel Adilson Garcia do Amaral mostrou-lhe, então, um exemplar da revista *Veja* daquela semana — edição 999, com data de capa de 28 de outubro — e pediu explicações sobre a matéria intitulada "Pôr bomba nos quartéis, um plano na EsAO".[2] Tratava-se de um texto de apoio — um boxe, como se diz no jargão jornalístico — à reportagem "Ordem desunida", não assinada. O subtítulo informava: "Sarney dá aumento de 110% aos militares, em meio a um clima de descontentamento e até atos de rebeldia nos destacamentos".

---

1 Não era a primeira vez que a insatisfação da oficialidade agitava a EsAO. Elio Gaspari registra, em *A ditadura envergonhada*, que no final de 1968 tanto a EsAO como a Escola de Comando e Estado-Maior do Exército (Eceme) "haviam se tornado focos de panfletagem" (p. 330). 2 Cf. <https://acervo. veja.abril.com.br/#/edition/33547?page=38&section=1>. A capa da edição era "O grande pânico: A crise da economia americana derruba as Bolsas do mundo". Em: <https://acervo.veja.abril.com.br/#/edition/33547?page=1&s ection=1>. Depois da matéria "Ordem desunida", a principal, de política, era a troca de ministros no governo Sarney: "A dança das cadeiras: Depois de anunciar uma reforma ambiciosa, Sarney enfrenta a unidade do PMDB de Ulysses e promove uma troca de chefias em quatro ministérios". Em: <https://acervo.veja.abril.com.br/#/edition/33547?page=44&section=1>.

"O governo do presidente José Sarney, que começou preocupado com generais, descobre agora que na área militar a palavra-chave é capitão", dizia a abertura da matéria. Em seguida noticiava a prisão de dois capitães do Exército na semana anterior, "por protestos contra os baixos salários que recebem", e de dois outros que "revelaram um plano para explodir bombas em instalações militares — sem machucar ninguém, mas deixando claro sua insatisfação com os soldos". Um dos presos era o capitão Luiz Fernando Walter de Almeida, por invadir a prefeitura de Apucarana (PR) com cinquenta comandados, todos armados, e ler para atônitos funcionários uma declaração de protesto "contra as autoridades políticas desse país". O outro capitão, Sadon Pereira Pinto, foi preso no Rio de Janeiro por formalizar uma queixa a seus superiores na EsAO, reivindicando melhores salários e criticando o governo.

Três páginas depois, vinha a matéria "Pôr bomba nos quartéis, um plano na EsAO", que levara o capitão Bolsonaro a ser chamado às falas naquela hora tardia de um domingo. "No mesmo dia [da prisão do capitão Sadon Pereira Filho], a repórter Cassia Maria, de *Veja*, foi à Vila Militar, um conjunto de residências e instalações do Exército na zona norte do Rio, e conversou com dois capitães que cursavam a EsAO e com a mulher de um deles", dizia o texto. "Insatisfeitos com a prisão do colega [Sadon], com seus vencimentos e com o comportamento da cúpula do Ministério do Exército, os dois militares revelaram nessa conversa um plano que a mulher batizou de 'Beco sem Saída', cujo objetivo era explodir bombas em várias unidades da Vila Militar, na Academia Militar das Agulhas Negras, em Resende, no interior do Rio de Janeiro, e em vários quartéis."

Veja informava a seguir:

"Os contatos da repórter com os militares se baseavam num acordo de sigilo. No momento em que se falou de bombas e atentados, a manutenção de qualquer acordo de cavalheiros se tornou impossível." Em seguida vinha o relato em primeira pessoa da repórter Cassia Maria, ocupando uma página e uma coluna. Ela contava ter sido recebida em um apartamento da Vila Militar — o 101, do prédio nº 865 da avenida Duque de Caxias — por "Lígia, mulher do capitão que se identificou apenas como 'Xerife'". Ele chegou minutos depois, perto das cinco da tarde, e "contou que sua participação no grupo de oficiais da EsAO que lidera o movimento por aumentos está sendo investigada pelo serviço de informações do Exército, e disse que logo eu teria novidades sobre o assunto".

"Pouco mais tarde", prosseguia o relato da repórter Cassia Maria, "chegou o capitão Jair Messias Bolsonaro, que em setembro do ano passado [1986] assinou um artigo [em *Veja*] protestando contra os baixos salários dos militares. Na ocasião, ele acabou preso e houve uma onda de protestos de mulheres de oficiais contra a punição. 'São uns canalhas', afirmou Bolsonaro, ao comentar a prisão daquele dia [do capitão Sadon]. 'Terminaram as aulas de hoje mais cedo para que a maioria dos alunos estivesse fora da escola na hora de prenderem nosso companheiro.'" Bolsonaro contou que os alunos da EsAO, onde estudavam 350 capitães, planejavam permanecer nos quartéis durante os dois dias da prisão de seus companheiros.

Nesse momento da conversa, a campainha tocou novamente, de acordo com a narrativa de Cassia Maria. "Fui levada para um dos quartos, por Lígia, para que não visse o oficial que acabava de chegar. Nos poucos minutos que ficamos ali, Lígia revelou-me alguns detalhes da operação Beco sem Saída. O plano consistia num protesto à bomba contra o índice de aumento para os militares que o governo anunciaria nos próximos dias. Caso o reajuste ficasse abaixo de 60%, algumas bombas seriam detonadas nos banheiros da EsAO, sempre com a preocupação de evitar que houvesse feridos. Simultaneamente, haveria explosões na Academia Militar das Agulhas Negras e em outras unidades do Exército. 'Não haverá perigo', garantiu Lígia. 'Serão apenas explosões pequenas, para assustar o ministro [do Exército, general Leônidas Pires Gonçalves]. Só o suficiente para o presidente José Sarney entender que o Leônidas não exerce nenhum controle sobre sua tropa.'"

Conforme o relato da repórter, Lígia pediu a ela que não comentasse a conversa com Bolsonaro e Xerife. De volta à sala, depois que o terceiro oficial se retirou, a conversa prosseguiu, com críticas ao general Leônidas Pires Gonçalves. "Temos um ministro incompetente e até racista", disse Bolsonaro, segundo a narrativa da repórter. "Perguntei, então, se pretendiam realizar alguma operação maior nos quartéis. 'Só a explosão de algumas espoletas', brincou Bolsonaro. Depois, sérios, confirmaram a operação que Lígia chamara de Beco sem Saída. 'Falamos, falamos, e eles não resolveram', disseram. 'Agora o pessoal está pensando em explorar alguns pontos sensíveis.'"

A seguir, vinha o trecho mais explosivo:

"Sem o menor constrangimento, o capitão Bolsonaro deu uma detalhada explicação sobre como construir uma bomba-relógio. O explosivo seria o trinitrotolueno, o TNT, a popular dinamite. O plano dos oficiais foi feito para que não houvesse vítimas. A intenção era demonstrar a insatisfação com os salários e criar problemas para o ministro Leônidas. De acordo com Bolsonaro, se algum dia o ministro do Exército resolvesse articular um novo golpe militar, 'ele é que acabaria golpeado por sua própria tropa, que se recusaria a obedecê-lo'. 'Nosso Exército é uma vergonha nacional, e o ministro está se saindo como um segundo Pinochet', afirmou Bolsonaro."

Cassia Maria disse que a conversa durou duas horas. "Nesse tempo, falamos também sobre os planos do ex-presidente João

Figueiredo de candidatar-se à sucessão de Sarney. 'Ele poderia contar com grande apoio', disse Xerife. 'Nós daríamos ao Figueiredo a oportunidade de terminar o que não conseguiu completar', afirmou o militar, sem explicar a que obra do ex--presidente se referia. A contragosto, Bolsonaro contou também um pouco de suas relações formais com o general Newton Cruz, ex-chefe da Agência Central do SNI. Segundo o capitão, ele e Cruz falam-se frequentemente ao telefone e o capitão espera que o general promova um encontro com Figueiredo talvez no próximo mês. O plano Beco sem Saída foi confirmado também por um outro oficial que não integra o grupo da EsAO."

No penúltimo parágrafo de seu relato, a repórter de *Veja* dizia ter telefonado para Bolsonaro na quinta-feira daquela semana, perguntando se o aumento anunciado pelo presidente Sarney, naquela mesma semana, cancelava a operação Beco sem Saída. "'O pessoal está pensando em esperar até novembro para ver o que acontece', explicou o capitão. 'Mas, se esperarem muito, acabarão não fazendo nada.'"

No último parágrafo, Cassia Maria afirmava que, ainda nesse telefonema, "Bolsonaro esclareceu: 'Eu estou fora disso'. E reafirmou: 'São apenas algumas espoletas. Não íamos fazer isso correndo o risco de perder uma parte de nossos corpos'. Sobre o capitão Luiz Fernando Walter de Almeida, que tomou a prefeitura de Apucarana, Bolsonaro contou ter estudado com ele. 'A tropa que o acompanhou no protesto não é ingênua', garantiu. 'Eles sabiam aonde estavam indo.' Nervoso, Bolsonaro advertiu-me mais uma vez para não publicar nada sobre nossas conversas. 'Você sabe em que terreno está entrando, não sabe?', perguntou. E eu respondi: 'Você não pode esquecer que sou uma profissional'".

O exemplar de *Veja* chegou ao Ministério do Exército e, por tabela, ao comando da EsAO ainda no domingo, provocando um alvoroço e fazendo com que os dois capitães fossem chamados tarde da noite. Xerife, marido de Lígia, foi logo identificado. Tratava-se do capitão de artilharia Fábio Passos da Silva. Seu esclarecimento ao coronel Adilson Amaral começou às 22h10 e gerou um documento de dezesseis linhas, escrito de próprio punho, em uma caligrafia de letras inclinadas. "Nego veementemente o teor da reportagem, bem como que a conheço [a repórter] pessoalmente", escreveu. "Afirmo que a mesma nunca esteve em minha residência. Considero tal reportagem e as declarações nela citadas como obra de ficção."

Bolsonaro começou a escrever sua declaração às 23h22, como ele próprio registrou na primeira das 77 linhas, ou três páginas manuscritas: "Após ler a reportagem da revista *Veja* nº 999, de 28 out 87, nas suas pgs 40 e 41, respondo o seguinte:

'[...] considero uma fantasia o publicado, já vi a repórter Kassia [sic] algumas vezes na Vila Militar, uma vez, abordado por ela, mandei que procurasse o Gal Cmt da ESAO, para providências (ou melhor) entrevistá-lo a respeito dos oficiais.

não tenho qualquer intenção de fazer o relatado na revista. Tenho amizade com o cap Fábio, com o qual conversamos sobre nossos problemas e até (principalmente) sobre assuntos de VC e VE [verificações em disciplinas do curso que faziam].

nego ter [sido] recebido ou participado de reunião na casa do cap Fábio com a repórter Kássia [sic].

tenho pouca, mas alguma experiência sobre repórteres e sei o real objetivo dos mesmos, que é no meu ponto de vista vender matéria, doa a quem doer.

não discuto o teor da matéria e sim o fato de ter eu feito tais declarações à um órgão de imprensa.'"

Na folha seguinte, Bolsonaro escreveu:

"Desconheço o 'plano Beco sem Saída'.

Desconheço qualquer grupo de movimento por aumentos salariais na Escola.

Só fiquei sabendo da punição do capitão Sadon na manhã do 2º dia em que o mesmo estava preso e oficialmente à tarde deste mesmo dia.

Desconheço a ideia de 350 capitães ficarem presos na EsAO em solidariedade ao cap Sadon.

Nunca discuti índices de aumento salarial, pois gostaria de ter um salário digno que me desse meios de conseguir algo de bom para meus filhos.

Conheci a repórter Cassia no ano passado, quando fiz uma matéria na seção Ponto de Vista [da revista *Veja*].

No momento não mantenho contato com qualquer tropa.

Afirmo meu juramento de defender a pátria e obediência aos superiores hierárquicos.

Não tenho qualquer ligação com o capitão Sadon, a não ser as normais de aluno, às vezes que com ele me encontro.

Não tenho qualquer ligação com o capitão Valter [sic], ele é da minha turma e pouquíssimas vezes conversei com ele durante o ano de 1986.

Não tenho qualquer ligação com o presidente Figueiredo, nunca o vi pessoalmente.

Qdo tenho oportunidade, converso com o general Newton Cruz, o qual admiro, assim como muitos of Generais da Ativa e Reserva."

Na última página de sua declaração, o capitão continuou esclarecendo o texto da revista ponto a ponto:

"Não tenho qualquer encontro marcado com o Gen Figueiredo.

Não tenho pessoal 'comigo', como afirma a revista.

Desconheço a tropa do cap Walter, se é 'ingênua' ou 'não'.

Nunca adverti ninguém sobre o 'terreno' em que está pisando.

Tenho críticas pessoais a alguns fatos ocorridos, mas jamais tais fatos circularam da minha 'boca' à imprensa.

Não mantenho contato telefônico com a Sra. Kássia [sic].

Esta semana estive na casa do cap Fábio, não me recordo se foi quarta ou quinta-feira.

O único documento meu que a revista possui, e de meu conhecimento, é uma cópia manuscrita da minha matéria no ano passado.

Sei construir uma bomba-relógio com o material especificado na *Veja* (TNT).

A foto publicada na *Veja* foi tirada em 1986, na redação da revista."

O jornal *O Globo* entrevistou Bolsonaro na tarde do domingo, dia 25, antes de ele ser chamado para se explicar na EsAO e de desmentir *Veja*. A matéria "Bolsonaro nega ter dado entrevista e diz nada saber sobre as bombas", publicada pelo jornal na segunda-feira 26, conta que a reportagem o encontrou, em seu apartamento da Vila Militar, de short e camiseta, assistindo ao jogo Vasco x Fluminense ao lado da mulher, Rogéria. "Isso é muito grave. A *Veja* tem que se explicar. Tem de ser apurado e vai ter sindicância", disse ao jornal. "Sou um cara visado. Meu nome está em todo lugar. Tenho três filhos. Como iria colocar bomba em algum lugar? Só se estivesse doido."[3]

Na mesma segunda-feira, o Comando Militar do Leste, sediado no Rio de Janeiro, divulgou uma nota oficial[4] com um

---

3 Disponível em: <https://acervo.oglobo.globo.com/consulta-ao-acervo/?nav egacaoPorData=198019871026>. **4** A nota resume os fatos, cita trechos das defesas dos dois capitães e diz ao final: "Sem dúvida alguma, notícias desse teor servem para intranquilizar a opinião pública e procuram retratar um quadro que absolutamente inexiste no âmbito da área do Comando Militar do Leste, que se encontra voltado para suas atividades profissionais e no exato cumprimento de seus deveres constitucionais". Assinada pelo tenente-coronel Luiz Cesário da Silveira Filho, relações-públicas do Comando Militar de Leste, que depois comandou, como general. Em fevereiro de 2017, ao se despedir do posto, fez um discurso exaltando o golpe militar que depôs o presidente João Goulart em 1964, o qual classificou de "memorável acontecimento".

resumo dos depoimentos de Fábio Passos e de Bolsonaro, que desmentiam o relato de *Veja*.

"Exército investiga terrorismo na EsAO" foi a manchete do *Jornal do Brasil* na terça-feira, dia 27. "Reportagem sobre bombas é contestada", publicou a *Folha de S.Paulo* na primeira página.[5] "Exército garante: os capitães não falaram", informou o *Estadão* na página 5.[6] "Comando Militar do Leste nega denúncia de complô contra capitães", deu *O Globo* em página interna.[7] Todos publicaram a íntegra da nota oficial.

O desmentido viralizou, como se diria hoje, ocupando espaço também nas rádios e TVs. "A revista *Veja* mantém o que disse, e voltará a se pronunciar sobre o assunto na próxima segunda-feira, quando circula normalmente", declarou a *O Globo* "um representante da direção da revista".

Na sucursal do Rio, onde a matéria teve origem, o editor--chefe e o diretor de redação eram, respectivamente, os jornalistas Ali Kamel e Alessandro Porro. Cassia Maria fazia parte da equipe de sete repórteres e trabalhava em *Veja* desde agosto de 1986, pouco antes da publicação do artigo de Bolsonaro, em setembro. Um ano já tinha passado.

Na quarta-feira 28 de outubro, o noticiário dos principais veículos brasileiros trouxe a negativa da maior e mais atacada autoridade militar na matéria de *Veja*: o general Leônidas Pires Gonçalves, ministro do Exército, chamado por Bolsonaro de "incompetente", "racista" e de "segundo Pinochet", termos, aliás, que ele não retirou expressamente em seu desmentido ponto a ponto. Em uma tumultuada coletiva realizada quando deixava o Palácio do Planalto no começo da noite da terça-feira,

5 Disponível em: <https://acervo.folha.com.br/leitor.do?numero=10033&anchor=4163001&origem=busca>.   6 Disponível em: <https://acervo.estadao.com.br/pagina/#!/19871027-34560-nac-0005-999-5-not>.   7 Disponível em: <https://acervo.oglobo.globo.com/consulta-ao-acervo/?navegacaoPorData=198019871027>.

depois de audiência com o presidente Sarney, o ministro do Exército classificou os protestos de militares como "inconveniências disciplinares".

No caso específico da "revista de grande tiragem", como se referiu à *Veja*, disse ao *Jornal do Brasil*: "Os senhores viram ontem, da maneira mais plena, o desmentido dos dois oficiais a quem foram atribuídas as declarações. De forma muito clara, de próprio punho, negando veementemente que aqueles fatos tenham ocorrido e tachando as informações dessa revista de ficção, de imaginação". Um repórter perguntou se a negativa dos dois oficiais era suficiente para encerrar a investigação. O ministro respondeu que sim e complementou, soberbo: "Eu sei quem é a minha gente".[8]

Veja contra-atacou na semana seguinte, na edição de nº 1000, com data de 4 de novembro. "De próprio punho", dizia o título. "O ministro do Exército acreditou em Bolsonaro e Fábio, mas eles estavam mentindo."[9] A matéria não assinada de duas páginas afirmava que o general Leônidas, ao endossar os desmentidos, "incorreu num dos maiores erros de apreciação de sua carreira militar. Bolsonaro e Fábio mentiram peremptoriamente, da maneira mais veemente, por escrito e de próprio punho".

---

8 Disponível em: <https://acervo.oglobo.globo.com/consulta-ao-acervo/?n avegacaoPorData=198019871028>. Na *Folha de S.Paulo*, em: <https://acervo. folha.com.br/leitor.do?numero=10034&anchor=4163260&origem=busca&p d=08ebff02672b23eaa1e776446162a3eb>. No *Estadão*, em: <https://acervo. estadao.com.br/pagina/#!/19871028-34561-nac-0004-999-4-not>. A edição citada do *JB* não está disponível online. **9** Disponível em: <https://acervo. veja.abril.com.br/#/edition/33546?page=56&section=1>. A capa da edição 1000 era "Exclusivo Gorbatchov", com trechos do livro *Perestroika — Novas ideias para o meu país e o mundo*, do líder soviético Mikhail Gorbatchov. A principal matéria de política era sobre o andamento tenso e confuso da Constituinte: "Tremor em Brasília: O presidencialismo perde uma batalha na Constituinte, o governo se enfraquece e a ideia das eleições gerais em 1988 ganha corpo".

Veja manteve-se categórica: "Entre os dias 6 e 21 de outubro, quando lhe confirmou [a Cassia Maria] a existência da operação Beco sem Saída, Bolsonaro encontrou-se com a repórter quatro vezes e nessas conversas queixou-se do comando, do ministro Leônidas, do presidente José Sarney e da vida. Dois desses quatro encontros deram-se na presença de testemunhas. Uma delas é o fotógrafo Ricardo Chvaicer, de *Veja*, que presenciou uma conversa de Bolsonaro com a repórter na sala do apartamento do capitão, na Vila Militar. A segunda é o motorista Luís Antônio da Silva Coelho, também de *Veja*, que estava dentro do automóvel da reportagem quando o capitão, descendo de sua motocicleta numa rua de subúrbio do Rio de Janeiro, conversou com a repórter dentro do carro.

"Uma terceira conversa de Bolsonaro com a jornalista, dessa vez por telefone, teve o testemunho de Alessandro Porro, diretor da sucursal de *Veja* no Rio de Janeiro. Nesse telefonema, ocorrido no dia 22 de outubro, Bolsonaro insistiu com a repórter para que não publicasse as informações que havia recebido um dia antes. Tratava-se de manter em sigilo a urdidura de um plano para espalhar bombas em quartéis — atividade que constitui crime tanto na legislação militar quanto na civil, não importando o tamanho, a potência ou a intenção da bomba".

Uma informação nova, e mais estrondosa, vinha a seguir: "Além dessas provas testemunhais, há ainda duas outras, documentais. No dia 21 de outubro, quando exemplificava para Cassia Maria o que seriam as explosões de 'apenas algumas espoletas', destinadas a demonstrar a fragilidade do comando do ministro Leônidas e da autoridade do presidente Sarney, Bolsonaro foi didático. Desenhou um croqui em que apareciam as tubulações do que seria a Adutora do Guandu, responsável pelo abastecimento de água do Rio de Janeiro, e, junto a elas, colocou o rabisco de uma carga de dinamite detonável por intermédio de um mecanismo elétrico instalável num relógio".

E por que *Veja* não publicou esse croqui na edição em que divulgou o plano Beco sem Saída, já que o tinha? A matéria também esclareceu esse ponto: "*Veja* não publicou esse croqui na semana passada porque Bolsonaro não deu a impressão de que estivesse realmente disposto a explodir o Guandu, e sim de que fazia uma exibição do mecanismo de funcionamento de um petardo — algo que não chega a ser notícia. Em todas as ocasiões que a repórter Cassia Maria ouviu referências às bombas da operação Beco sem Saída, elas vieram acompanhadas da ressalva de que não se destinavam a ferir ninguém. Assim, o croqui de Bolsonaro, caso fosse publicado junto com a reportagem, resultaria em exagero. Sua publicação agora, portanto, destina-se apenas a provar que o capitão mentiu ao dizer que não falou com a repórter de *Veja* e que o general Leônidas se precipitou ao acreditar nele."

Veja mencionou também a existência de "uma segunda prova documental" dos contatos entre o capitão e a repórter: um segundo croqui, supostamente desenhado por ele, com a localização da casa do capitão Sadon Pereira Pinto, na rua General Savaget, a mesma rua em que Bolsonaro morava, mas cujo número esquecera. Os dois croquis ilustravam a matéria. No primeiro, publicado ao lado de uma foto do capitão, fardado, e de uma outra, do alvo citado, a legenda dizia: "Bolsonaro, a adutora do Guandu que abastece de água o Rio de Janeiro e seu croqui da bomba junto à tubulação: veemente, por escrito, de próprio punho".

Perguntei a Ali Kamel, na época editor-chefe de *Veja* no Rio e mais tarde diretor de jornalismo da TV Globo, como a direção de redação de São Paulo recebeu a matéria da sucursal. "A confiança foi total", disse ele em entrevista concedida por e-mail. "Só publicaram a primeira reportagem porque demos todos os elementos. Ficou claro, já na primeira, que a intenção não era nem ferir pessoas, nem fazer nenhum mal, mas explodir 'umas espoletas'. E nunca no Guandu. Aquilo servia para mostrar o funcionamento de um mecanismo de timer num explosivo. Quando o general Leônidas desmentiu a *Veja*, a revista decidiu publicar os croquis. E deu essas mesmas explicações. A sucursal não passou nenhum aperto, não foi pressionada, nada. Todos sabiam que estávamos falando a verdade." Kamel tinha 25 anos em 1987. Jornalista e sociólogo, fora repórter do *Jornal do Brasil* e, depois, da revista *Afinal*, onde acabou chefiando a pequena sucursal do Rio. Em fevereiro de 1987, foi trabalhar em *Veja*. Lidava diretamente com os sete repórteres, entre eles Cassia Maria Rodrigues. "Cassia era muito demandada na revista", disse Kamel. "As principais matérias caíam nas mãos dela, principalmente as investigativas. Ela sempre fazia um excelente trabalho." Kamel explicou a saída da repórter, pouco depois da publicação das matérias, como uma afirmação de seu prestígio. "Era uma repórter marcada pelo êxito", disse. "Cassia pediu demissão, apesar dos meus esforços para mantê-la na *Veja*. Eu pedi muito para que ela ficasse, mas ela preferiu ir para o *JB*, em 1987, ainda um jornal de enorme prestígio."[10]

No sábado 1º de novembro e no domingo, dia 2, os principais veículos de imprensa repercutiram a matéria de *Veja*. Mas a notícia mais importante da pauta militar foi a homenagem que o general Leônidas havia recebido de quatrocentos oficiais militares, na base aérea de Brasília, e de cem outros no aeroporto do Galeão, no Rio, quando desembarcou em trânsito

---

10 Depois do *Jornal do Brasil*, passou pelas sucursais de Brasília da *Folha de S.Paulo* e de *O Globo*, do qual foi, por dez anos, correspondente em Londres. Em 1994, publicou o livro *Operação 7 anões* (L&PM, 1994). É um romance de ficção que tem como pano de fundo a CPI dos Anões (1993). Uma nota sobre a autora, na última página do livro, informa, erradamente, que a reportagem de *Veja* tinha o título de "Operação Beco sem Saída" e que fora "premiada nacionalmente".

para uma viagem de seis dias a Londres. "Aqui está a prova de que o Exército está unido e que notícias em contrário só interessam a certo tipo de imprensa", declarou no Galeão.[11] Retórica à parte, a primeira matéria de *Veja*, antes mesmo que viesse a segunda, já havia provocado a instauração de uma sindicância na EsAO, onde o capitão de 32 anos estudava. Fora instaurada em 27 de outubro por seu comandante, o general de brigada Mário Sérgio Rodrigues de Mattos. Mattos designou como sindicante o tenente-coronel de artilharia Ronaldo José Figueiredo Cardoso.[12] No dia seguinte, o primeiro inquirido foi o capitão Jair Messias Bolsonaro.

11 Disponível em: <https://acervo.oglobo.globo.com/consulta-ao-acervo/?navegacaoPorData=19801987II01>. 12 Foto em: <http://www.15gacap.eb.mil.br/index.php/eternos-comandantes>.

9.
Sindicância no Exército

Bolsonaro foi ouvido quatro vezes pelo tenente-coronel Ronaldo Cardoso — em 28 e 30 de outubro, e em 3 e 5 de novembro de 1987, na EsAO. Disse, na primeira inquirição, que não havia concedido nenhuma entrevista à *Veja* naquele mês de outubro. Contou que conhecia a repórter Cassia Maria desde 1986, da redação de *Veja* e de uma visita rápida que ela lhe fizera durante sua prisão disciplinar.

Disse que a jornalista voltara a procurá-lo não fazia muito tempo, "aproximadamente há quatro semanas,[1] em sua residência, a quem, por cortesia, recebeu". Cassia Maria queria declarações sobre supostos protestos ocorridos na EsAO e orientações para uma reportagem que escrevia sobre o assunto. Segundo consta do termo de inquirição, Bolsonaro negou-se a fazê-lo, sugerindo que a repórter procurasse o comando da EsAO, "tendo em vista a gravidade dos tópicos mais importantes". Ele próprio procurou o comandante, três dias depois, para relatar o ocorrido.

O capitão admitiu que, além da visita em sua casa, houve três outros contatos com a repórter naquele mês: um por telefone e dois pessoalmente — um em Marechal Hermes e outro, "há duas semanas", nos supermercados Sendas, numa filial de Bento Ribeiro. Em todas essas vezes, Cassia queria informações para a matéria que estava fazendo. Bolsonaro disse que se negou a dá-las "e pediu que não mais o importunasse a respeito".

1 Em 6 de outubro de 1987, como precisou no segundo depoimento.

Negou ter se encontrado com Cassia Maria na residência do capitão Fábio, em 21 de outubro, como a repórter havia dito nas matérias de *Veja*. E confirmou as declarações de próprio punho prestadas ao comando da EsAO tarde da noite do dia 25.

Na terceira inquirição, a de 3 de novembro, uma terça-feira, o tenente-coronel sindicante pediu que Bolsonaro explicasse o que queria dizer com "a gravidade dos tópicos" levados pela repórter no encontro ocorrido na casa dele. Ele contou que primeiro ela quis uma foto do tempo em que ele esteve preso, "em virtude do mesmo ter liderado as turmas de oficiais-alunos dos cursos de Infantaria e Artilharia num suposto episódio de rasgar contracheques".

Depois, segundo o capitão, Cassia Maria teria dito: "O seu MINISTRÃO[2] está aqui, nós vamos derrubá-lo". "A repórter insistiu muito", consta do termo, "em querer tirar do fato de 'ter ligações' com o general da reserva Newton Cruz, afirmações de que o citado general havia assassinado o jornalista Baungarten."[3]

Só nessa inquirição de 3 de novembro é que o tenente-coronel Ronaldo Cardoso perguntou ao capitão sobre as ameaças de bomba que *Veja* atribuíra a ele e a um colega de farda: "Quando entregou os esboços [croquis] que aparecem na reportagem citada na pergunta anterior [a da edição nº 1000]?"

Bolsonaro respondeu:

"que não os entregou, tendo em vista que tais esboços não são seus;

que não fez o referido esboço [do esquema da bomba] e nunca o tinha visto;

---

2 Referência ao general Leônidas Pires Gonçalves, na época ministro do Exército.   **3** O ex-chefe da agência central do SNI foi acusado de sequestro, homicídio qualificado e ocultação do cadáver do jornalista Alexandre von Baumgarten, cujo corpo apareceu na praia da Macumba, zona oeste do Rio de Janeiro, em 25 de outubro de 1982. Dez anos depois, Cruz foi absolvido por 7 a 1 por um júri popular.

que não fez o referido esboço [do endereço do capitão Sadon Pereira Pinto] e nunca o tinha visto."

Nessa primeira sindicância, também foram ouvidos cinco oficiais[4] que moravam no mesmo prédio do capitão Fábio Passos e de sua mulher, Lígia, onde *Veja* afirmava ter ocorrido o encontro de 21 de outubro, em que eles falaram do plano Beco sem Saída. Um deles, o capitão Luis Carlos Hauth, disse que estava no gramado em frente ao prédio, cuidando dos filhos, entre 16h45 e 19h do dia 21 de outubro, "não tendo observado nenhum detalhe diferente que lhe chamasse a atenção".

"Nenhum [dos oficiais vizinhos] acrescentou prova de que os sindicados [Bolsonaro e Fábio] teriam prestado as informações veiculadas pela revista *Veja*", afirma o sindicante.

Chamada a depor, a mulher do capitão Fábio, Lígia D'Arc de Abreu Mendonça Passos, alegou estar em tratamento psiquiátrico no HCE. O tenente-coronel Cardoso consultou o HCE, conseguiu a liberação e foi ouvi-la em casa. "Mas a testemunha nada acrescentou que pudesse comprovar a verossimilhança das publicações veiculadas em *Veja* [a edição 999, em que a repórter atribuiu a ela a revelação da Beco sem Saída], permanecendo, entretanto, a possibilidade de a testemunha ser sabedora de quaisquer ligações anteriores dos sindicados com a repórter Cassia Maria." Lígia D'Arc Passos disse, ainda, que no horário em que a repórter afirmou ter estado em sua casa — entre cinco e meia e seis e meia da tarde de 21 de outubro — ela conversava com Luiza, mulher do capitão Souza, que estava acompanhada da filha de quatro anos.

---

4 O major Hamilton de Oliveira Ramos e os capitães Lídio Vieira de Souza Junior, Ferdinando de Araújo Milanez, Luiz Carlos Hauth e Juarez Aparecido de Paula Cunha, este o atual general da reserva e presidente dos Correios, a quem Bolsonaro, em 1987, iria interpelar, por Paula Cunha ter revelado sua ida a um jantar com o general Newton Cruz.

Maria Luiza da Silva e Souza foi, então, chamada a depor e disse que um dia conversou duas vezes com Lígia e que não viu nenhuma visita. Mas não pôde confirmar se essas conversas se deram no dia 21 de outubro. Do que ela se lembrou com certeza é de que em 10 de dezembro Fábio e Lígia a informaram de que seria chamada a depor, perguntando se ela se lembrava da visita que tinha feito a eles, "às 17h30 de 21 de outubro", da qual, no entanto, ela não se lembrou.

Compareceram à sindicância, a convite formal do tenente--coronel Ronaldo Cardoso, na tarde de 9 de novembro, o diretor da sucursal de *Veja*, Alessandro Porro, e o editor-chefe, Ali Kamel. "Vale salientar que os representantes da revista *Veja* apenas ratificaram a veracidade das publicações anteriores", registrou o encarregado da sindicância. Foi dele o primeiro pedido de perícia (exame grafotécnico) sobre os dois croquis, ao comando do 1º BPE, seção de investigações criminais. Além das cópias xerográficas dos desenhos publicados — páginas 56 e 57 da revista *Veja* de 4 de novembro —, mandou, para comparação, duas provas manuscritas do capitão-aluno Jair Bolsonaro, uma com sete folhas, outra com dezessete.

O laudo saiu no dia 6 de novembro, assinado por dois peritos: o capitão de infantaria José Maurício Rodrigues Garcia e o primeiro-tenente de infantaria Newton Prado Veras Filho. Na conclusão, ambos afirmaram que a precariedade das cópias xerográficas não permitia que se apontassem "responsabilidades sobre punhos gráficos".[5] Ao remeter ao coronel Cardoso

---

5 O texto integral: "Tendo em vista que as cópias xerox baseiam-se em depósitos de substância pulverulenta sobre a superfície do suporte gráfico, e logo após sofrer secagem por processo termoelétrico, sofrendo ainda interferência de outros agentes físicos e mecânicos, que causam deformidade dos símbolos gráficos, tais como preenchimento de espaços ou de outros, suprimindo detalhes importantes à comparação gráfica, deixam estes peritos de apontar responsabilidade sobre punhos gráficos". Ressaltaram, ainda, "que os

essa primeira perícia, o comandante do 1º BPE, coronel de infantaria José Plínio Monteiro, informou que, "para uma análise mais aprofundada da questão, seria necessário ter-se em mãos os originais dos documentos publicados na revista, para que os trabalhos de polícia científica ficassem apoiados em provas confiáveis".

Em seu parecer de conclusão dos trabalhos, emitido em 13 de novembro, o coronel Ronaldo Cardoso registrou: "O laudo pericial referente à comparação gráfica não foi conclusivo sobre a autoria dos croquis, mas este sindicante, na parte conclusiva da presente apuração, aduzirá outras considerações a respeito".

Quais sejam: "Não poderia deixar de ressaltar a grande semelhança que existe entre as letras 'a', 'o' e 'p' contidas no croqui publicado pela revista *Veja*, com as mesmas letras assinaladas em provas feitas de próprio punho do capitão Bolsonaro. A perícia não foi bastante para apontar a semelhança apontada, permanecendo, pois, a dúvida". Apesar dessa consideração e do pedido do coronel Plínio Monteiro para que apresentasse "os originais dos documentos publicados na revista", o sindicante não solicitou outra perícia.

Sem um fato que, "materialmente, ensejasse a punição disciplinar dos sindicados", o coronel Cardoso propôs a "submissão ex-officio" de Fábio Passos e de Jair Bolsonaro a Conselho de Justificação, "por entender que ambos foram formalmente acusados por 'meio lícito de comunicação social' de adotarem condutas irregulares, ensejando, assim, referências ofensivas à honra de ambos, o que inevitavelmente arranha o decoro da classe militar. Por derradeiro, deixo de sugerir a instauração de

símbolos gráficos manuscritos na peça motivo [os croquis] foram realizados em tipo de escrita que não apresenta características marcantes e pessoais, tais como: gênese gráfica, andamento, pressão do traço, projeção dos passantes, remates, momentos gráficos facilmente imitáveis e comuns a várias pessoas".

Inquérito Policial Militar por entender ausentes os indícios de terem os sindicados praticado crime militar", concluiu o parecer.

O Conselho de Justificação foi criado pela lei 5836,[6] sancionada em 5 de dezembro de 1972, durante a ditadura de Emílio Garrastazu Médici. "É destinado a julgar, através de processo especial, da incapacidade do oficial das Forças Armadas — militar de carreira — para permanecer na ativa, criando-lhe, ao mesmo tempo, condições para se justificar", diz seu artigo 1º. Bolsonaro foi enquadrado em duas alíneas do item I, do artigo 2º, por ter sido "acusado oficialmente ou por qualquer meio lícito de comunicação social de b) ter tido conduta irregular e c) praticado ato que afete a honra pessoal, o pundonor militar ou o decoro da classe". O Conselho de Justificação, portanto, poderia considerar Bolsonaro incapaz de permanecer na ativa ou não.

O general Sérgio Mattos, comandante da EsAO, chancelou o parecer da sindicância no mesmo dia 13 de novembro, remetendo sua íntegra de 124 folhas para o chefe do Departamento de Formação e Aperfeiçoamento do Exército, general Harry Alberto Schnarndorf, lotado em Brasília. Três dias depois, Schnarndorf encaminhou os autos para o ministro do Exército, o general Leônidas Pires Gonçalves. Com o carimbo "protocolo sigiloso", explicou que se tratava de "apurar fatos envolvendo alunos daquele estabelecimento [EsAO] e a revista *Veja*".

Veja informou que o capitão Bolsonaro iria a Conselho de Justificação em uma matéria da edição de 2 de dezembro.[7]

6 Cf. <http://www2.camara.leg.br/legin/fed/lei/1970-1979/lei-5836-5-dezembro-1972-357975-publicacaooriginal-1-pl.html>.   7 "Alvo errado: Críticas à desordem fora dos quartéis", em: <https://acervo.veja.abril.com.br/#/editi on/33542?page=48&section=1>. A principal matéria de política da edição é sobre a agitação e os impasses da Constituinte, em seu décimo mês de trabalho: "O Centrão faz barulho: Apoiado pela mobilização dos empresários, o grupo colhe sua primeira vitória na Constituinte e batalha para mudar o regimento da Assembleia". Em: <https://acervo.veja.abril.com.br/#/edition /33542?page=34&section=1>.

O último parágrafo dizia: "Os documentos provando que Bolsonaro mentiu ao dizer que jamais conversara com a repórter Cassia Maria, autora da reportagem de *Veja*, estão à disposição de quaisquer autoridades civis e militares há um mês".

Em 7 de dezembro, o chefe do gabinete do ministro do Exército, general de brigada Benedito Onofre Bezerra Leonel, mandou os autos da sindicância, a pedido do ministro, para o coronel de cavalaria Marcus Bechara Couto. Ele já estava oficialmente nomeado presidente do Conselho de Justificação a que o capitão Bolsonaro seria submetido. O Conselho foi nomeado em portaria do ministro Leônidas Pires Gonçalves, a de nº 61, de 7 de dezembro. Além de Bechara Couto, o Conselho tinha Nilton Correa Lampert, tenente-coronel da infantaria, como interrogante e relator, e Carlos José do Canto Barros, também tenente-coronel da infantaria, como escrivão.[8]

O que eles tinham pela frente para decidir no prazo de trinta dias — prorrogável, como acabou sendo — era se o colega deles da artilharia, capitão Bolsonaro, estava ou não capacitado para permanecer na ativa.

---

8 Não consegui localizar nem Bechara Couto nem Canto Barros. Mandei mensagens via Facebook a Nilton Lampert, sem obter resposta.

10.

O Conselho colhe os primeiros depoimentos

Com o Natal batendo à porta e prazo curto, o Conselho ouviu, além do justificante Jair Bolsonaro, o capitão Fábio Passos, sua mulher Lígia D'Arc Passos, duas vizinhas do casal, o capitão Juarez Aparecido de Paula Cunha, o coronel Ary Schittini Mesquita, e as cinco testemunhas de defesa de Bolsonaro. Ouviu também funcionários de *Veja*, entre eles o editor Ali Kamel, a repórter Cassia Maria, o fotógrafo Ricardo Chvaicer e os motoristas Luís Antônio da Silva Coelho e Francisco Carlos Sodré.

Ao diretor da sucursal Rio da revista, Alessandro Porro, o coronel Bechara Couto solicitou, por ofício, a entrega dos originais dos croquis publicados na edição n⁰ 1000, o que o jornalista fez em 14 de dezembro, "bem como todas as provas documentais e materiais de que dispõe para comprovar a veracidade das matérias publicadas nos números 999 e 1000". Este último pedido foi reiterado em 5 de janeiro de 1988. *Veja* nada mais acrescentou como provas, além dos croquis.

Couto pediu também que o comandante da EsAO enviasse manuscritos recentes de Bolsonaro, para embasar uma nova perícia nos croquis. E, mais tarde, mandou recolher novas grafias do capitão durante o andamento dos trabalhos, para que se fizesse outra perícia grafológica.

Em 8 de dezembro, Bolsonaro constituiu advogado, concedendo uma procuração ao escritório de Carlos Fernando Carneiro, localizado em Bento Ribeiro, zona norte do Rio. Entre os dias 10 e 15 de dezembro, foi interrogado seis vezes, e em todas elas, no essencial, reapresentou sua versão anterior: conhecia a repórter de *Veja* desde o segundo semestre de 1986, recebeu-a em casa em 6 de outubro de 1987, confirmou os três outros encontros, porém não disse nada do que ela queria saber, mandou-a procurar o comando da EsAO, não esteve com ela na casa do capitão Fábio em 21 de outubro, não desenhou os croquis publicados pela revista nem possuía nenhuma informação sobre eles. Reafirmou, em todos os depoimentos, que *Veja* mentia.

Vale ressaltar uma de suas respostas no interrogatório realizado em 14 de dezembro. O coronel Nilton Lampert perguntou a Bolsonaro se alguma vez ele havia feito "qualquer esboço de construção de uma bomba utilizando relógio, já que declarou saber construir essa bomba" [no primeiro depoimento na EsAO, feito tarde da noite do domingo 25 de outubro]. O capitão respondeu que sim, sem lembrar "nem onde nem quando, mas que foi em ambiente militar". Em seguida repetiu as negativas já reiteradas.

"Repórter depõe no Exército e relata ameaças", publicou o *Jornal do Brasil* no dia 29 de dezembro, uma terça-feira, a dois dias do novo ano, 1988. A repórter ameaçada era Cassia Maria Vieira Rodrigues, não mais de *Veja*, como já se viu, desde 11 de dezembro trabalhando na sucursal de Brasília do *Jornal do Brasil*. Inquirida como testemunha em 28 de dezembro, ela declarou que Bolsonaro a tinha ameaçado de morte um pouco antes de ela entrar na sala para depor. Segundo a matéria do *Jornal do Brasil*, Cassia estava na antessala do coronel Bechara Couto, na EsAO, aguardando a vez, "quando o capitão Bolsonaro, de outra sala, através de um vidro, fez um gesto com a mão imitando um revólver, como se estivesse disparando contra a jornalista. Ela, então, lhe perguntou se era uma ameaça de morte. O capitão respondeu que não, mas que ela 'poderia se dar mal' se continuasse com essa história".

Veja também publicou a ameaça à sua ex-repórter em uma matéria de meia coluna na edição de 6 de janeiro.[1] Sob o título "Ato de força — Capitão ameaça repórter que o denunciou", um trecho dela dizia: "Desde então, Cassia Maria circula sob a proteção de uma escolta de militares à paisana que a acompanha todo o dia". Bolsonaro negou que tivesse ameaçado Cassia Maria. Argumentou que a opacidade do vidro entre as duas salas não permitiria que ela o visse e pediu, oficialmente, que o presidente do Conselho mandasse fazer uma perícia sobre a "possiblidade técnica" de ter ocorrido a ameaça. O coronel Bechara Couto não achou necessário. "Para o Conselho de Justificação não houve ameaça de morte 'através de um vidro', como diz o *JB*", escreveu o coronel, de próprio punho, ao pé do requerimento em que Bolsonaro solicitou a perícia. O capitão escreveu "ciente", assinou embaixo, e o assunto ficou por isso mesmo.

A repórter tinha 27 anos. Embora já estivesse no *Jornal do Brasil*, foi o advogado de *Veja*, Márcio Luis Donnici, que a acompanhou, como aos demais depoentes da revista. Sua inquirição, em 28 de dezembro, quando denunciou ter sido ameaçada por Bolsonaro, somou onze páginas. Bolsonaro esteve o tempo todo presente, como de resto nos outros depoimentos.[2] Poderia fazer perguntas. Não fez.

1 Disponível em: <https://acervo.veja.abril.com.br/#/edition/33537?page=24&section=1>. A capa da edição era "JR Duran: O fotógrafo das estrelas". A principal matéria de política falava sobre o ministério Sarney: "Fermento Mailson: Num vestibular de poucos candidatos, o interino da Fazenda recebe empresários e ganha peso para se tornar titular". Em: <https://acervo.veja.abril.com.br/#/edition/33537?page=18&section=1>. 2 Quando o caso chegou ao STM semanas depois, Bolsonaro arguiu, como nulidade processual, que seu advogado tivesse sido proibido de participar de todas as inquirições do Conselho de Justificação. Durante os trabalhos do Conselho, no entanto, não tinha havido reclamação. O STM não acatou. Bolsonaro também reclamou, formalmente, que o coronel Lampert, interrogador, ajudou a repórter durante o depoimento, para que ela não cometesse contradições. O Conselho ignorou a reclamação, assim como também o STM o faria mais tarde.

A jornalista contou que o conhecera em setembro de 1986, no episódio do artigo sobre a questão salarial, e que desde então o considerava uma de suas fontes na Vila Militar. Tiveram vários contatos telefônicos em 1987, nos quais se passava por sua prima, seguindo o combinado [o que Bolsonaro negou]. Ela é quem havia telefonado para ele no dia 6 de outubro, no curso de artilharia, perguntando sobre problemas havidos na Vila Militar. O capitão a chamou para ir à sua residência, convidando-a para um churrasco entre oficiais vizinhos, que iria acontecer naquela tarde. Cassia Maria só pôde chegar às nove da noite, com o fotógrafo Ricardo Chvaicer e os motoristas Francisco e Luís Antônio. O fotógrafo a acompanhou à casa de Bolsonaro e lá permaneceu durante as cerca de três horas em que ela esteve lá. Não havia uma pauta específica para tratar, apenas a informação de que oficiais teriam rasgado seus contracheques na presença de um general, em protesto pelos baixos salários, episódio que não ocorreu, segundo Bolsonaro.

Anos depois, em 1990, em entrevista a Maurício Dias, da revista *Istoé Senhor*, edição de 28 de novembro, Bolsonaro, deputado federal recém-eleito, contou sobre "uma meia rebelião que aconteceu no curso de artilharia" em setembro de 1987, não noticiada pela imprensa na ocasião. "Cerca de 40 capitães resolveram exigir a presença do general para que ele esclarecesse sobre os problemas que vivíamos. Esta meia rebelião começou às onze da manhã e acabou às oito da noite", disse. Essa é a única entrevista, até onde apurei, em que Bolsonaro recebeu perguntas diretas sobre as matérias que *Veja* publicara.

"O senhor quer dizer que a repórter inventou aquilo?", perguntou Dias. Bolsonaro respondeu: "Eu tinha contato com a imprensa, conversava muito com a imprensa. Sei que, por orientação superior, estava errado. Mas por convicção eu tinha certeza que agia certo. Não passava nenhuma informação reservada do quartel". Dias perguntou então especificamente sobre o croqui da bomba: "Ela inventou a história?". Bolsonaro respondeu: "No tocante à história da bomba... havia comentários sobre tudo, na EsAO. Tudo o que se podia imaginar. Afinal, antes dessa história ser publicada havia estopins que favoreciam o surgimento de muitos boatos".

Bolsonaro também falou das perícias na entrevista que concedeu em 2017 ao jornalista Rubens Valente, da *Folha*. Entre um e outro impropério ao repórter, disse, sobre o croqui da bomba: "Qualquer um faz um desenho desse aí". "O senhor não fez?", perguntou o jornalista. Sem responder diretamente, o então deputado falou: que as duas primeiras perícias mostraram que os croquis não promanavam do punho dele, ou seja, que elas se revelaram inconclusivas; que a terceira, a da Polícia Federal, disse "não restar dúvidas que era eu"; e que "na quarta copiaram o laudo da terceira". O repórter observou: "Olhe a acusação que o senhor está fazendo". Bolsonaro disse: "Os peritos da quarta [perícia] eram os mesmos da segunda. A quarta entrou em contradição com a segunda".[3]

Não entrou em contradição, registre-se. A quarta perícia mudou qualitativamente o resultado de inconclusivo para autoria de Bolsonaro. Essa não foi a primeira vez que Bolsonaro fez insinuações sobre a lisura do laudo retificador, emitido pelo Exército e assinado pelos mesmos peritos do laudo retificado. Essas alusões, no entanto, nunca foram explicitadas nem arguidas judicialmente.

Cassia Maria lembrou, em seu depoimento, que durante a visita à casa de Bolsonaro ele recebeu um oficial amigo, que se estranhou com ela, estabelecendo uma pequena discussão sobre o sensacionalismo da imprensa. Como ela disse não saber o nome

---

3 Em; <https://www.youtube.com/watch?v=WKVPPXqnZsU&feature=youtu.be>.

do oficial, o coronel Bechara Couto lhe apresentou fotografias dos oficiais do curso de artilharia. A repórter reconheceu o visitante na foto do capitão Júlio Lemos — o mesmo que me contou ter construído sozinho um girocóptero e que até hoje é amigo do presidente. Ele também foi chamado a depor e confirmou a presença da repórter na casa de Bolsonaro. Cassia Maria negou que tenha dito ao capitão frases desabonadoras sobre o ministro do Exército. Bolsonaro, sim, é que manifestou seu descontentamento, afirmou. Confirmou que os dois tiveram três outros rápidos encontros nas proximidades da Vila Militar, como Bolsonaro havia dito. Em um deles, disse Cassia, o capitão estava de moto e pediu que o carro de *Veja* procurasse um lugar mais protegido. Entrou no carro, segundo a repórter, sentou-se ao lado do motorista, e ela e Bolsonaro passaram a conversar, ela no banco traseiro. O capitão negou essa parte.

O motorista que acompanhava a repórter nesse dia, Luís Antônio da Silva Coelho, descreveu o homem que entrou no carro como alguém de 1,72 metro de altura, não reconhecendo que fosse Bolsonaro, que mede quase 1,90 metro. Acareado com o capitão, Coelho se contradisse. Contou, ao responder a uma pergunta de Bolsonaro, que "houve uma reunião na revista *Veja* das pessoas que iriam depor e que conversara com a repórter antes da acareação". E então passou a reconhecer Bolsonaro como o homem que havia entrado no carro.

A repórter relatou ao Conselho de Justificação que um grupo de cinco mulheres de oficiais foi procurá-la na redação de *Veja* no dia 15 de outubro — antes, portanto, da edição que revelaria o plano Beco sem Saída ir às bancas. Disse que uma das mulheres era Rogéria Nantes Bolsonaro, esposa do capitão Bolsonaro, "que já conhecia de contatos anteriores", e que a outra era Lígia D'Arc Passos, mulher do capitão Fábio Passos. "Passaram-lhe um documento que gostariam de ver publicado, e que continha reivindicações", declarou a jornalista.

Na segunda parte de sua inquirição, na tarde do mesmo dia 28 de dezembro, Cassia Maria revelou, sem que lhe fosse perguntado, o nome do tenente Josiman, a quem Bolsonaro teria levado a um ponto de ônibus naquele mesmo dia 6, quando ela estava lá. Josiman, segundo a repórter, tinha ido com Bolsonaro à redação de *Veja* em setembro de 1986, e desde então passara a ser sua fonte. Era ele a outra fonte [não identificada na matéria de *Veja*] que confirmou o plano Beco sem Saída, disse a repórter em seu depoimento.

Era o ponto que realmente interessava — o plano de explodir bombas. Cassia Maria manteve integralmente o que escrevera na revista: que Lígia foi quem lhe contara sobre o plano Beco sem Saída em 21 de outubro, na casa dela e de seu marido, capitão Fábio Passos, e na presença do capitão Bolsonaro, que não só confirmou o plano como o desenhou e lhe entregou os croquis. Cassia acrescentou, além do que escrevera em *Veja*, que Lígia disse que o plano seria realizado "em três fases, sendo que a primeira, a cargo dos sargentos na EsAO, com pequenas explosões, e que, a um sinal dos líderes do movimento, várias explosões ocorreriam em outras unidades, simultaneamente".

Depois dessas afirmações, o coronel Lampert perguntou à repórter "se havia algum acordo de ser mantido o sigilo das informações passadas pelo capitão Bolsonaro". Ela respondeu "que não havia propriamente um acordo, mas que, sabedora que o capitão não poderia prestar informações à imprensa, sempre manteve o sigilo das informações anteriores prestadas por ele, o que tinha servido para publicação de matérias anteriores". Em outro trecho, acrescentou que "a partir do momento em que se falou em bombas, achou que deveria participar o fato".

A jornalista disse que Bolsonaro lhe prometeu exclusividade caso o plano fosse em frente. Lampert quis saber o porquê dessa preferência. Cassia Maria afirmou que até aquele momento ela era a única jornalista que tinha adquirido a confiança do capitão, "principalmente por ter obtido informações sigilosas sobre atividades militares, e nunca ter revelado a fonte — o próprio Bolsonaro". Ao final da inquirição de Cassia, Lampert lhe perguntou por que, "devido à gravidade dos planejamentos de que tomara conhecimento", ela não informara a Polícia Federal a respeito. Ela respondeu ter dado "ciência imediatamente a seus editores, aos quais caberia esse tipo de providência". Cassia Maria declarou, ainda, que "era a repórter com maior penetração na área militar no Rio de Janeiro, sempre encarregada [em *Veja*] de atender as solicitações de matérias sobre as atividades militares".

Rogéria Nantes Bolsonaro, citada pela repórter como uma das mulheres de oficiais que tinha ido procurá-la na redação de *Veja*, foi inquirida em 11 de janeiro de 1988, mas recusou-se a prestar depoimento ao Conselho de Justificação. Essa visita das mulheres à redação também motivou a convocação da testemunha Ali Ahmad Kamel Ali Harfouche, ou simplesmente Ali Kamel, o editor-chefe da sucursal. Kamel contou, também em 11 de janeiro, que presenciara a reunião da repórter "com cinco ou seis senhoras". Ao perguntar a Porro, diretor da sucursal, soube que eram esposas de oficiais conversando sobre a insatisfação dos militares com a política salarial da categoria. Disse não ter ouvido a conversa, mas observou a entrega de alguns documentos, que Cassia Maria mandou copiar. Uma das mulheres "era mais gorda e mais forte"; outra, "que soube mais tarde tratar-se da esposa do capitão Bolsonaro, era loira, com cabelos lisos", afirmou. Nesse momento, apontando para Rogéria Nantes Bolsonaro e para Lígia D'Arc Passos, o coronel-presidente Bechara Couto perguntou ao jornalista se as reconhecia entre as visitantes que tinham ido à redação. Kamel reconheceu Lígia, mas "não pode assegurar" o mesmo sobre Rogéria, "uma vez que seu corte de cabelo, modo de se maquiar e trajes, não coincidem com os da senhora loura a que se referiu".

Em entrevista que me concedeu por e-mail, Ali Kamel relembrou a cena: "Durante aqueles dias do Conselho de Justificação eu, como chefe de redação, fui à Vila Militar todas as manhãs em que havia depoimento de alguém de *Veja*. Sempre acompanhado do advogado Márcio Donnici, contratado por *Veja*. No dia do meu depoimento, eles me perguntaram se eu tinha presenciado a reunião de Cassia com as mulheres de oficiais. E eu disse que sim. De fato, não era normal a visita de fontes à pequena redação de *Veja* no Rio. Quando cheguei do almoço e vi o grupo, perguntei ao Alessandro do que se tratava e ele me explicou. Vi também que elas tiravam cópias de documentos na máquina de xerox. Esses documentos constam do processo. Ao fim, Cassia me disse quem eram. Uma delas, uma jovem de cabelos claros e escorridos, vestida em trajes de dia a dia (um vestido simples, sandálias sem salto), sem maquiagem. Era dona Rogéria, mulher do então capitão Bolsonaro. No dia do meu depoimento, eu repeti isso. E então me pediram para reconhecer Lígia, e eu reconheci: ela estava mais ou menos como eu a vi e era mais gorda.

"Depois, entrou, a pedido deles, uma mulher. E me perguntaram se ela era a dona Rogéria. Ocorre que a mulher estava com os cabelos feitos (como se tivesse feito permanente ou algum penteado, tudo muito longe dos cabelos escorridos), estava vestida como quem vai a um baile, de saltos altos e muita maquiagem (na redação, ela estava de cara lavada). Eu temi na hora que eles tivessem posto uma estranha. Se eu a reconhecesse com segurança, estaria desmoralizado. Optei por ser cauteloso. Repeti que dona Rogéria esteve na redação, mas com cabelos escorridos, vestida de maneira simples, sem maquiagem e de sandálias. E que, diante daquela mulher de cabelos feitos e armados, vestido de festa, muito elegante, saltos altos e muito maquiada, eu não poderia 'assegurar que ela fosse dona Rogéria'.

"Ao ler o depoimento, na época e hoje, não me vem outra interpretação senão esta: eu assegurei que dona Rogéria esteve na redação, mas a pessoa que estava na minha frente se vestia e usava maquiagem de maneira diversa. Foi uma precaução. Eu sabia que era dona Rogéria porque Cassia me disse, o fotógrafo Ricardo Chvaicer e o motorista me disseram. A forma como escreveram pode parecer hoje dúbia: pode parecer que eu disse que aquela mulher não esteve no grupo. Mas não foi o que disse e, lendo bem, não é o que está escrito. Eu digo que, por causa dos trajes, corte de cabelo e maquiagem, não posso 'assegurar' que aquela mulher era a dona Rogéria. Mas nunca tive dúvidas de que a dona Rogéria foi à redação. Achei que pudesse estar sendo vítima de uma manobra comum a investigações do tipo. Reconhecer uma estranha e me desmoralizar."

Três funcionárias de *Veja* foram chamadas a depor. Anita Carnavale, secretária de Kamel, reconheceu Lígia como uma das mulheres que estiveram na redação. As jornalistas Mariza Tavares Figueira e Sônia Apolinário não a reconheceram. Nenhuma das três reconheceu Rogéria Nantes Bolsonaro. Mariza Tavares, hoje professora de jornalismo e empreendedorismo na PUC-Rio, além de titular de um blog no G1, não lembra do depoimento que fez, mas lembra de Cassia Maria, sua colega de redação na época: "Era linha de frente na apuração, os abacaxis iam todos pra ela".

Em seu depoimento ao Conselho, Cassia Maria contou outro encontro com Lígia, ocorrido em 16 de outubro e não mencionado nas reportagens de *Veja*. A mulher do capitão Passos a acompanhou, em Marechal Hermes, quando foi tirar xerox de um documento, disse. Lígia foi submetida a acareação com o motorista de *Veja* que as teria conduzido, Francisco Carlos Macedo Sodré, e ele não a reconheceu.

O fotógrafo de *Veja*, Ricardo Chvaicer, tinha 27 anos em 1987. Inquirido no final de dezembro, ele confirmou ter acompanhado

Cassia Maria à casa do capitão em 6 de outubro e em três outros encontros, mas disse não ter ouvido com atenção a conversa na noite do dia 6, "porque estava com bastante sono e desinteressou-se". Quando questionado sobre isso mais uma vez, disse ter ouvido "comentários sobre preços de uniformes, e o nome do ministro do Exército, mais de uma vez". Sobre o dia 21 de outubro — quando, segundo Cassia Maria, Lígia lhe teria revelado o plano Beco sem Saída —, o fotógrafo contou que a equipe chegou à Vila Militar às quatro da tarde. Uma hora e meia antes do horário declarado por Cassia, 17h30. Chvaicer contou que sua colega estava contente ao retornar para o carro da revista duas horas depois e que comentou "que havia conseguido material para a reportagem, tendo citado, ao que parece, a palavra croqui".

Divergências pontuais entre depoimentos levaram à necessidade de algumas acareações: entre Cassia Maria e o capitão; entre Cassia e Lígia D'Arc Passos; entre Cassia e Chvaicer — neste caso não se tirou a limpo a divergência do horário em que chegaram à Vila Militar. Com exceção do motorista Luís Antônio da Silva Coelho, que voltou atrás no reconhecimento de Bolsonaro, ninguém arredou pé do que já havia dito.

O tenente Joseman Carvalho Martins, do 8º GAC, apontado por Cassia Maria como a fonte que lhe confirmou a existência da operação Beco sem Saída, foi ouvido em 12 de janeiro de 1988. Ele admitiu que conhecia a repórter de *Veja*, que esteve com ela na conversa que houve na casa de Bolsonaro no dia 6 de outubro, mas negou que tivesse sido a fonte de confirmação do plano terrorista. O tenente disse que a repórter o procurava com insistência, por telefone, em casa, na faculdade, o que o levou a formar uma opinião sobre ela. Apontou-a, então, "como possuidora de uma insistência quase beirando o ridículo, como de certa forma imatura profissionalmente, chegando quase à inconsequência". Afirmou ainda que a repórter "se supervaloriza, dizendo-se 'perigosa', e que se jactava de ter sido a repórter que mais tinha 'vendido a *Veja*' graças à matéria publicada na seção Ponto de Vista".

Um documento não apresentado na sindicância anterior, a do tenente-coronel Ronaldo Cardoso, ganhou relevância no Conselho de Justificação: a parte "C" da ficha de informações sobre Bolsonaro no segundo semestre de 1983,[4] quando ele era tenente do 8º GAC/PQDT, assinada por seu comandante e já citada anteriormente. O coronel Carlos Alfredo Pellegrino assim avaliou o capitão Bolsonaro: "Deu mostras de imaturidade ao ser atraído por empreendimento de 'garimpo de ouro'. Necessita ser colocado em funções que exijam esforço e dedicação, a fim de reorientar sua carreira. Deu demonstrações de excessiva ambição em realizar-se financeira e economicamente".

No final de 1987, o coronel Pellegrino[5] atuava como adido das Forças Armadas junto à embaixada do Brasil em Bogotá, na Colômbia. Em 5 de janeiro de 1988, o coronel Bechara Couto mandou uma carta ao embaixador do Brasil na Colômbia, Álvaro da Costa Franco Filho, pedindo que ele ouvisse o adido militar Carlos Alberto Pellegrino a respeito do conceito desabonador que ele registrara sobre Bolsonaro havia mais de quatro anos. Pellegrino foi inquirido pelo embaixador na chancelaria de Bogotá em 8 de janeiro. Respondendo a perguntas formuladas na carta pelo coronel Bechara Couto, o adido militar relatou que o motivo de sua apreciação negativa tinha sido uma viagem de Bolsonaro, em gozo de dispensa para desconto em férias, a um garimpo no sul da Bahia, por ele desaconselhada.

Afirmou que tinha "bem presentes" os comentários pessoais de Bolsonaro "sobre lendas e histórias, sempre referentes à existência de ouro, pedras preciosas e outros valores no Vale

---

4 Ela foi solicitada, em 27 de novembro, pelo chefe de gabinete do ministro do Exército e disponibilizada pelo chefe da 2ª seção da Diretoria de Cadastro e Avaliação do Exército, tenente-coronel de cavalaria João Maria de Medeiros.
5 Tentei um contato com ele via Facebook, mas não obtive resposta.

do Ribeira, em São Paulo, como também em outras regiões do Brasil, consistindo sempre em relatos fantasiosos sobre fortunas feitas da noite para o dia". O coronel Pellegrino contou ao embaixador Álvaro da Costa que Bolsonaro tinha contestado firmemente o conselho de não ir ao garimpo, o que o fez conhecer, "pela primeira vez, sua grande aspiração em poder desfrutar das comodidades que uma fortuna pudesse proporcionar". O garimpeiro ocasional voltou "desiludido e frustrado" com a viagem, de acordo com o coronel. Resolveu retratar-se, "reconhecendo a inutilidade do projeto pessoal, mas também confirmando sua ambição de buscar por outros meios a oportunidade de realizar sua aspiração de ser um homem rico".

Encerrada a bateria de perguntas enviada pelo Conselho de Justificação, o coronel Pellegrino fez acréscimos por conta própria. Disse que o comportamento do então tenente Bolsonaro no segundo semestre de 1983 era "reflexo de sua imaturidade e a exteriorização de ambições pessoais, baseadas em irrealidades, aspirações distanciadas do alcance daqueles que pretendem progredir na carreira pelo trabalho e dedicação". Reconheceu que Bolsonaro se saiu satisfatoriamente em funções administrativas e na preparação de exercícios, o elogiou por isso, porém acrescentou: "Nas rotinas de trabalho cotidiano, no exercício permanente das funções de instrutor, formador de soldados, e de comandante, faltavam-lhe a iniciativa e a criatividade". Observou, ainda, que Bolsonaro "tinha permanentemente a intenção de liderar os oficiais subalternos, no que foi sempre repelido, tanto em razão do tratamento agressivo dispensado a seus camaradas, como pela falta de lógica, racionalidade e equilíbrio na apresentação de seus argumentos". Naquele momento, afirmou Pellegrino, seu comandado estava atraído por uma "confusa mescla de ambições, aspirações e valores menores".

O subcomandante de Bolsonaro no segundo semestre de 1983 era o coronel Edson Bimbi, hoje advogado e na reserva, e um dos primeiros a lhe apontar como caminho, nos tempos do artigo para *Veja*, a carreira política. "Tenho todo o respeito pelo Pelé [apelido de Pellegrino], mas não concordo com essa avaliação sobre o Bolsonaro, muito carregada de subjetivismo", me disse Bimbi em entrevista para este livro. "Convivi com ele por alguns anos, e sempre o achei bem-intencionado." Bimbi, para lembrar, guarda no WhatsApp o vídeo em que Bolsonaro o saúda com um "lembra do capita?".

O conceito desabonador registrado por Pellegrino na ficha de informações de Bolsonaro foi a primeira acusação formalizada contra o capitão no Conselho de Justificação. Ele recebeu o "libelo acusatório", assinado pelo coronel Bechara Couto, no dia 15 de dezembro, antes mesmo de o coronel depor na embaixada do Brasil na Colômbia. Em duas laudas, sempre com o carimbo "reservado", o Conselho acusou Bolsonaro, usando nada menos que o infinitivo flexionado — terdes recebido, terdes elaborado... —, dos seguintes "atos e fatos" contrários à ética militar conforme os artigos 28 e 29 do Estatuto dos Militares e o artigo 2º da lei 5836:

- o já citado conceito desabonador;
- o artigo de 1986 escrito para *Veja*;
- os contatos com a imprensa ("não se enquadra nos padrões desejados para um capitão do Exército");
- não ter, de imediato, levado ao conhecimento de seus superiores as referências desabonadoras que ouvira da repórter sobre o ministro do Exército ("revelando comportamento aético e conduta irregular");[6]
- ter sido acusado de "mentiroso" [por *Veja*] e não ter tomado providências "para resguardar a honra pessoal".

6 "Capitulado na letra b, do item I, do artigo 2º da lei 5836, de 5 de dezembro de 1972."

O capitão Jair Bolsonaro teve cinco dias para responder, "com as razões ou justificações, que julgardes convenientes à vossa defesa", dizia o casticês do presidente do Conselho. A defesa, em treze páginas, foi apresentada no último dia do prazo, em 20 de dezembro de 1987, assinada por Bolsonaro e por seu novo advogado, Onir de Carvalho Peres, do escritório O. C. Peres & Advogados, também do Rio de Janeiro.

As alegações da defesa percorreram, pela ordem, item por item do libelo acusatório.

Sobre a ida ao garimpo, o capitão afirmou (em primeira pessoa):

- que foi ao garimpo — em Saúde, na Bahia — com outros militares do 8º GAC, que os dias de afastamento seriam descontados de suas férias e que informou sobre a viagem ao coronel Pellegrino e ao seu subcomandante, o tenente-coronel Edson Bimbi;
- que Pellegrino não o advertiu, nem aos demais, que a viagem era contrária à ética militar;
- que, antes de chegarem a Saúde, passaram em Jacobina, a 47 quilômetros, para avisar o sargento comandante do Tiro de Guerra que estavam na região;
- que ficaram alojados na Santa Casa de Saúde, depois de falarem com o dentista do lugar;
- que comunicaram sua presença ali ao tenente Arruda, da Polícia Militar;
- que participaram e colaboraram com a PM na detecção e prisão de dois possíveis traficantes;
- que nada conseguiram no garimpo, "inocorrendo, portanto, qualquer comercialização".

O advogado de Bolsonaro arguiu que a atração pelo garimpo não significava, necessariamente, imaturidade e ambição, mas desejo de avançar e progredir. Bolsonaro estava regularmente dispensado, podia dispor de seu tempo como quisesse. E, como não houve comércio, não se aplicava o Estatuto dos Militares, proibitivo para essa atividade.

Em resposta à acusação seguinte — o artigo "O salário está baixo", escrito para *Veja* e publicado em setembro de 1986 —, seu advogado ponderou que o capitão já havia sido punido com quinze dias de prisão por sua autoria e que voltar ao tema seria incorrer em *bis in idem*, ou seja, julgar Bolsonaro duas vezes pelo mesmo ato. Sobre os contatos com a imprensa, o capitão garantiu que isso havia ocorrido apenas "uma única vez, e por isso fui punido com quinze dias de prisão". Quanto ao encontro com a repórter de *Veja* em sua casa, ele explicou: "Autorizei a entrada, em minha residência, da repórter Cassia Maria e o fiz na condição de detentor do direito de fazê-lo. Não concedi qualquer entrevista, sendo, dessa forma, descabida a acusação de que, nesta oportunidade, teria tratado de assunto que extrapolava de minha competência profissional".

E os demais encontros? "Foram forçados pela repórter, sem a concessão de qualquer entrevista da minha parte." O advogado Onir Peres aduziu que manter contato com a imprensa não configurava, isoladamente, conduta incompatível com os padrões desejados para um capitão do Exército. Quanto ao fato de não haver tomado providências imediatas ao ouvir críticas ao ministro do Exército, Bolsonaro disse que sugeriu à repórter procurar o comando da Aman, recomendação que lhe pareceu suficiente. E que ele próprio fez isso três dias depois de ter recebido a visita de Cassia Maria.

Por fim, explicou que não processou *Veja* por ter sido chamado de "mentiroso" porque fora instaurada uma sindicância militar para apurar os fatos. Depois dela, entendia ele, a Instituição [Exército] é que deveria se manifestar. "A lei militar não obriga ao militar ofendido o recurso ao Judiciário", apontou sua defesa. "A vida funcional do justificante [Bolsonaro] diz de sua idoneidade, valor militar, seus méritos e correta formação de caráter." Cinco testemunhas foram arroladas pela defesa: os generais da reserva Newton Cruz e Almério Ferreira Diniz; o coronel da reserva Ney Almério Ferreira Diniz; o primeiro-tenente bombeiro Djalma Antônio de Souza Filho; e o segundo-sargento Jorge Mion.

II.

Mais perícias

A segunda perícia grafotécnica dos croquis e manuscritos do capitão Bolsonaro foi solicitada, em 17 de dezembro de 1987, ao comandante do 1º BPE, coronel José Plínio Monteiro, o mesmo da primeira perícia e que pedira os originais dos croquis "para uma análise mais aprofundada", agora em mãos. Esse segundo exame foi realizado pela mesma seção de Investigações Criminais e ficou pronto onze dias depois, em 28 de dezembro. Um dos peritos que assinaram o laudo nº 58/87 — atenção para este número — foi o tenente de infantaria Newton Prado Veras Filho, presente também na primeira análise. O outro foi o primeiro-sargento Horácio Nelson Mendonça. Apesar de encontrarem semelhança entre alguns caracteres gráficos dos croquis e dos manuscritos de Bolsonaro, os dois peritos afirmaram que isso não implicava "responsabilidade gráfica".[1] Até

---

1 A íntegra da conclusão (quesito 4º): "Em considerando-se os estudos realizados e a vista dos caracteres gráficos apostos por punho(s) humano(s), no suporte apresentaram-se no estilo conhecido genericamente como 'letra da imprensa', serem facilmente imitáveis e comuns a muitos indivíduos, a não apresentarem maiores subsídios, tais como: andamento — momentos gráficos — remate e dinamismo, reconhece-se semelhanças em alguns caracteres gráficos entre a peça motivo (esboços [croquis]) e os escritos apresentados como padrões [manuscritos de Bolsonaro], sendo mais notório, a semelhança entre o gramas 'd', das palavras 'Duque de' no esboço do casario [o croqui com a rua onde morava o capitão Sadon] e gramas 'd' de várias palavras nos documentos [cita as folhas], e habilidade gráfica (condições de produzir ao autor dos documentos 1, 2, 3, 4 e 5 [manuscritos], contudo, pelo já exposto, não implicando esta condição em responsabilidade gráfica").

109

aquele momento, portanto, existiam dois laudos inconclusivos, emitidos pelo 1º BPE.

No dia 4 de janeiro de 1988, uma semana depois de ter saído o resultado da segunda perícia, o coronel Bechara Couto pediu outra, a terceira, dessa vez à Polícia Federal do Rio de Janeiro. O superintendente que recebeu o pedido, acompanhado dos croquis e manuscritos recém-colhidos do capitão, foi o delegado Fábio Calheiros Wanderley. Nos autos, o tenente-coronel e escrivão Canto Barros esclareceu que três folhas de material padrão gráfico do punho do capitão foram colhidas no auditório da Divisão de Ensino da EsAO, onde funcionava o Conselho, "na presença de seus membros".

Os peritos foram Renato Haddad Aquino,[2] do Instituto Nacional de Criminalística, e Ivan Machado de Campos, da Polícia Federal. O laudo "documentoscópico (grafotécnico)", como foi classificado, chegou ao Conselho de Justificação oito dias depois, em 12 de janeiro. Dizia: "SIM, não restam dúvidas ao ser afirmado que os manuscritos no doc. 1 [os croquis, ou esboços], questionado, promanaram do punho gráfico do capitão Jair Messias Bolsonaro, fornecedor do material gráfico padrão já identificado no corpo do presente laudo. Tal afirmativa é oriunda das coincidências e características encontradas no confronto efetuado, entre os documentos examinados, que permitiram a determinação de autoria."

Àquela altura, 12 de janeiro de 1988, três perícias já haviam sido realizadas, na tentativa de estabelecer a autoria dos polêmicos croquis: duas pelo Exército, ambas inconclusivas, e outra pela Polícia Federal, que afirmara não restar dúvidas de que Bolsonaro era o autor dos desenhos. Poucos dias depois, porém, em 25 de janeiro, o comandante do 1º BPE, o coronel José Plínio Monteiro, apresentou, a pedido do coronel Bechara Couto, uma "complementação de laudo pericial". Tratava-se de um

---

2 Tentei um contato com ele através de mensagens por celular, sem obter resposta.

adendo à segunda perícia, a de nº 58/87, assinada pelos peritos do Exército Newton Prado Veras Filho e Horácio Nelson Mendonça. Menos de um mês antes, o documento emitido por eles tinha afirmado que a semelhança entre alguns caracteres não implicava "responsabilidade gráfica". Agora, a história era outra, e o motivo que justificou o pedido de complementação foi o novo material colhido do punho de Bolsonaro na EsAO para a terceira perícia, feita pela Polícia Federal.

O complemento do laudo pericial 58/87 concluiu que "ante a comparação gráfica realizada entre os padrões gráficos coletados e a peça motivo (croquis), são os peritos acordes em que os caracteres gráficos lançados nos croquis e nas peças padrão, promanaram de um mesmo punho gráfico". Ou seja: o laudo 58/87 da segunda perícia do Exército, inicialmente inconclusivo, passou, depois da complementação, a apontar a autoria de Bolsonaro. Resultado final: das três perícias, duas atribuíram a autoria dos croquis da operação Beco sem Saída ao capitão Bolsonaro.

No mesmo 25 de janeiro, dia em que foi apresentado o complemento do laudo pericial 58/87, o Conselho de Justificação, reunido em sessão secreta com seus três integrantes — Bechara Couto, Nilton Lampert e Canto Barros —, decidiu, por unanimidade, considerar o capitão Jair Bolsonaro culpado das acusações.

O relatório que embasou tal decisão, assinado no dia seguinte, tem cinquenta páginas, divididas em seis partes: objetivo, diligências, resumo cronológico, contestação (à defesa), análise dos depoimentos e conclusão. Nele, nem foi citada a primeira e inconclusiva perícia. Só as duas que comprovavam a culpabilidade de Bolsonaro.

No mérito:

- "Este Conselho não tem dúvidas em afirmar que o Justificante [Bolsonaro] era informante da repórter Cassia Maria pelo menos desde o mês de outubro de 1987."

III

- Os laudos expedidos pelo 1º BPE e pela Polícia Federal "atestam não restar dúvidas ao ser afirmado que os manuscritos contidos nessa folha original [os croquis] promanaram do punho gráfico do capitão Jair Messias Bolsonaro".

- "O resultado do laudo pericial evidencia ter sido o Justificante o autor dos croquis publicados na edição de nº 1000 da revista *Veja* e, por isso, ter mentido ao longo de todo o processo, o que permite seja firmada a convicção, por este Conselho, que a versão apresentada pela repórter Cassia Maria, pela coerência e testemunhos apresentados, seja a mais aproximada da realidade, o que confirma a ocorrência da reunião, no dia 21 de outubro, na residência do capitão Fábio e, por consequência, os fatos geradores da reportagem, conforme foram apresentados."

Em sua conclusão, o Conselho afirmou que Bolsonaro mentiu no depoimento da noite de 25 de outubro de 1987, mentiu durante todo o processo, na sindicância e no Conselho de Justificação, e "revelou comportamento aético e incompatível com o pundonor militar e o decoro da classe, ao passar à imprensa informações sobre sua Instituição, sendo, por aquela considerado como fonte".[3]

3 O enquadramento legal das infrações, segundo o relatório, foi o de contrariar os itens IV, VII, IX, XVI e XIX do artigo 28 e infringir o artigo 29 do Estatuto dos Militares: "Art. 28. O sentimento do dever, o pundonor militar e o decoro da classe impõem, a cada um dos integrantes das Forças Armadas, conduta moral e profissional irrepreensíveis, com a observância dos seguintes preceitos de ética militar: IV — cumprir e fazer cumprir as leis, os regulamentos, as instruções e as ordens das autoridades competentes; VII — empregar todas as suas energias em benefício do serviço; IX — ser discreto em suas atitudes, maneiras e em sua linguagem escrita e falada; XVI — conduzir-se, mesmo fora do serviço ou quando já na inatividade, de modo que não sejam prejudicados os princípios da disciplina, do respeito e do decoro militar; XIX — zelar pelo bom nome das Forças Armadas e de cada um de seus integrantes, obedecendo e fazendo obedecer aos preceitos da ética militar.

A decisão foi encaminhada ao ministro do Exército, "para fins de Direito". O artigo 13 da lei 5836,[4] em seu inciso V, letra a, determinava que o ministro remetesse o processo ao STM.

Um mês depois, em 26 de fevereiro de 1988, o general Leônidas Pires Gonçalves concedeu uma entrevista coletiva na sede do Comando Militar do Leste. De acordo com o *Jornal*

Art. 29. Ao militar da ativa é vedado comerciar ou tomar parte na administração ou gerência de sociedade ou dela ser sócio ou participar, exceto como acionista ou quotista, em sociedade anônima ou por quotas de responsabilidade limitada". Cf. <http://www.planalto.gov.br/ccivil_03/leis/L6880.htm>. Além desses, o capitulado nas letras 'b' e 'c', do item I, do artigo 2º da lei 5836: Art. 2º da lei 5836: "É submetido a Conselho de Justificação, a pedido ou 'ex officio' o oficial das Forças Armadas:

I – acusado oficialmente ou por qualquer meio lícito de comunicação social de ter:

b) tido conduta irregular; ou

c) praticado ato que afete a honra pessoal, o pundonor militar ou o decoro da classe."

4 "Art. 13. Recebidos os autos do processo do Conselho de Justificação, o Ministro Militar, dentro do prazo de 20 (vinte) dias, aceitando ou não seu julgamento e, neste último caso, justificando os motivos de seu despacho, determina:

I — o arquivamento do processo, se considera procedente a justificação;

II — a aplicação de pena disciplinar, se considera contravenção ou transgressão disciplinar a razão pela qual o oficial foi julgado culpado;

III — na forma do Estatuto dos Militares, e conforme o caso, a transferência do acusado para a reserva remunerada ou os atos necessários à sua efetivação pelo Presidente da República, se o oficial foi considerado não habilitado para o acesso em caráter definitivo;

IV — a remessa do processo ao auditor competente, se considera crime a razão pela qual o oficial foi considerado culpado;

V — a remessa do processo ao Superior Tribunal Militar:

a) se a razão pela qual o oficial foi julgado culpado está previsto nos itens I, III e V do artigo 2º; ou

b) se, pelo crime cometido prevista nos itens IV do artigo 2º o oficial foi julgado incapaz de permanecer na ativa ou na inatividade."

do Brasil do dia 27 de fevereiro,[5] o ministro do Exército "admitiu que errou ao acreditar nos militares, que planejavam colocar bombas em quartéis para forçar aumentos de salários". Na mesma matéria, o general disse ainda: "Lamentavelmente, os desmentidos deles não procedem". E mais: "A revista *Veja* estava certa, e o ministro estava errado". Era uma autocrítica sem meias palavras à sua declaração de 27 de outubro de 1987, quando pôs a mão no fogo pelo primeiro desmentido de seus capitães e disse que a "revista de grande tiragem" publicara "ficção" e "imaginação".

Veja noticiou a mudança de posição do ministro em sua edição de 2 de março de 1988, a de nº 1017: "Leônidas conserta o erro — Ministro diz que Bolsonaro mentiu".[6] Um trecho: "O general Leônidas Pires Gonçalves, ministro do Exército, demonstrou na semana passada que é um homem capaz de reconhecer os próprios erros e que comanda uma instituição disposta a punir rapidamente as manifestações de rebeldia e desordem em suas fileiras. Na sexta-feira, durante uma visita ao Rio de Janeiro, Leônidas admitiu que errou ao defender quatro meses atrás os capitães Jair Messias Bolsonaro e Fábio Passos da Silva, da Escola de Aperfeiçoamento de Oficiais, no Rio de Janeiro, apontados numa reportagem de *Veja* como autores de um plano de explodir bombas em unidades do Exército."

Na mesma coletiva em que fez seu mea-culpa, o ministro Leônidas informou, reiterando nota do Centro de Comunicação Social do Exército (CCOMSEx), que concordara com o parecer do Conselho de Justificação e que o remetera para

---

5 Disponível em: <https://news.google.com/newspapers?nid=0qX8s2k1IR wC&dat=19880227&printsec=frontpage&hl=pt-BR>. **6** Disponível em: <https://acervo.veja.abril.com.br/index.html#/edition/33529?page=28&se ction=1>. A capa era "Constituinte: o que muda para quem trabalha" e sua matéria principal: "Do pacote social ao impasse: Sob uma chuva de ataques do Planalto, a Constituinte aprova um plano de distribuição de benefícios".

o STM. Seu despacho, de 12 de fevereiro de 1988, continha três considerações:

- o justificante não conseguiu ilidir as acusações que lhe foram feitas;
- o Conselho, por unanimidade, o julgou culpado;
- nos autos do processo constam evidências que permitem ratificar o parecer unânime do Conselho.

Com base nessas circunstâncias, o ministro resolveu "concordar com o parecer e considerar o capitão de artilharia Jair Messias Bolsonaro não justificado".

Segundo o *Jornal do Brasil*, o general ainda disse: "Honra e verdade. Essa é a base na qual espelhamos todos os critérios para punir esses jovens capitães, que esqueceram uma coisa basilar para nós, que é a verdade". Naquela semana, o *Noticiário do Exército*, editado pelo CCOMSEx, publicou editorial condenando Bolsonaro (e Fábio Passos)[7] por "faltarem com a verdade em circunstâncias absolutamente vazias de atenuantes e justificativas". *Veja* informou, na mesma edição de 2 de março, que "o STM poderá absolver os dois militares, transferi-los para a reserva ou expulsá-los do Exército. 'Deverão ser desligados', aposta um oficial do STM". Lá consigo, o capitão Bolsonaro bem que deve ter dito, com seu estilo desabrido: pois que venha esse tal de STM!

---

7 O processo de Passos também foi para o STM. Tramitou paralelamente aos processos de Bolsonaro, mas de modo independente. Passos foi absolvido.

12.
Entra em cena o Superior Tribunal Militar

Bolsonaro chegou ao STM carregando uma derrota de 3 a 0, aplicada por um Conselho de Justificação do Exército, com a concordância formal do ministro da pasta. Não houve dúvida ou contradição quanto à existência de dois laudos atribuindo-lhe a autoria dos croquis. O outro, vencido, era inconclusivo. No entanto, o resultado do julgamento no STM foi diferente: um empate, que terminou favorecendo Bolsonaro, de acordo com o princípio de que a dúvida beneficia o réu. Mas como esse 2 a 0 virou um empate de 2 a 2 no STM?

Os autos do processo mostram que quem reembaralhou as cartas para o STM[1] foi o próprio capitão Jair Bolsonaro, em sua defesa escrita. Embora houvesse dois laudos periciais o incriminando e um inconclusivo, o total de exames grafotécnicos realizados era igual a quatro, uma vez que um dos laudos fora emitido depois de feitos dois exames nas provas: o segundo laudo, dado como inconclusivo, foi retificado pelos peritos, desconsiderado, portanto, e gerando um outro, que apontou Bolsonaro como o autor dos croquis terroristas.

O capitão, porém, montou sua defesa simplesmente ignorando essa retificação e listando em ordem cronológica os exames grafotécnicos. Em sua autodefesa — sem a assinatura

---

1 A referência é sempre ao tribunal pleno do Conselho de Justificação 129-9, que julgou Bolsonaro. Dos quinze ministros, dois estiveram ausentes: Jorge José de Carvalho e Jorge Frederico Machado de Sant'Anna.

de um advogado —, ao desconsiderar a retificação, ele criou um empate que lhe favorecia: dois laudos dados como inconclusivos e dois laudos que apontavam sua culpa. Vale lembrar que em sua defesa anterior, ainda no Conselho de Justificação do Exército, ele não recorreu a essa leitura contrária à realidade dos fatos, sendo condenado por 3 votos a 0.

A autodefesa do capitão, apresentada ao STM em 4 de abril de 1988, continha 26 páginas que basicamente repetiam os argumentos apresentados anteriormente ao Conselho de Justificação. A novidade era o que ele chamou de "o exame grafológico dos croquis". Nas páginas 7, 8 e 9, afirmou:

1) Temos, primeiramente, um fornecido pela Polícia do Exército [não conclusivo];
2) Um segundo laudo pericial pela Polícia do Exército [não conclusivo];
3) Um terceiro laudo pericial, fornecido pela Polícia Federal [que aponta a culpa de Bolsonaro];
4) Um quarto laudo pericial fornecido pela Polícia do Exército [que aponta a culpa de Bolsonaro, retificando o resultado do segundo laudo].

O capitão omitiu, ao citar este último laudo, a expressão "complemento do laudo pericial n⁰ 58/87". Sua defesa disse, neste ponto: "Da análise cronológica dos laudos, vemos os dois primeiros, ambos fornecidos pela Polícia do Exército, que deixam de apontar responsabilidades sobre punhos gráficos".

Como já vimos, e os documentos anexos comprovam, apenas o primeiro laudo resultou inconclusivo. O segundo, que de início também não apontava a autoria, passou a conclusivo, contra Bolsonaro, portanto, após a complementação. Bolsonaro citou o laudo da Polícia Federal, que o acusava, e voltou a falar do segundo, transformado por ele em quarto:

"Curiosamente, o quarto laudo, o último na ordem cronológica, fornecido pela Polícia do Exército, assinado pelos mesmos peritos do segundo laudo e um perito do primeiro (Newton Prado Veras Filho), é desfavorável ao justificante, usando inclusive a mesma terminologia da Polícia Federal, 'PROMANARAM' de um mesmo punho gráfico. A mentira que se quer forjar sobre este justificante desmorona-se nas perícias contraditórias, ora mencionadas".

Na página 23, a antepenúltima de sua defesa, o capitão repetiu seu argumento, com pequenas alterações. O que era laudo virou exame, e vice-versa. "Foram quatro os exames grafológicos:

1º) exame realizado por dois peritos da Polícia do Exército (um capitão e um primeiro-tenente), que concluíram pela impossibilidade de qualquer comprovação a partir dos sinais gráficos neles incluídos;

2º) exame realizado por dois peritos da Polícia do Exército (um primeiro-tenente, o mesmo que assinou o laudo anterior, e um sargento), com o mesmo parecer do primeiro laudo;

3º) exame da Polícia Federal, cujos peritos concluíram que os sinais gráficos haviam promanado do punho do Justificante [Bolsonaro];

4º) exame por dois peritos da Polícia do Exército (o primeiro-tenente e o sargento que já haviam assinado os laudos anteriores), que repetiram o resultado da Polícia Federal, concluindo que os sinais gráficos haviam promanado do punho do Justificante.

Tais exames, pelas contradições que encerram, nada servem como matéria de prova. Ademais, é profundamente suspeito o quarto laudo, cujos peritos repetem os termos do último laudo,

118

da Polícia Federal, e desmentem os pareceres de ambos no primeiro e no segundo laudos. Não é demais repetir que os croquis examinados nada tem a ver com o fantasioso 'Plano Terrorista'." Por que o capitão disse achar "profundamente suspeito" o quarto laudo? Ele não explicou. Bolsonaro sabia que o laudo complementar fora emitido depois que os peritos examinaram novos manuscritos seus, obtidos a pedido do primeiro Conselho de Justificação. Mas também omitiu essa informação. Disse ainda, em redação tortuosa, que o último *desmentia* (grifo meu) os pareceres anteriores — ou seja, que os retificava. É um equívoco, porque o laudo de complementação só retificou uma das perícias, a de nº 58/87. Tratou-se apenas de um desmentido do segundo laudo. Onde estão as "contradições", se dois laudos são peremptórios em afirmar que a autoria dos croquis é sua?[2]

2 Dois anos e sete meses depois, na entrevista a Mauricio Dias, da *Istoé Senhor* de 28 de novembro de 1990, Bolsonaro, deputado federal eleito, responderia a uma questão específica sobre as perícias. "Mas a reportagem trazia, inclusive, croqui, desenhos, feitos por alguém da EsAO", disse Dias, sem lembrar que a acusação de autoria era ao próprio Bolsonaro. Este respondeu: "Publicou sim. A primeira perícia feita neste croqui na Polícia do Exército concluiu que não era um desenho meu. Quando foi criado o Conselho de Justificação houve uma nova perícia que também apresentou resultado negativo [inconclusivo, na verdade]. Bem, poderia ter parado aí. Mas recorreram para a Polícia Federal. Esta perícia, ao contrário das duas anteriores, concluiu que o desenho tinha sido feito por mim. Então, retornaram para uma quarta perícia na própria Polícia do Exército, que, desta vez, acompanhou o laudo da Polícia Federal. Mas isto acabou pesando a meu favor no STM. Fui absolvido por 9 a 4". O repórter perguntou, na sequência: "Mesmo assim, não havia condições de continuar no Exército?". Bolsonaro respondeu: "Entre a sindicância inicial e o julgamento no STM me deixaram à disposição no QG, no Palácio Duque de Caxias. Me afastaram da Vila Militar onde eu morava. Ou seja, eu tinha que sair de casa às cinco da manhã, pegar um trem, para chegar às sete no QG. Mas foi até muito bom. Indo e voltando de trem, tive mais contato com o povão. Mas mesmo no Palácio Duque de Caxias não me deixavam fazer nada. Aí eu fiquei pensando o que fazer da minha vida. Assim cheguei à política".

Chama a atenção, também, que sua defesa não estivesse assinada por um advogado. Por que dispensar um defensor, se dois escritórios o haviam representado no Conselho de Justificação? A explicação dada pelo capitão estava na página dois: "Eis-me, pois, diante do STM, para defender a minha honra injustamente vilipendiada. Apresento-me, nesta oportunidade, desacompanhado de advogado, que, além de oneroso para minhas condições financeiras, entende desnecessário comprovar-me juridicamente honrado. Sou, de fato, honrado, por todos os atos que pratiquei, como soldado e cidadão. Para enunciá-los, ninguém melhor do que eu próprio." O fato é que o capitão Bolsonaro lançou sua cartada. Sua autodefesa encontrava-se no STM, alegando um empate inexistente entre quatro exames grafotécnicos e sugerindo um *in dubio pro reo* que, se aceito, o inocentaria. Uma possível razão para nenhum advogado ter assinado sua defesa está na litigância de má-fé que a distorção na leitura dos laudos poderia caracterizar.

O caso ganhou, no STM, a denominação oficial de Conselho de Justificação 129-9/DF. Dos quinze ministros do tribunal pleno, treze compareceram à sessão secreta de julgamento — cinco civis (togados) e oito militares,[3] estes da reserva. Dois

---

3 A seguir, os treze ministros, com o respectivo presidente da República que indicou, e, quando o caso, as posições que tiveram no Conselho:
— tenente-brigadeiro do ar Antônio Geraldo Peixoto (indicado pelo ex-presidente Geisel), presidente do Conselho;
— almirante de esquadra Roberto Andersen Cavalcanti;
— general Sérgio de Ary Pires, relator;
— almirante Rafael de Azevedo Branco;
— general Almir Benjamin Chaloub (todos indicados pelo ex-presidente Figueiredo).
Os três ministros indicados pelo presidente José Sarney:
— tenente-brigadeiro do ar George Belham da Motta;
— general Haroldo Erichsen da Fonseca;
— almirante de esquadra Luiz Leal Ferreira.

presidentes da ditadura — Geisel e Figueiredo — indicaram oito deles. O presidente José Sarney indicou cinco, três militares e dois civis. Se dependesse do ministro do Exército, o general Leônidas Pires Gonçalves — pelo menos no momento em que aceitou o resultado de 3 a 0 determinado pelo Conselho de Justificação —, tudo indicava que Jair Bolsonaro já estaria fora do quartel.

O presidente do tribunal foi o tenente-brigadeiro do ar Antônio Geraldo Peixoto, a relatoria ficou a cargo do general Sérgio de Ary Pires e o revisor foi o advogado e ex-deputado Aldo da Silva Fagundes. Os trabalhos começaram em fevereiro de 1988, tão logo foram recebidos os autos enviados pelo ministro do Exército. A única informação nova trazida pelo relator foram as folhas de alterações de Bolsonaro referentes ao segundo semestre de 1987 e seu conceito final no curso da EsAO. Naquele seu último semestre na caserna, o capitão participou de um treinamento físico em Brasília, perdeu a carteira de identidade, recebeu oito dias de dispensa médica, tirou Excelente em todas as provas físicas e em um teste de aptidão de tiro — e respondeu à sindicância e ao primeiro Conselho de Justificação.

Dos cinco ministros civis, um foi indicado por Geisel:
— advogado Ruy de Lima Pessoa.
Dois outros foram indicados por Figueiredo, ambos advogados:
— Antonio Carlos de Seixas Telles;
— Paulo César Cataldo.
O presidente Sarney indicou dois civis:
— advogado e ex-deputado Aldo Fagundes, que foi o revisor;
— advogado e também ex-deputado José Luiz Clerot.
Em março de 2019, de acordo com levantamento da assessoria de imprensa do STM, só três deles estavam vivos: Aldo Fagundes, Seixas Telles e Paulo César Cataldo. Os dois primeiros em situação precária de saúde. Falei por telefone com este último. Segundo a assessoria da imprensa do Ministério Público Militar (MPM), o subprocurador Milton Menezes da Costa Filho, que atuou no caso, está vivo, mas sem condições de dar entrevista.

As folhas de alterações informavam que, em 19 de novembro de 1987, Bolsonaro fora excluído da EsAO — o termo é este mesmo —, ficando na situação de adido à disposição do Conselho de Justificação. Concluiu o curso da EsAO com o conceito Bom e nota final 7,68. Terminou na 28ª colocação em uma turma de 49 alunos — nada promissor para conseguir eventuais promoções, e principalmente por ter em seu prontuário uma prisão disciplinar. "Revelou estar em boas condições para a função de CMT [comandante] e membro de EM [estado-maior] de sua arma", diziam as folhas. O que elas não diziam, e que logo Bolsonaro cuidou de reclamar ao STM, é que o comando da EsAO havia impedido a ele e ao capitão Fábio Passos de receberem seus diplomas na cerimônia oficial de conclusão de curso e de participarem da colação de grau, solenidade à qual o ministro do Exército esteve presente. Mais um indicativo de que o general Leônidas, homologador do 3 a 0, já o tinha fora da tropa.

"Desgraçadamente, vejo agora a tentativa de afastar-me oficialmente do Exército — que verbalmente já o fui —, em nome da honra militar que eu teria conspurcado", dizia a dramática defesa do capitão. "Repudio o tratamento que tenho sofrido [...] Desprezo mais recente [sic], ao me ver negado o diploma de conclusão [do curso da EsAO], [e da] expulsão, cujo pródromo configurou-se na ordem para retirar-me do recinto da EsAO, onde me encontrava para assistir a solenidade de formatura." Bolsonaro também repudiou os termos do editorial do *Noticiário do Exército* nº 7449, de 25 de fevereiro de 1988, editado pelo CCOMSEx (leia-se Leônidas Pires Gonçalves). Com o título "A verdade: Um símbolo da honra militar", o editorial, citando-o nominalmente, e a Fábio Passos, dizia que ambos "faltaram com a verdade e macularam a dignidade militar". E nas linhas finais o adendo: "Se assim forem julgados pelo STM". Bolsonaro entendeu o editorial como um "pré-julgamento manifestado dura, ofensiva e ostensivamente; e depois um convite ao STM para coonestá-lo".

Na defesa sem advogado que os ministros julgadores receberam dele, Bolsonaro pediu, nas preliminares, a anulação do Conselho de Justificação, por "gritante cerceamento do direito de defesa", uma vez que ele não teria tido "ciência do conteúdo da prova pericial". Nos autos do Conselho de Justificação, porém, não constava que ele o tivesse solicitado. Por unanimidade, o STM não acatou nenhuma das preliminares. No mérito, o capitão contestou o "conceito desabonador" e a catilinária do coronel Pellegrino contra o fato ter ido ao garimpo no interior da Bahia. Disse também que já tinha sido punido com quinze dias de prisão pelo artigo de *Veja* e que não era errado ter contatos com a imprensa ou ouvir referências desabonadoras ao ministro do Exército.

Nesse ponto, tendo o general Leônidas na alça de mira, o capitão aumentava o tom do que ele já havia dito ao primeiro Conselho. "É acaso o ministro invulnerável à crítica, de uma repórter inexperiente, ávida de sensacionalismo? [...] Onde está escrito que um capitão está obrigado a não ouvir críticas ao ministro do Exército?" O capitão admitiu ter recebido Cassia Maria em casa no dia 6 de outubro de 1987, mas não mencionou os três encontros que reconheceu, diante do Conselho de Justificação, ter tido com ela. Afirmou não ter dito à repórter nada do que foi publicado, nem desenhado ou lhe entregado croquis. Achou "descabido" que *Veja* não tivesse publicado os croquis já na primeira reportagem, só na segunda, e disse que a revista não apresentou nenhuma prova sobre o "plano". A partir daí passou à enumeração dos quatro laudos.

"Nego veementemente tal plano [Beco sem Saída]", disse em sua autodefesa. "Como posso provar que não o conhecia? À *Veja* cabe o ônus da prova." Onze páginas foram divididas em duas colunas — uma intitulada "As alegações", outra

"A verdade" —, e nelas o justificante contestou cada acusação, item por item. "O benefício da dúvida é totalmente favorável ao acusado", disse na última página da defesa. "Mesmo admitindo que houvesse mentira, como tenta insinuar o libelo acusatório, o fato de 'faltar a verdade' não incapacita ninguém para o oficialato, uma vez que tal comportamento deve ser punido com fundamento no Regulamento Disciplinar do Exército, onde está previsto no elenco das transgressões disciplinares (art. 13, 1º)." Por fim, o capitão Bolsonaro registrou "ser absurda a hipótese de pretender-se a cassação do posto e da patente, com fundamento em uma suposta <u>mentira</u>, atribuída ao oficial justificante".

13.
O Ministério Público Militar
é impedido de falar

A segunda peça a chegar aos juízes do STM foi o posicionamento do Ministério Público Militar (MPM). Seu representante, o subprocurador-geral Milton Menezes da Costa Filho, nem sequer se referiu ao primeiro laudo inconclusivo — por inútil, já que vencido — e tampouco ao primeiro resultado do segundo laudo, morto e sepultado pelo laudo de complementação. "O Justificante não conseguiu se justificar", disse. "Os autos retratam conduta que, inquestionavelmente, o coloca na inconfortável posição de incompatibilidade para o oficialato." Disse mais: "O plano codinominado (!) 'Beco sem Saída' [exclamação do subprocurador] objetivando explodir bombas em unidades da Vila Militar, da Academia Militar das Agulhas Negras, em Resende, no interior do Rio de Janeiro e em vários quartéis, sob pretexto de chamar a atenção para os baixos vencimentos dos militares, se verídico, ou quixotesco, foi, realmente, descrito pelo Justificante à então repórter da revista *Veja*, Cassia Maria."

No entendimento do Ministério Púbico Militar, "o campo ético-moral foi eficazmente ferido com a conduta, por si só, do Justificante. Acaso o pundonor militar não foi deveras ferido pelo Justificante, ao elaborar, de próprio punho, declaração publicamente desmentida, pondo em posição desconfortável o próprio titular da Pasta do Exército, que nela acreditou?", indagou o subprocurador. "Como se apresentar um Oficial perante seus subordinados, arrastando um passado com um episódio tornado público, tão comprometedor?" Ao final, recomendou que

125

o "Egrégio Colegiado Castrense", como chamou o STM, considerasse o capitão Jair Bolsonaro culpado, "declarando a sua incompatibilidade com o oficialato e consequente perda do posto e da patente, tudo nos termos do art. 16, inciso I, da lei 5836/72."[1] O subprocurador militar foi o segundo a falar na sessão secreta de julgamento do dia 16 de junho de 1988. Sua intervenção, assim como as dos demais integrantes do tribunal, está viva e nítida no áudio guardado nos arquivos do STM e cedido a este autor. São exatas cinco horas, catorze minutos e oito segundos de gravação, distribuídas em 37 partes. Ouvi-las 32 anos depois — para aqui transcrever o essencial — é quase como estar lá, escondido em algum desvão.

Citando a prática daquele tribunal, a doutrina, a jurisprudência, a Lei Orgânica da Magistratura e o regimento interno do STM, o subprocurador Milton da Costa pediu para falar na qualidade de fiscal da lei (*custos legis*), e não como acusador, função não prevista em Conselhos de Justificação. Já que fora solicitado a dar seu parecer por escrito, lembrou, a coerência o obrigava a pedir a palavra. Na condição de *custos legis* — e não de acusador —, ficaria adstrito à correta aplicação da lei, sem entrar no caso em si, como havia feito no parecer escrito. Sendo a questão bastante polêmica — o regimento encontrava-se em processo de mudança, e conselhos de justificação anteriores não haviam concedido a palavra ao MPM —, o presidente Geraldo Peixoto abriu a discussão, que só foi acabar às 16h14. Todos os ministros falaram e decidiram, por maioria, não conceder a palavra ao subprocurador militar. Os votos contrários a essa decisão, como

---

1 "Art. 16. O Superior Tribunal Militar, caso julgue provado que o oficial é culpado de ato ou fato previsto nos itens I, III e V, do artigo 2º ou que, pelo crime cometido, previsto no item IV, do artigo 2º, é incapaz de permanecer na ativa ou na inatividade, deve, conforme o caso:
I — declará-lo indigno do oficialato ou com ele incompatível, determinando a perda de seu posto e patente."

também registrado na ata, foram o do almirante de esquadra Roberto Andersen Cavalcante e o do ministro Paulo Cesar Cataldo.[2] "Recordo vagamente deste caso", disse Cataldo, de 87 anos, em conversa telefônica que tivemos no dia 11 de março de 2019. Lembrado de que votou por facultar a palavra ao MPM como *custos legis*, ele disse que assim o fez por entender "que a manifestação do subprocurador era essencial". Com o andamento da conversa, o ex-ministro lembrou que a questão de fundo era a "materialidade da entrevista" [de Bolsonaro] à revista *Veja*, "se teria ou não ocorrido". Cataldo não recordou a questão das perícias. "Em princípio, ao que me lembro, se eu acompanhei o Sérgio [de Ary] Pires [o ministro relator] é porque havia uma dúvida razoável, e nesse caso se beneficia o réu", disse.

2 Por e-mail, consultei o MPM sobre essa questão, através de sua assessoria de comunicação, sem especificar o caso.
Pergunta: Em um Conselho de Justificação, em 1988, a maioria dos treze ministros do STM, na sessão de julgamento, foi contrária à fala do MPM (no caso, o então subprocurador Milton Costa Filho), "em face da literalidade do art. 126 do regimento interno", disse a maioria, como principal argumento. Um integrante da minoria defendeu a palavra ao MPM "como *custos legis* em razão do art. 40 do regimento interno". É possível afirmar quem estava certo?
Resposta: De fato, o art. 126 do Regimento Interno do STM vigente à época facultava "à defesa usar da palavra por vinte minutos". Por outro lado, o MPM não figura como parte no processo oriundo de Conselho de Justificação, emitindo seu pronunciamento na condição de *custos legis* (fiscal da lei), o que pode ter motivado, naquela ocasião, o afastamento da regra prevista no art. 40 no sentido de que "o Procurador-Geral poderá usar da palavra, sempre que for facultada às partes sustentação oral".
De todo modo, a controvérsia foi dirimida no atual Regimento Interno, vigente a partir de 1º de agosto de 1996, segundo o qual, "Anunciado o julgamento, proceder-se-á ao relatório, sendo facultado à Defesa usar da palavra por vinte minutos e assegurado ao representante do MPM igual prazo para sustentar o respectivo parecer" (art. 160, primeira parte).
Acrescenta-se que, pelo Regimento Interno vigente em 1988, a abertura de vista dos autos do Conselho de Justificação ao Procurador-Geral era uma faculdade do Relator, segundo o parágrafo único de seu art. 125, enquanto que, pelo atual Regimento, o pronunciamento do MPM é obrigatório (art. 159).

O menino Jair Messias, com o pai, Percy Geraldo Bolsonaro, exibindo uma traíra pescada em Ribeira, no interior de São Paulo.

Com a família, no dia da formatura na Academia Militar das Agulhas Negras (Aman), e com colegas cadetes da turma que se formaria em 1977.

Cavalão, seu apelido na Aman, destacou-se no atletismo e nos esportes.

Em cerimônia militar oficial e durante exercícios bélicos em Resende.

Nos tempos de Nioaque (MS); à paisana, no Rio de Janeiro; e na escola de paraquedismo do Exército.

O casamento com Rogéria Nantes, sua primeira mulher, mãe dos futuros 01 (Flávio, à dir.), 02 (Carlos, no centro) e 03 (Eduardo, à esq.).

Ponto de Vista

O salário está baixo

Capitão Jair Messias Bolsonaro

Há poucos dias a imprensa divulgou o desligamento de dezenas de cadetes da Academia Militar das Agulhas Negras por homossexualismo, consumo de drogas e uma suposta falta de vocação para a carreira. Em nome da verdade, é preciso esclarecer que, embora tenham ocorrido efetivamente casos residuais envolvendo a prática do homossexualismo, consumo de drogas e mesmo indisciplina, o motivo de fundo é outro. Mais de 90% das evasões se deram devido à crise financeira que assola a massa dos oficiais e sargentos do Exército brasileiro. Uma crise e uma falta de perspectiva profissional cujos reflexos de desestímulo já atingem a Academia das Agulhas Negras, celeiro histórico da oficialidade da força terrestre — que hoje se encontra ameaçado.

É de conhecimento de todos que o funcionalismo público vem sofrendo muito nos últimos anos. Já no subterfúgio da concessão da semestralidade, a inflação anual referente a 1983 foi dividida: uma parte do reajuste foi concedida em 1.º de janeiro de 1984 e a outra em 1.º de julho do mesmo ano. Esta última data serviu de base da nova referência para os reajustes seguintes. Com isso, a inflação do primeiro semestre de 1984 foi simplesmente considerada absorvida — ou zerada — para os funcionários públicos.

Agora, na Nova República, novamente sofremos uma grande perda salarial: a maioria dos trabalhadores, através de lutas sindicais que nos são expressamente proibidas, gozava de adiantamentos, trimestralidade, bônus e outros ganhos que foram incorporados aos salários. Como não tínhamos esse privilégio, perdemos novamente o equivalente a três meses de inflação na época em que ela corroía consideravelmente o poder aquisitivo da população. Curiosamente, a reposição que nos foi negada beneficiou a quase totalidade dos funcionários das empresas estatais.

Como capitão do Exército brasileiro, da ativa, sou obrigado pela minha consciência a confessar que a tropa vive uma situação crítica no que se refere a vencimentos. Uma rápida passada de olhos na tabela de salários do contingente que inclui de terceiros-sargentos a capitães demonstra, por exemplo, que um capitão com oito a nove anos de permanência no posto recebe — incluindo soldo, qüinqüênio, habitação militar, indenização de tropa, representação e moradia, descontados o fundo de saúde e a pensão militar — exatos 10 433 cruzados por mês. Um terceiro-sargento, com o mesmo tempo de permanência e os mesmos adicionais, não passa dos 4 134 cruzados. Estes números, aliás, pertencem a um universo salarial cuja mobilidade — ou perspectiva de ascensão profissional e hierárquica — pode ser medida com dois exemplos: um sargento, para atingir a faixa salarial de um aspirante a oficial, deve ter no mínimo 24 anos de serviço. E um aspirante a oficial, para chegar a major, deve necessariamente ter, no mínimo, quinze anos de quartel, contados a partir da data de sua declaração a aspirante.

Descontentes e sem perspectivas, os cadetes estão abandonando a Academia das Agulhas Negras

Esse quadro é a causa sem retoques da evasão, até agora, de mais de oitenta cadetes da AMAN. Eles solicitaram desligamento. Não foram expulsos, como sugere o noticiário. Afinal, um homem que dedica os melhores anos de sua vida à carreira militar, enfrentando, nos corpos da tropa, um ritmo de trabalho não inferior a 48 horas semanais, com serviços aos sábados, domingos e feriados, instruções noturnas, marchas, acampamentos e outras atividades típicas da vida dos quartéis, não pode simplesmente pensar em patriotismo — como querem muitos — quando não pode sequer sonhar em constituir condignamente uma família.

Nas constantes transferências a que somos submetidos, para os mais distantes pontos do Brasil, sempre estamos sujeitos a aluguel residencial. Com exceção de Brasília, raras são as unidades que oferecem residência a oficiais e sargentos. Como o aluguel, no mercado, quase nunca é inferior a 5 000 cruzados, um capitão casado se vê diante da sombra da catástrofe quando planeja seu orçamento familiar. Com cerca de 60% do salário comprometido apenas com a moradia, restam-nos 4 500 cruzados para educação dos filhos, alimentação, transporte, lazer, vestuário, fardamento etc. Isso é deprimente para um oficial que tem curso superior e, quase sempre, vários cursos militares.

Não pleiteio aumento salarial. Reclamo — como fariam, se pudessem, meus colegas — um vencimento digno da confiança que meus superiores depositam em mim. Muitos reclamam da não tributação do imposto de renda sobre os vencimentos brutos dos oficiais e sargentos. Ora, se isso ocorresse, depararíamos com a inconcebível circunstância de um aspirante a oficial do Exército — homem de elite e cheio de obrigações na carreira — ter que sobreviver com menos de 5 000 cruzados mensais. Um salário inferior ao de muitos técnicos e funcionários sem qualificação de muitas estatais, como o Banco do Brasil, a Caixa Econômica Federal e a Petrobrás.

Torno público este depoimento para que o povo brasileiro saiba a verdade sobre o que está ocorrendo na massa de profissionais preparados para defendê-lo. Corro o risco de ver minha carreira de devoto militar seriamente ameaçada, mas a imposição da crise e da falta de perspectiva que enfrentamos é maior. Sou um cidadão brasileiro cumpridor dos meus deveres, patriota e portador de uma excelente folha de serviços. Apesar disso, não consigo sonhar com as necessidades mínimas que uma pessoa do meu nível cultural e social poderia almejar. Amo o Brasil e não sofro de nenhum desvio vocacional. Brasil acima de tudo.

Jair Messias Bolsonaro é capitão de artilharia do 8.º Grupo de Artilharia de Campanha, pára-quedista, 31 anos, casado e pai de três filhos.

VEJA, 3 DE SETEMBRO, 1986

O artigo na revista *Veja*, em setembro de 1986, rendeu ao então capitão Bolsonaro quinze dias de prisão disciplinar.

O capitão Almeida e o seu cenário em Apucarana: saiu do 30.° BIM, tomou a prefeitura e leu sua declaração sindical

Brasil
Ordem desunida

Sarney dá aumento de 110% aos militares, em meio a um clima de descontentamento e até atos de rebeldia nos destacamentos

O governo do presidente José Sarney, que começou preocupado com generais, descobre agora que na área militar a palavra-chave é capitão. Na semana passada, em meio a uma calmaria na faixa dos generais, dois capitães foram presos por fazer protestos contra os baixos salários que recebem, dois outros revelaram um plano para explodir bombas em instalações militares — sem machucar ninguém, mas deixando clara sua insatisfação com os soldos (*veja o quadro da página 40*) —, e por toda a oficialidade jovem do país corria uma carga de expectativa em relação aos aumentos que, finalmente, acabaram saindo na quinta-feira. Os militares passaram a ganhar 41% mais já em outubro, segundo decreto assinado pelo presidente Sarney, e até janeiro estarão ganhando 110% mais do que os níveis observados até a semana passada (*veja tabela na página seguinte*). Sobre esses reajustes, o mínimo que se pode dizer é que eles chegaram na hora certa. Pelo que se viu nos últimos dias, a tampa do caldeirão está vibrando nos quartéis do país.

Em Apucarana, cidade de 100 000 habitantes do interior do Paraná, assistiu-se à manifestação mais espetacular da semana. Ali, oito funcionários da prefeitura tomavam o café da manhã matinal antes do expediente, na última quinta-feira, quando o mundo veio abaixo.

Leônidas: na Arábia

Repentinamente, cinqüenta homens do Exército, fardados para combate, com metralhadoras, fuzis e baionetas à mostra, tomaram de assalto o prédio da prefeitura. "Pensei que os militares tinham dado um golpe de Estado no país inteiro", conta um dos funcionários, Sérgio Luiz Barroso. Nada disso. Os militares, lotados no 30.° Batalhão de Infantaria Motorizada, estavam ali para falar do mês que se alonga cada vez mais no fim do salário.

Com as mãos trêmulas, mas com o rosto sereno, o chefe do grupo, capitão Luiz Fernando Walter de Almeida, 35 anos,

VEJA, 28 DE OUTUBRO, 1987

A segunda matéria de *Veja*, em outubro de 1987, acusa Bolsonaro e um outro capitão de "revelarem um plano para explodir bombas em instalações militares". [pp. 136-40]

entrou no gabinete do prefeito que estava ausente, tirou do bolso uma declaração manuscrita de oito linhas e leu-a na frente dos funcionários. "Declaro que nesta data, inconformado com a situação financeira e de assistência médica que vivem os meus comandados, tomei a iniciativa e a responsabilidade de protestar contra as autoridades políticas do país", afirmou ele, com a compenetração de um universitário que discursa na assembléia da faculdade. "Procedo desta maneira antes que os meus oficiais subalternos ou os sargentos o façam." Em seguida, voltou para o quartel, onde assumiu toda a responsabilidade pelo episódio e foi preso. "Ninguém da tropa sabia da missão que eu ia cumprir", garantiu o capitão a seus superiores.

LIGAÇÃO DE PORTUGAL — Por ironia, a cena de Apucarana aconteceu quatro semanas depois que militares de Foz do Iguaçu, também no Paraná, perseguiram com fuzis e baionetas um grupo de operários em luta por aumentos salariais na usina de Itaipu. No episódio, um operário chegou a ser ferido por uma baioneta, mas o incidente nem de longe preocupou tanto as autoridades do país quanto o de Apucarana, onde os próprios portadores das baionetas é que faziam reclamações salariais. Logo que a história aterrissou no Palácio do Planalto, foi levada ao gabinete do presidente Sarney pelos ge-

Vantagens do civil e do militar

	Militar	Civil
Aposentadoria integral	✓	
Estabilidade no emprego	✓	
Possibilidade de rápida ascensão profissional		✓
Promoção assegurada	✓	
Assistência médica gratuita	✓	
Possibilidade de escolha da cidade onde vai morar		✓
Liberdade de mudança de emprego		✓
Impossibilidade de receber ordens de pessoas mais jovens	✓	

nerais Ivan de Souza Mendes, chefe do SNI, e Rubens Bayma Denys, chefe do Gabinete Militar. Sarney, que encomendara um decreto de aumento dos militares, assinou-o naquela tarde mesmo, sem a presença do ministro do Exército, Leônidas Pires Gonçalves, que ainda não voltara de uma viagem à Arábia Saudita. À tarde, Sarney tranqüilizou o presidente de Portugal, Mário Soares, que lhe ligou só para perguntar sobre a revolta de Apucarana, e as autoridades militares tratavam de minimizar o ato de in-

disciplina do capitão, chegando a emitir opiniões lenientes que, ao justificarem a indisciplina, indicam uma fraqueza de autoridade na qual a rebeldia se realimenta. "Sabe Deus que pressão ele estava sofrendo", afirmou o ministro interino do Exército, general Haroldo Erichsen da Fonseca. Seu colega Moreira Lima, ministro da Aeronáutica, rezava pelo mesmo missal. Segundo ele, o aumento dado aos militares acabará com a inquietação nos quartéis.

Essa reação morna a um ato gravíssimo de rebeldia é curiosa e significativa, especialmente quando se observa um nervosismo generalizado entre os oficiais. O mesmo ministro Leônidas Pires Gonçalves que deu um pito nos constituintes, chamando-os de radicais, numa reunião do ministério — onde foi ouvido com um silêncio respeitoso —, esteve na semana passada na desconfortável posição de ver sua própria retaguarda alvoroçada. Pode-se definir como exceção o rompante do capitão Almeida, que tomou uma prefeitura vestido para a guerra. Também se pode anexar aos fatos excepcionais o protesto do outro capitão, Sadon Pereira Pinto, que entregou aos superiores uma queixa por escrito, na Escola de Aperfeiçoamento de Oficiais (Esao), no Rio de Janeiro. O problema está no fato de se tratar de exceções representativas e, com quase toda certeza, coordenadas. O capitão de Apucarana sempre foi ótimo aluno

As diferenças nas carreiras

Militares, funcionários do Banco do Brasil e executivos ganham quase o mesmo no início da carreira. A diferença está no topo, quando um executivo bem-sucedido recebe mais de 300 000 cruzados

	Militares do Exército					Funcionários do Banco do Brasil		Executivos da iniciativa privada
Patente	Salário médio Sem reajuste	Salário médio Reajustado	Contingente	Idade média Ao atingir a patente	Tempo de serviço* Ao atingir a patente	Função	Salário médio líquido	A relação entre idade, tempo de serviço e salários
Tenente	25 000	33 000	1 800	23	1	Supervisor	35 000	Entre 1 e 5 anos de trabalho, o executivo ganha de 30 000 a 50 000
Capitão	32 000	44 000	2 700	28	5	Gerente adjunto de agência pequena	50 000	
Major	40 000	54 000	1 800	37	14	Gerente de agência pequena	80 000	Um executivo pode ganhar 100 000 com 40 anos de idade e 20 de trabalho. O militar só chega a isso, como general, aos 60 anos de idade
Tenente-coronel	50 000	66 000	1 400	44	21	Gerente de agência média	90 000	
Coronel	60 000	80 000	822	51	28	Gerente de agência grande	90 000	Com 50 anos de idade, o executivo ganha mais de 100 000, mas a esta altura sua carreira pode estar cristalizada e decadente, ultrapassado por quadros mais jovens
General-de-brigada	70 000	94 000	94	58	35	Gerente de agência especial se tiver mais de 30 anos de serviço	115 000	Em tese, os 18 generais de 4 estrelas são os mais competentes de sua profissão. No mundo civil, quando um profissional chega a essa situação depois de 40 anos de trabalho raramente ganha menos de 300 000 mensais
General-de-Divisão	80 000	107 000	43	62	39	Chefe de departamento se tiver mais de 35 anos de serviço	120 000	
General-de-exército	90 000	120 000	18	66	43	Chefe de divisão se tiver mais de 35 anos de serviço	120 000	

*Não computados os quatro anos nas Escolas Militares, que são contados para efeito de aposentadoria

VEJA, 28 DE OUTUBRO, 1987

na Academia Militar das Agulhas Negras e na Esao e até a semana passada era um oficial bem conceituado. Misturando um passado exemplar com um presente desastroso, ele se viu até mesmo elogiado. Seu superior no 30.° BIM, o tenente-coronel Aricelso Limaverde, assegurou: "Ele é um bom oficial, muito profissional". O julgamento pode ser correto, mas o coronel escolheu a hora errada para dizer uma coisa dessas. Em outro tom, o general Edison Boscacci Guedes, comandante militar do Sul, feriu o ponto. "A atitude inconseqüente do capitão compromete a imagem do Exército brasileiro", afirmou o comandante numa nota oficial distribuída na quinta-feira.

ASTÚCIA TRIPLA — Só um IPM poderá mostrar o grau de articulação entre o capitão e outros oficiais. Em Apucarana, o secretário-geral do PMDB e chefe de gabinete do prefeito, Ariovaldo Zanoni, ficou muito desconfiado de que alguma articulação existe. "A operação foi muito certinha", diz ele. Segundo Zanoni, o capitão Walter de Almeida pertence aos quadros do SNI. O fato é que a ação dele deve ser entendida como um ato de pessoa inteligente, por vários aspectos. Ao ocupar o gabinete do prefeito, Almeida revela que preferiu agir sobre a autoridade civil. Se tentasse tomar a sala de seu comandante, sua iniciativa, além de mais arriscada, teria efeitos mais drásticos para ele. Foi ser valente à custa do prefeito ausente. Sua versão de que nem os tenentes que o acompanhavam sabiam da natureza da missão para qual os convocou pode ser verdadeira, mas sugere que se indague sobre a acuidade mental desses oficiais, que de nada desconfiaram quando a tropa entrou de arma em punho na prefeitura da cidade, com cantis à cinta e uniformes de camuflagem.

Finalmente, há uma tripla astúcia no curto manifesto do capitão Almeida. Em seu documento, ele protesta contra as autoridades "políticas" do país, quando as autoridades "públicas" é que cuidam de salários. Pela sua escolha vocabular, o deputado Amaral Netto, líder do PDS na Câmara, estaria entre as autoridades a quem caberia resolver o problema dos militares, o que é uma injustiça. Diz confiar nos superiores hierárquicos e agir por conta própria, antes que seus subordinados tomem a iniciativa de fazê-lo. Assim, limpa o caminho para cima e para baixo.

VALORES DE CLASSE MÉDIA — Por mais isolada que possa ter sido a manifestação do capitão de Apucarana, conforme garantiam unanimemente as autoridades militares na semana passada, antes mesmo do início de um IPM, ela reflete um dramático e nível de descontentamento dos oficiais brasileiros. Uma das mais velhas tradições no estudo dos militares é a pesquisa sobre sua origem social. Nesse campo, não surgiram dados novos desde que o brasilianista Alfred Stepan, historiador americano, produziu uma radiografia sobre o tema nos anos 70, mas sabe-se que os cadetes cada vez mais saem de bairros proletários. Essa constatação não teria importância se não indicasse que a carreira, pela decadência dos soldos, deixa de atrair os jovens com pretensões um pouco mais ambiciosas. O fato é que, seja um oficial de posses como o capitão Emílio Garrastazu Medici, cuja família tinha fazendas, ou venha de um bairro pobre, o militar sempre olha para os valores da classe média. Munido dessa lente quase invariável, o oficial não se sente confortável se morar num apartamento da Avenida Vieira Souto, em Ipanema, da mesma forma que estará deslocado num bairro da periferia. E, hoje, com os salários que lhes pagam, os tenentes, capitães e majores estão enfrentando o tipo pior das duas

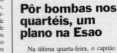

Pôr bombas nos quartéis, um plano na Esao

Na última quarta-feira, o capitão Sadon Pereira Filho foi preso por ordem do comando da Escola Superior de Aperfeiçoamento de Oficiais (Esao), no Rio de Janeiro, após entregar a seus superiores um manuscrito reivindicando melhores salários para a tropa e criticando a política salarial do governo. No mesmo dia, a repórter Cassia Maria, de VEJA, foi à Vila Militar, um conjunto de residências e instalações do Exército na Zona Norte do Rio, e conversou com dois capitães que cursam a Esao e com a mulher de um deles. Insatisfeitos com a política salarial do colega, com seus vencimentos e com o comportamento da cúpula do Ministério do Exército, os dois militares revelaram nessa conversa um plano que a mulher batizou de "Beco sem Saída", cujo objetivo era explodir bombas em várias unidades da Vila Militar, da Academia Militar das Agulhas Negras, em Resende, no interior do Rio de Janeiro, e em vários quartéis.

Os contatos da repórter com os militares se baseavam num acordo de sigilo. No momento em que se falou de bombas e atentados, a manutenção de qualquer acordo de cavalheiros se tornou impossível. A seguir, o relato da repórter:

"Fui recebida no apartamento 101 do prédio n.° 865 da Avenida Duque de Caxias por Lígia, mulher do capitão que se identificou apenas como 'Xerife'. Ele chegou poucos minutos depois, perto das 5 horas da tarde, contou que sua participação no grupo de oficiais da Esao que lidera o movimento por aumentos está sendo investigada pelo serviço de informações do Exército e disse que logo eu teria novidades sobre o assunto. Pouco mais tarde, chegou o capitão Jair Messias Bolsonaro, que em setembro do ano passado assinou um artigo protestando contra os baixos salários dos militares em VEJA. Na ocasião, ele acabou preso e houve uma onda de protestos de mulheres de oficiais contra a punição. 'São uns canalhas', afirmou Bolsonaro, ao comentar a prisão daquele dia. 'Terminaram as aulas de hoje mais cedo para que a maioria dos alunos estivesse fora da escola na hora de prenderem nosso companheiro.'

Em seguida, Bolsonaro contou que os alunos da Esao, onde estudam 350 capitães, planejavam ficar nos quartéis du-

Góes Monteiro: o poder do cadete

rante os dois dias da prisão do capitão Sadon, num ato de protesto. Nesse momento, a campainha tocou novamente. Fui levada para um dos quartos, por Lígia, para que não visse o oficial que acabava de chegar. Nos poucos minutos que ficamos ali, Lígia revelou-me alguns detalhes da operação Beco sem Saída. O plano consistia num protesto à bomba contra o índice de aumento para os militares que o governo anunciaria nos próximos dias. Caso o reajuste ficasse abaixo de 60%, algumas bombas seriam detonadas nos banheiros da Esao, sempre com a preocupação de evitar que houvesse feridos. Simultaneamente, haveria explosões na Academia Militar das Agulhas Negras e em outras unidades do Exército. 'Não haverá perigo', garantiu Lígia. 'Serão apenas explosões pequenas, para assustar o ministro. Só o suficiente para o presidente José Sarney entender que o Leônidas não exerce nenhum controle sobre sua tropa.'

Lígia pediu-me que jurasse não comentar o assunto com Bolsonaro e Xerife. De volta à sala, depois que o terceiro oficial se retirou, o assunto girou em torno do ministro Leônidas Pires Gonçalves, do Exército. 'Temos um ministro incompetente e até racista', disse Bolsonaro a certa altura. 'Ele disse em Manaus que os militares são a classe de vagabundos mais bem remunerada que existe no país. Só concordamos em que ele está realmente criando vagabundos, pois hoje em dia o soldado fica um ano inteiro pintando de branco o meio-fio dos quartéis, esperando a visita dos generais ou fazendo faxina e dando plantão.' Perguntei, então, se pretendiam realizar alguma operação

Bolsonaro: "Só algumas espoletas"

maior nos quartéis. 'Só a explosão de algumas espoletas', brincou Bolsonaro. Depois, sérios, confirmaram a operação que Lígia chamara de Beco sem Saída. 'Falamos, falamos, e eles não resolveram nada', disseram. 'Agora o pessoal está pensando em explorar alguns pontos sensíveis.'

Sem o menor constrangimento, o capitão Bolsonaro deu uma detalhada explicação sobre como construir uma bomba-relógio. O explosivo seria o trinitrotolueno, o TNT, a popular dinamite. O plano dos oficiais foi feito para que não houvesse vítimas. A intenção era demonstrar a insatisfação com os salários e criar problemas para o ministro Leônidas. De acordo com Bolsonaro, se algum dia o ministro do Exército resolvesse articular um novo golpe militar, 'ele é que acabaria golpeado por sua própria tropa, que se recusaria a obedecê-lo'. 'Nosso Exército é uma vergonha nacional, e o ministro está se saindo como um segundo Pinochet', afirmou Bolsonaro.

Nossa conversa durou 2 horas. Nesse tempo, falamos também sobre os planos do ex-presidente João Figueiredo de candidatar-se à sucessão de Sarney. 'Ele poderia contar com grande apoio', disse Xerife. 'Nós daríamos ao Figueiredo a oportunidade de terminar o que não conseguiu completar', afirmou o militar, sem explicar a que obra do ex-presidente se referia. A contragosto, Bolsonaro contou também um pouco de suas relações formais com o general Newton Cruz, ex-chefe da Agência Central do SNI. Segundo o capitão, ele e Cruz falam-se freqüentemente ao telefone e o capitão espera que o general promova um encontro com Figueiredo talvez no próximo mês. O plano Beco sem Saída foi confirmado também por um outro oficial, que não integra o grupo da Esao.

Na quinta-feira, num contato telefônico com Bolsonaro, perguntei se o anúncio do presidente cancelava a operação Beco sem Saída. 'O pessoal está pensando em esperar até novembro para ver o que acontece', explicou o capitão. 'Mas, se esperarem muito, acabarão não fazendo nada.' Nesse telefonema, Bolsonaro esclareceu: 'Eu estou fora disso'. E reafirmou: 'São apenas algumas espoletas. Não íamos fazer isso correndo o risco de perder uma parte de nossos corpos'. Sobre o capitão Luiz Fernando Walter de Almeida, que tomou a prefeitura de Apucarana, Bolsonaro contou ter estudado com ele. 'A tropa que o acompanhou no protesto não é ingênua', garantiu. 'Eles sabiam aonde estavam indo.' Nervoso, Bolsonaro advertiu-me mais uma vez para não publicar nada sobre nossas conversas. 'Você sabe em que terreno está entrando, não sabe?', perguntou. E eu respondi: 'Você não pode esquecer que sou uma profissional'."

Protesto de mulheres de oficiais no ano passado: contra a punição de Bolsonaro

inadequações: estão vivendo abaixo do padrão da classe média.

O próprio ministro do Exército, Leônidas Pires Gonçalves, é o primeiro a reconhecer a existência desse fosso. Recentemente, ao tentar convencer seu colega do Ministério da Fazenda, Luiz Carlos Bresser Pereira, a dar aumento aos militares, Leônidas valeu-se da experiência de um major que foi transferido para Porto Alegre com um salário de 35 000 cruzados e um aluguel de 25 000 a esperá-lo no novo posto. Os militares têm algumas vantagens óbvias, entre as quais a carreira com promoções garantidas, aposentadoria com ganhos iguais aos dos tempos da ativa e a proteção de uma instituição sólida, mais ou menos como acontece com os que se dedicam ao sacerdócio. No entanto, tudo isso começa a perder o brilho quando o oficial descobre que não pode mais pagar por uma casa decente. Quando compara seus vencimentos com os dos funcionários do Banco do Brasil, a burocracia mais qualificada do país, sente que está em plano inferior dentro da administração pública. E a comparação fica ainda pior quando examina a situação dos executivos da iniciativa privada. "Os militares estão descontentes como qualquer outra categoria assalariada", diz o general Alberto Evilásio de Barros Gondim, secretário de Segurança Pública de Pernambuco, comentando o caso de Apucarana. "Só que até os metalúrgicos do ABC paulista têm mais poder de barganha do que os fardados", acrescenta ele.

CRISE EM CASA — Num momento em que até um general da reserva se expressa dessa forma, entende-se a zanga de capitães e majores, que ganham muito menos, e a preocupação dos altos escalões das Forças Armadas, que conhecem a força desses quadros intermediários. No Exército, há mais capitães do que qualquer outra categoria de oficiais. Se esses capitães são somados aos majores, forma-se um contingente superior ao de todos os outros oficiais juntos. A equação, porém, só mostra sua face mais problemática ao

Boscacci Guedes: direto ao ponto

se examinar o papel do capitão e do major dentro das tropas — enquanto os generais comandam gráficos, mapas e planilhas, capitães e majores gerem a massa de homens fardados, diretamente, funcionando como correias de transmissão entre a cúpula e a base da força. O marechal Henrique Teixeira Lott, ministro da Guerra do governo JK, deve boa parte de sua reputação à fama de grande capitão conquistada por ele. "O que eu queria ser é a metade do que um cadete pensa que é", costumava brincar o general Góes Monteiro, condestável do Estado Novo. Ele também sentia que um capitão é o dobro do que qualquer cadete consegue ser. Pois é a esses homens, de idades entre 28 e 45 anos, que se pagavam vencimentos de secretária bilíngue, justamente no momento em que têm mais despesas com a família e estão entrando numa fase de definição de suas vidas, sem possibilidade de retorno.

Some-se outro fator e o quadro piora. As mulheres de oficiais, que eram em grande porcentagem domésticas há duas décadas, têm hoje com freqüência habilitações que lhes permitem ganhar mais do que os maridos. Isso deixa o capitão sob grave pressão familiar. Um dia fica claro que ele, com os seus constantes deslocamentos de cidade para cidade, comprometeu a profissão da mulher e não retribui à altura na conta bancária conjunta. A crise está formada. Nasce em casa, prospera no quartel e cria raízes na instituição inteira. "É claro que me preocupo com a possibilidade de que o capitão de Apucarana, que se sentou na mesa do prefeito, possa ter seu exemplo seguido por oficiais de patente mais elevada", diz o ex-ministro da Justiça Fernando Lyra, deputado do PMDB. "Agora, o clima não é de golpe. É de fome mesmo." Antes do reajuste da semana passada, um tenente ganhava 25 000 cruzados, o preço de um apartamento de dois quartos num bairro de classe média de São Paulo ou Rio de Janeiro.

Para resolver o desafio criado por essas situações, é preciso primeiro atacar o problema da moradia, o mais aflitivo para os oficiais de médio escalão e o mais complexo para o governo, que já sustenta um Exército na reserva do tamanho deste que está na ativa. Isso como remédio para o mal generalizado. Quanto aos espasmos localizados, como o da Esao e o de Apucarana, é necessário partir da premissa de que a disciplina militar foi ofendida e que o essencial, agora, é que sejam tomadas medidas de restabelecimento do controle sobre os focos de rebeldia. Achar que a bravata do capitão Almeida é um fato isolado equivale a analisar pelo mesmo prisma o caso do capitão Messias Bolsonaro, quando escreveu um artigo de protesto um ano atrás. Hoje, Bolsonaro conversa sobre bombas. Uma coisa, porém, não se deve fazer: chamar o Urutu, como ocorreu ao governo Sarney diante de uma greve na Central, no Rio de Janeiro, há seis meses, ou no badernaço de Brasília, em novembro do ano passado. ●

O Urutu na Central, no Rio de Janeiro: solução errada

Baionetas em Itaipu: nessa operação, contra operários

JORNAL DO BRASIL

Rio de Janeiro — Segunda-feira, 26 de outubro de 1987 — Ano XCVII — Nº 201 — Preço: CZ$ 20,00

Exército investiga terrorismo na Esao

O Centro de Comunicação Social do Exército anunciou que a Escola de Aperfeiçoamento de Oficiais (Esao), do Rio, vai apurar denúncias da revista *Veja* — edição que está nas bancas — de que um grupo de oficiais daquela unidade pretendia explodir bombas em diversas unidades do Exército caso o aumento para os militares fosse inferior a 60%.

A mulher de um dos participantes do plano, Lígia, disse a uma repórter da revista, em seu apartamento na Vila Militar, que o objetivo do plano — chamado *Beco sem saída* — era "assustar o ministro" e mostrar ao presidente Sarney que "Leônidas não exerce nenhum controle sobre a tropa".

Da conversa de duas horas, sobre a qual pediram sigilo, participaram o capitão Jair Bolsonaro, punido por ter sido autor de artigo publicado em setembro na *Veja* protestando contra os soldos baixos, e mais um oficial, que se identificou como *Xerife*. A conversa na Vila Militar, segundo a revista, foi na quarta-feira, dia em que foi preso na Esao o capitão Sadon Pereira Filho, de onde o documento entregue aos superiores com reivindicações de melhores salários. (Pág. 5)

O GLOBO — Segunda-feira, 26 de outubro de 1987

Exército prende Capitão e apura denúncia de atentados a dinamite

Bolsonaro nega ter dado entrevista e diz nada saber sobre as bombas

Capitão Jair Messias Bolsonaro

CAPITÃO É REINCIDENTE:
Artigo valeu 15 dias de prisão

Repercussão na imprensa das denúncias de *Veja*.

141

O GLOBO Quinta-feira 4/9/86

Mulheres de oficiais realizam manifestação na Vila Militar

Não havia faixas, ninguém gritou palavras de ordem, mas cerca de 30 mulheres de oficiais se reuniram ontem na quadra de esportes do condomínio da Escola de Aperfeiçoamento de Oficiais do Exército, na Vila Militar, para prestar solidariedade ao Capitão Jair Messias Bolsonaro. Ele vai ficar preso por 15 dias no 8º Grupo de Artilharia de Campanha, por ter criticado os baixos salários dos oficiais, em artigo na revista Veja.

A esposa de um capitão que, junto com outras cinco mulheres, conseguiu escapar ao bloqueio de soldados e oficiais que impediam o acesso da imprensa na área da manifestação, explicou as razões da presença delas. As seis mulheres não se identificaram — temendo prejudicar os maridos — mas revelaram que hoje estará pronta uma carta que será enviada ao Ministro do Exército, General Leônidas Pires Gonçalves, comunicando a insatisfação geral pelos baixos salários.

Desde às 14h, um grupo de mulheres de oficiais se concentrou na quadra de esportes, numa forma de solidariedade ao Capitão Bolsonaro, cuja casa — segundo elas — está sendo guardada por um soldado, desde a publicação da entrevista. O carro da reportagem foi recebido com tímidos aplausos, em função da presença do administrador do condomínio, Major

As mulheres reunidas na área de lazer do condomínio da Vila Militar

Tatton, que não deixou os repórteres se aproximarem. Elas faziam sinais enquanto o Major tratava de convencer que aquela concentração de mulheres não passava de uma "simples reunião de esposas de oficiais, comum em todas as tardes".

— Com a desistência da reportagem — depois do comunicado do Comandante da ESAO, General Clovis de Jacy Burman, de que não seria permitida a entrada no condomínio —, as seis mulheres seguiram de carro a reportagem de O GLOBO e o encontro acabou acontecendo em Vila Valqueire, um bairro depois da Vila Mi-

litar. Na Rua Alves do Vale, elas confirmaram a manifestação de solidariedade ao Capitão.

Entre as cerca de 30 mulheres que ontem participaram da manifestação na Vila Militar, estavam também esposas de oficiais da Praia Vermelha, onde funcionam a Escola de Comando e Estado Maior do Exército e o Instituto Militar de Engenharia. Da manifestação ficou decidido que hoje será escrita uma carta ao Ministro do Exército pedindo a liberdade do Capitão preso e a revisão dos salários baixos.

Mulheres de oficiais se solidarizam em protesto contra os baixos salários.

JORNAL DO BRASIL — Nacional — terça-feira, 27/10/87 □ 1º caderno □ 5

Exército ouve capitães, ignora denúncia e nega complô

O Comando Militar do Leste, depois de ouvir os capitães Fábio e Bolsonaro, cujos nomes completos não divulgou, resolveu desconsiderar a reportagem da revista Veja desta semana, que revela um plano de ação inclusive com atos terroristas, contra a política salarial do governo para as Forças Armadas.

"Sem dúvida alguma, notícias desse teor servem para intranqüilizar a opinião pública e procuram retratar um quadro que absolutamente inexiste no âmbito do Comando Militar do Leste, que se encontra voltado para suas atividades profissionais e no exato cumprimento de seus deveres constitucionais" — diz a nota assinada pelo tenente-coronel Luiz Cesário da Silveira Filho, oficial de relações públicas (5ª seção), do Comando.

A nota foi distribuída à imprensa pelo próprio tenente-coronel Cesário, no oitavo andar do prédio do antigo Ministério da Guerra, na Central do Brasil, no Rio, por volta das 20h30min.

Durante tudo o dia, no Rio, em Brasília e várias outras capitais, foram procuradas autoridades militares para falar, oficialmente, sobre a denúncia da revista. A resposta, com pequenas variações, era sempre a mesma: o assunto é do Comando Militar do Leste, que vai se manifestar.

Depoimentos — A nota do Comando Militar do Leste informa que, já no domingo, dia em que a edição de Veja circula apenas entre alguns assinantes, à noite, os capitães Fábio e Bolsonaro "foram chamados pelo subcomandante da Escola de Aperfeiçoamento de Oficiais para prestarem declarações sobre o que teriam dito à repórter daquela revista, Cássia Maria".

Em seguida, transcreve os depoimentos:

Capitão Fábio: "A repórter afirma que esteve em minha residência, situada à avenida Duque de Caxias, 885, apto 101, e que esteve circulando em um dos quartos. Nego veementemente o teor da reportagem, bem como nego que a conheça pessoalmente. Afirmo que a mesma nunca esteve em minha residência. Considero tal reportagem e as declarações nela citadas como obra de ficção."

Capitão Bolsonaro; "Ao tomar conhecimento da referida reportagem e após ler a matéria acima respondo o seguinte: considero uma fantasia o publicado, já vi a repórter Cássia algumas vezes na Vila Militar, sendo que uma vez abordado por ela, mandei que procurasse o general comandante da Escola de Aperfeiçoamento de Oficiais para providências, ou melhor, entrevistá-lo a respeito dos oficiais. Nego ter recebido ou participado de reunião na casa do capitão Fábio com a repórter Cássia."

Coronel aponta manobra da extrema direita

Objetivo principal seria desestabilizar processo democrático

Aristeu Moreira

SÃO PAULO — O Plano de explodir bombas em quartéis e outros protestos de oficiais das Forças Armadas contra baixos soldos encobrem, na verdade, "tem aniversamente mais amplo, com ramificações", articulado com o extremo direita civil e militar, com o objetivo real de desestabilizar o processo de transição democrática. Esta é a versão apresentada ontem pelo coronel da reserva Geraldo Lenhut Cavagnari, um dos principais estudiosos da questão militar no Brasil.

Fundador e diretor-adjunto do Núcleo de Estudos Estratégicos da Universidade Estadual de Campinas (Unicamp), o professor Cavagnari endossa uma das teses dos oficiais que lideraram a insubordinação: o ministro Leônidas Pires Gonçalves realmente não mantém as tropas sob controle. O coronel está convencido de que, se os atos anteriores de indisciplina tivessem sido punidos com rigor pelo ministro, os oficiais da Escola de Aperfeiçoamento de Oficiais (Esao) "não estariam pensando agora em atirar bombas nos quartéis".

Como exemplos de atos de indisciplina não punidos, Cavagnari apontou o manifesto do ex-presidente João Figueiredo, as manifestações políticas dos generais Newton Cruz e Coelho Neto, a fundação, por oficiais da ativa, da Associação Brasileira de Defesa da Democracia (ABDD), e conferências e atos políticos promovidos por esta entidade.

"Não há dúvida", observou Cavagnari, "de que toda essa movimentação tem ramificações, está articulada com a extrema direita militar e civil e tem o objetivo real de desestabilizar o processo de transição democrática".

Dirigente de um dos dois únicos núcleos de estudos estratégicos montados em universidades brasileiras — o outro funciona durante algum tempo no Rio de Janeiro —, Cavagnari diz estar certo de que "a extrema direita militar está determinada a transformar atos de pura indisciplina, gerados pela insatisfação com soldos, em manifestações de caráter político-ideológico".

Cavagnari: "Faltou punição"

O professor da Unicamp afirma que fundadores e dirigentes da ABDD, oficiais da ativa e generais da reserva que ocuparam cargos políticos, da direita e da extrema direita "querem fazer crer que manifestações de insatisfação de natureza econômica, são, na verdade, reações contra a ingovernabilidade demonstrada pelo poder e contra o processo redemocratizante".

"Apesar dessas preocupações, o professor Cavagnari mantém-se otimista: "perigo de golpe militar eu não vejo, mesmo porque dar um golpe é uma coisa e ter sucesso é outra". Para ele, o golpe militar não teria o apoio de segmentos expressivos da sociedade e os "grupos que têm sido denunciados pela imprensa — a ABDD, entre outros — têm alguma presença por aí, mas são a força que agregam".

— Os integrantes dessa ABDD são beneficiários do regime autoritário, sempre tiveram uma concepção autoritária do processo político nacional, sempre foram autoritários na forma de agir e são mais carecentes da democracia do que seus defensores — afirmou.

Para Cavagnari, o aumento de 100% concedido aos militares pelo presidente Sarney "é uma solução insuficiente". De qualquer modo, reafirmou, o ministro Leônidas Pires Gonçalves "não pode, em hipótese alguma, admitir atos de indisciplina". A seu ver, esses atos configuram a existência de "um problema muito grave, que exige, fartamente, solução rigorosa e imediata".

— Hoje, o ministro não comanda mesmo a tropa — sintetiza Cavagnari. Tal situação só será revertida se o general Leônidas "resolver, de forma oportuna e com eficácia, a questão da indisciplina".

Fuzis e munição são roubados em cidade da Bahia

FEIRA DE SANTANA (BA) — Cinco homens armados de escopeta invadiram na madrugada de ontem o Tiro de Guerra de Poções — subordinado ao comando da 6ª Região Militar — cidade a 444 quilômetros de Salvador, e levaram cinco fuzis do tipo — FAL — e vários caixas de munição. Eles chegaram à unidade militar por volta de 1h e renderam os dois sentinelas, fazendo alguns disparos para o chão.

Depois de controlar a guarda e distribuir o sistema de comunicação, os ladrões arrombaram uma salo onde estavam guardadas dezenas de fuzis, mas só levaram cinco deles. Em seguida, fugiram em uma Belina cinza, em direção à BR-116 (Rio-Bahia), que fica a 1 km de distância da cidade.

Na manhã de ontem, o sargento Jurandir Brito, comandante do Tiro de Guerra, prestou queixa na delegacia local, iniciando-se a partir daí a caça aos cinco assaltantes, de idade variando entre 25 e 30 anos, conforme relatou o escrivão da polícia de Poções, Romeu Macedo, para quem "os rapazes são ladrões perigosos".

— Os cinco homens, descritos como sendo todos fortes, levaram muitas caixas de balas de fuzil — FAL —, mas a polícia não sabe estimar quantas. A procura dos ladrões da arma ao não foi iniciada de tarde de ontem não se tinha qualquer notícia sobre seu paradeiro." Eles caíram na Rio—Bahia e é fica muito difícil encontrá-los", disse o escrivão Romeu Macedo. O serviço de telefone, danificado pelos assaltantes, não tinha sido restabelecido até ontem à tarde.

Arquivo

Capitão Bolsonaro confirmou o plano

Gravidade do plano levou a repórter a quebrar o sigilo

A revista Veja revela, em sua edição desta semana, a conversa mantida entre os capitães Jair Bolsonaro e Fábio, identificado apenas como Xerife, sobre o plano de explodir bombas nos quartéis para conseguir um aumento salarial. A repórter Cássia Maria conversou com os militares e tinha um acordo de cavalheiros de nada revelar sobre o teor da conversa. Diante, porém, da gravidade do plano dos militares, o sigilo foi quebrado.

Os detalhes do plano batizado de Beco Sem Saída foram revelados pela mulher do capitão Fábio, Lígia, no apartamento do casal na Vila Militar. Ali, de acordo com a repórter, houve uma reunião na quarta-feira passada entre os dois capitães e outro oficial que ela não pôde identificar. Após a reunião, Bolsonaro fez duras críticas ao ministro Leônidas Pires Gonçalves e confirmou o plano: "Só a explosão de algumas espoletas".

☐ O chefe da sucursal da revista Veja no Rio de Janeiro, Alessandro Porro, afirmou, ontem à noite, que a "Veja não muda nem uma vírgula de sua matéria sobre o plano dos militares". O jornalista disse que a revista mantém "do começo ao fim" as informações contidas na reportagem. Sobre o desmentido do Comando Militar do Leste, Alessandro Porro afirmou que a revista responderá à nota na sua próxima edição.

Capitães negam as denúncias de *Veja* e recebem apoio do ministro do Exército, Leônidas Pires Gonçalves.

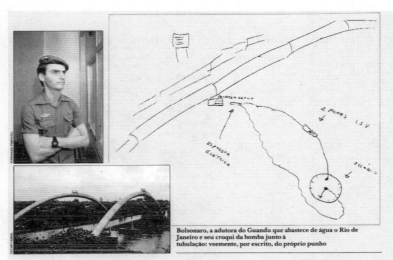

Bolsonaro, a adutora do Guandu que abastece de água o Rio de Janeiro e seu croqui da bomba junto à tubulação: veemente, por escrito, do próprio punho

MILITARES
De próprio punho

*O ministro do Exército
acreditou em Bolsonaro e Fábio,
mas eles estavam mentindo*

Na terça-feira da semana passada o ministro do Exército, general Leônidas Pires Gonçalves, estava com vontade de falar à imprensa. Numa entrevista de 40 minutos à porta do Palácio do Planalto, defendeu a estabilidade do governo, assegurou que detém o comando de sua tropa e acusou VEJA de ter fraudado uma notícia publicada em sua última edição, segundo a qual pelo menos dois capitães da Escola de Aperfeiçoamento de Oficiais, no Rio de Janeiro, insatisfeitos com os baixos salários, pretendiam espalhar bombas de pequena potência em unidades militares, no que denominavam operação Beco sem Saída. O objetivo, segundo eles, seria o de chamar a atenção dos superiores para a difícil situação financeira da oficialidade.

"Os dois oficiais envolvidos, eu vou repetir isso, negaram peremptoriamente, da maneira mais veemente, por escrito, do próprio punho, qualquer veracidade daquela informação", disse o ministro. Insatisfeito com a explicação do general, um repórter perguntou-lhe: "A negativa dos dois é suficiente e encerra qualquer investigação nesse caso?" Leônidas foi ardoroso na resposta: "Por que você está perguntando isso? Quando alguém desmente — peremptoriamente — e é um membro da minha instituição, e assina em baixo, em quem vou acreditar?" Em seguida, respondeu à própria pergunta, esclarecendo que acredita "nesses que são os componentes da minha instituição — e eu sei quem é minha gente".

Os dois capitães mencionados na reportagem de VEJA são Jair Messias Bolsonaro, 32 anos, e outro identificado pelos seus companheiros como "Xerife" e por seus comandantes apenas como Fábio. Ambos haviam feito seu desmentido com declarações manuscritas. Bolsonaro informara que jamais conversara sobre qualquer assunto com a repórter Cassia Maria, a autora da reportagem, enquanto Fábio assegurara jamais tê-la visto. Ao endossar esses desmentidos, o general Leônidas incorreu num dos maiores erros de apreciação de sua carreira militar. Bolsonaro e Fábio mentiram — peremptoriamente, da maneira mais veemente, por escrito e do próprio punho.

PROVAS DOCUMENTAIS — Bolsonaro escreveu que, procurado pela repórter, recusou-se a falar, recomendando-lhe que buscasse informações junto ao comando da Esao. Falso. Ele conhece a repórter Cassia Maria desde setembro do ano passado, e ela voltou a manter contato com o capitão no começo de outubro último para se informar sobre o descontentamento dos oficiais diante dos baixos salários. Ela procurava o capitão porque em setembro de 1986 ele escrevera um artigo para a seção Ponto de Vista, de VEJA, reclamando contra os baixos salários.

Entre os dias 6 e 21 de outubro, quando lhe confirmou a existência da operação Beco sem Saída, Bolsonaro encontrou-se com a repórter quatro vezes e nessas conversas queixou-se do comando, do ministro Leônidas, do presidente José Sarney e da vida. Dois desses quatro encontros deram-se na presença de testemunhas. Uma delas é o fo-

VEJA, 4 DE NOVEMBRO, 1987

Desmentida pelo ministro do Exército, *Veja* reafirma as denúncias de ameaças de bombas, publicando os croquis e atribuindo-os ao capitão Bolsonaro. [pp. 144-5]

tógrafo Ricardo Chvaicer, de VEJA, que presenciou uma conversa de Bolsonaro com a repórter na sala do apartamento do capitão, na Vila Militar. A segunda é o motorista Luís Antonio da Silva Coelho, também de VEJA, que estava dentro do automóvel da reportagem quando o capitão, descendo de sua motocicleta numa rua de subúrbio do Rio de Janeiro, conversou com a repórter dentro do carro. Uma terceira conversa de Bolsonaro com a jornalista, dessa vez por telefone, teve o testemunho de Alessandro Porro, chefe da sucursal de VEJA no Rio de Janeiro. Nesse telefonema, ocorrido no dia 22 de outubro, Bolsonaro insistiu com a repórter para que não publicasse as informações que havia recebido um dia antes. Tratava-se de manter em sigilo a urdidura de um plano para espalhar bombas em quartéis — atividade que constitui crime tanto na legislação militar quanto na civil, não importando o tamanho, a potência ou a intenção da bomba.

Além dessas provas testemunhais, há ainda duas outras, documentais. No dia 21 de outubro, quando exemplificava para Cassia Maria o que seriam as explosões de "apenas algumas espoletas", destinadas a demonstrar a fragilidade do comando de ministro Leônidas e da autoridade do presidente Sarney, Bolsonaro foi didático. Desenhou um croqui em que apareciam as tubulações do que seria a Adutora do Guandu, responsável pelo abastecimento de água do Rio de Janeiro, e, junto a elas, colocou o rabisco de uma carga de dinamite detonável por intermédio de um mecanismo elétrico instalado num relógio.

VEJA não publicou esse croqui em sua reportagem da semana passada porque Bolsonaro não deu a impressão de que estivesse realmente disposto a explodir o Guandu, e sim de que fazia uma exibição do mecanismo de funcionamento de um petardo — algo que não chega a ser notícia. Em todas as ocasiões que a repórter Cassia Maria ouviu referências às bombas da operação Beco sem Saída, elas vieram acompanhadas da ressalva de que não se destinavam a ferir ninguém. Assim, o croqui de Bolsonaro, caso fosse publicado junto com a reportagem, resultaria em exagero. Sua publicação agora, portanto, destina-se apenas a provar que o capitão mentiu ao repórter de VEJA e que o general Leônidas se precipitou ao acreditar nele.

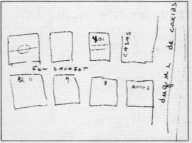

Outro desenho de Bolsonaro: mapa indicando a casa de Sadon

XEROCÓPIAS — Uma segunda prova documental de que não só Bolsonaro conversava sobre atos de indisciplina e crimes planejados com a repórter como também a ajudava a localizar outros oficiais que, no seu entender, pensavam da mesma maneira está num segundo croqui por ele desenhado, dando-lhe a localização da casa do capitão Sadon Pereira Pinto, que mora na Rua General Savaget. Bolsonaro mora nesta mesma rua, mas se havia esquecido do número da casa de Sadon. Este capitão, que foi preso há duas semanas pelo comando da Esao por ter encaminhado um protesto contra os baixos salários, nunca conversou com a repórter — nem VEJA afirmou isso.

O segundo desmentido em que se amparou o general Leônidas veio do capitão Fábio. Ele também mentiu: a repórter Cassia Maria esteve duas vezes em sua casa. Numa

dessas ocasiões o capitão deu-lhe um documento e ela, em companhia do motorista de VEJA e de uma pessoa da confiança pessoal do capitão, que viajou no banco da frente, foi a uma loja de xerocópias para reproduzir o papel, regressando ao edifício.

TRIGO E JOIO — Em nenhum momento qualquer autoridade militar solicitou a VEJA qualquer tipo de esclarecimento a respeito da reportagem mencionada pelos capitães. O Comando Militar do Leste chegou a afirmar que "notícias desse teor servem para intranquilizar a opinião pública e procuram retratar um quadro que absolutamente inexiste". Na verdade, notícias desse teor servem para alertar a opinião pública e retratam um esboço que efetivamente existe.

Quando o Comando Militar do Leste e o ministro do Exército preferiram chamar de mentiroso a quem publicava a verdade, dando aos mentirosos uma imunidade preestabelecida, levaram ao exagero uma doutrina segundo a qual sempre — e em qualquer circunstância — um oficial deve ser confundido com a instituição do Exército. Uma instituição como o Exército assenta-se muito mais em tradições, leis e normas do que na conduta individual de seus integrantes. Precisamente pelo fato de oficiais eventualmente procederem de forma errada existe um conjunto de leis que se denominado Código Penal Militar. Nele há toda uma processualística para a abertura de sindicâncias e inquéritos, sem se encontrar uma só linha que defina outorgas de imunidade.

É esse conjunto de leis que está sendo usado no Paraná para enquadrar o ato de um capitão, Luiz Fernando Walther de Almeida, que há duas semanas tomou a prefeitura da cidade de Apucarana à frente de cinqüenta soldados armados para protestar contra os soldos insuficientes. Na sua entrevista de terça-feira, o general Leônidas classificou esse ato como mera "inconveniência disciplinar". No caso de Fábio e Bolsonaro, quando o general Leônidas disse no Palácio do Planalto que "eu sei quem é minha gente", fez uma confusão entre o que efetivamente é a oficialidade e dois capitães que, além de estarem envolvidos no planejamento de atos de indisciplina e de crimes contra a instituição militar e suas instalações, estavam também mentindo. Ao invés de separar o joio do trigo, decidiu ficar com o joio. ●

Almeida *(de óculos)*: "Inconveniência disciplinar"

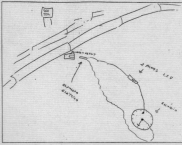

Generais prestigiam o general Leônidas Pires Gonçalves.
Veja reafirma as denúncias com a publicação dos croquis.

Noticiário do Exército

Centro de Comunicação Social — Brasília, 5ª feira, 25 de fevereiro de 1988 — ANO XXXI — Nr 7 449

A VERDADE: UM SÍMBOLO DA HONRA MILITAR

O CADETE – futuro oficial do Exército - ao ingressar na Academia Militar das Agulhas Negras recebe uma miniatura da espada de CAXIAS declarando solenemente: "Recebo o sabre de CAXIAS como o próprio símbolo da honra militar".

Dentro dessa máxima é formado o oficial do Exército Brasileiro. É o culto aos valores morais da honestidade, da lealdade, da coragem moral e do amor à verdade.

O Código de Honra é, pois uma das instituições mais caras, não somente ao oficial, mas, como de resto a todos os integrantes do Exército. Esse, seguramente, é o motivo pelo qual, no RDE, o FALTAR À VERDADE inicia a lista das transgressões disciplinares.

Ao oficial cabe a responsabilidade e a obrigação de zelar pela disciplina e pela preservação dos valores morais no universo de seus subordinados. FALTAR À VERDADE, transgressão disciplinar grave, desta maneira, pode ganhar contornos ainda mais sérios quando praticada por oficial e sem circunstâncias que a atenuem.

Neste caso se enquadram os acontecimentos em que se envolveram os Capitães Bolsonaro e Fábio.

São oficiais que, quando Cadetes empunharam o símbolo da própria honra militar e sobre ele prestaram solene juramento.

Ao longo de suas carreiras, aprenderam e conheceram o verdadeiro significado de tal valor.

No entanto, conscientemente, faltaram com a verdade e macularam a dignidade militar. Foi a conclusão a que chegaram os integrantes de Conselhos de Justificação ao analisarem documentos que aqueles oficiais redigiram de próprio punho.

Tornaram-se, assim, estranhos ao meio em que vivem e sujeitos tanto à rejeição de seus pares como a serem considerados indignos para a carreira das armas.

Na guerra, já plena de adversidades, não se pode admitir a desonra e a deslealdade que não do lado inimigo, jamais do lado amigo.

O Ministro do Exército, responsável maior pela manutenção dos valores primeiros de nossa Instituição, acaba de homologar os pareceres dos Conselhos de Justificação que consideraram os dois Capitães como tendo faltado à verdade em circunstâncias absolutamente vazias de atenuantes e justificativas.

Não deve ser esquecido que, inicialmente, o Ministro confiou na palavra dos dois Capitães, desde o momento em que, chamados à presença de seu Comandante, negaram e ratificaram, por escrito, declarações e atitudes a eles atribuídas por uma repórter.

No entanto, havia a denúncia e era imprescindível tudo apurar para que dúvida não pairasse.

Lamentavelmente para a Instituição a verdade apurada modificou a primeira impressão e, conseqüentemente, teve que ser modificada a atitude inicial.

O fato e tais circunstâncias tornaram os dois oficiais passíveis de serem considerados impedidos de continuarem a pertencer aos quadros de nosso Exército, se assim forem julgados pelo STM.

O Exército tem, tradicionalmente, utilizado todos os meios legais para extirpar de suas fileiras aqueles que, deliberada e comprovadamente, desmerecem a honra militar.

A verdade é um símbolo da honra militar.

Boletim do Centro de Comunicação Social do Exército (CCOMSEx), de fevereiro de 1988, acusa Bolsonaro de "faltar com a verdade e macular a dignidade militar".

147

Conselho de Justificação do Exército condena Bolsonaro por 3 a 0.
Acusado de ameaçar a repórter de *Veja*, Cassia Maria, o capitão negou.

2ª Edição — Política

Elisabete defendeu os capitães contrapondo laudo do Exército ao da Polícia Federal

STM absolve capitães acusados de planejar protesto com bomba

BRASÍLIA — O Superior Tribunal Militar, em reunião secreta que começou às 17h30min e terminou às 23h15min, absolveu por maioria de votos os capitães Jair Messias Bolsonaro e Fábio Passos da Silva. Segundo reportagem da revista Veja de outubro de 1987, os dois oficiais estavam envolvidos na *Operação Beco Sem Saída*, um plano que previa a explosão de bombas em quartéis do Exército para mostrar o descontentamento da oficialidade com os baixos vencimentos.

A advogada Elisabete Souto baseou a defesa na alegação de que o Conselho de Justificação — que em fevereiro condenou Bolsonaro e Passos em primeira instância, considerando que haviam violado a honra militar ao negarem a acusação — ignorou o laudo do exame grafotécnico da Polícia do Exército, que conclui pela impossibilidade de comprovar se o croqui da operação, publicado por Veja, era da autoria dos acusados. O laudo da Polícia Federal apontou indícios de que o desenho fora feito por Bolsonaro.

Dos 15 ministros do STM, apenas dois — general Jorge Sant'Ana e brigadeiro Jorge de Carvalho — não participaram do julgamento. O plenário do tribunal foi composto pelos generais Sérgio de Ari Pires (relator do processo do capitão Bolsonaro), Ericssen da Fonseca (relator do processo do capitão Fábio) e Alzir Chaloub; brigadeiros Belham da Mota e Antônio Geraldo Peixoto (presidente); almirantes Rafael de Azevedo Branco, Lael Ferreira e Andersen Cavalcante; ministros civis Paulo César Cataldo, Aldo Fagundes, José Luís Clerot, Rui Pessoa e Antônio Carlos Seixas Teles.

O procurador militar Menases da Costa Filho não atuava na acusação porque, pelo novo regimento do STM, que entrou em vigor no ano passado, caso julgado por Conselho de Justificação da Justiça Militar deixou de ser processo judicial, transformando-se em processo administrativo.

Repórter contesta — O capitão Fábio afirmou no Conselho de Justificação que jamais havia visto a repórter Cassia Maria. Em seu depoimento, Cassia Maria não só descreveu o capitão, como também sua mulher Lígia, que lhe revelou os planos da *Operação Beco Sem Saída* Lígia e o capitão Fábio, também conhecido como *Xerife*, entregaram a Cassia Maria documento escrito pelo capitão Sadon Pereira Pinto, reivindicando aumento de vencimentos.

Por causa do documento, Sadon foi punido com prisão pelo comandante da EsAO (Escola de Aperfeiçoamento de Oficiais). O capitão Fábio confirmou a prisão de Sadon quando recebeu a repórter em sua casa.

No depoimento, o capitão Bolsonaro afirmou que, ao saber pelos jornais da entrevista da repórter Cassia Maria, denunciando ter sido ameaçada de morte por ele, comunicou imediatamente o fato ao Conselho de Justificação. Mentira. A própria testemunha fez a denúncia ao Conselho, no mesmo dia em que foi ameaçada e que prestava seu primeiro depoimento.

A repórter Cassia Maria, ao contrário do que afirmou a defesa, não foi afastada da revista Veja logo após a publicação da reportagem. Ela foi convidada pela sucursal do JORNAL DO BRASIL em Brasília a integrar seu quadro de repórteres e por isso pediu demissão da revista.

No dia em que esteve em casa de Bolsonaro, convidada para um um churrasco, Cassia Maria encontrou-se com outro capitão da EsAO. O capitão não quis se identificar reclamou da presença da repórter na casa de Bolsonaro, insinuando que isso poderia quebrar o sigilo da operação. Mais tarde, em seu depoimento no Conselho de Justificação, Cassia Maria reconheceu o oficial como sendo o capitão Júlio Lemos.

A advogada Elisabete Souto contestou o laudo do exame grafotécnico feito pela Polícia Federal, que aponta o capitão Bolsonaro como autor do croqui apresentado à repórter. O capitão não só fez o esboço da operação, como, através de outro desenho, ensinou à repórter a chegar à casa do capitão Sadon, que tinha sido preso naquele dia.

Militares

STM absolve suspeitos de planejar terror

BRASÍLIA
AGÊNCIA ESTADO

O Superior Tribunal Militar (STM) absolveu ontem, após nove horas de reunião, os capitães Jair Bolsonaro e Fábio Silva, da Escola de Aperfeiçoamento de Oficiais (Esao), que, segundo a revista Veja estavam envolvidos num plano de atentados a bomba à escola e à estação de tratamento de água do Guandu, no Rio. Veredicto dos 11 ministros (dois faltaram à sessão de ontem) foi divulgado às 23h15, mas não se especificou o número de votos a favor ou contra a absolvição.

O resultado era esperado pelos assessores do tribunal, apesar do empenho do ministro do Exército, general Leônidas Pires Gonçalves, em condenar e expulsar os dois oficiais. Isso porque o Conselho de Justificação a que foram submetidos Bolsonaro e Silva concluiu que eles haviam mentido ao negar as denúncias da revista.

A advogada de defesa, Elizabeth Souto, baseou sua argumentação especialmente na inexistência de provas contra o capitão Bolsonaro, mesmo procedimento que adotou na semana passada no julgamento do capitão Silva. Elizabeth chamou a atenção do STM para o fato de o Conselho de Justificação não ter levado em conta, na condenação dos dois militares, as numerosas contradições existentes no relatório e nos depoimentos tomados durante a fase de acareação.

No julgamento do Superior Tribunal Militar (STM), Bolsonaro foi absolvido por 9 a 4. Sua advogada, dra. Elizabeth (na foto), defendia presos políticos.

O julgamento no STM, na semana passada: 9 a 4 após uma sessão que durou 10 horas

MILITARES
Palavra final
STM absolve capitães da Beco sem Saída

O Superior Tribunal Militar decidiu na quinta-feira da semana passada que os capitães Jair Messias Bolsonaro e Fábio Passos da Silva devem continuar pertencendo aos quadros do Exército. Por nove votos contra quatro, os ministros derrubaram o pedido feito pelo ministro do Exército, Leônidas Pires Gonçalves, que desejava expulsá-los da corporação por terem mentido ao desmentir uma denúncia publicada por VEJA em outubro do ano passado, segundo a qual pretendiam organizar atos de protesto contra os baixos vencimentos dos militares.

A maioria dos ministros do STM acolheu a defesa dos capitães, que insistiram no desmentido e se consideraram vítimas de um processo viciado. Durante o julgamento, num acontecimento inédito, o subprocurador-geral da Justiça Militar, Milton Menezes da Costa Filho, tentou usar a palavra, mas ela lhe foi negada pelo presidente do Tribunal, brigadeiro Antônio Geraldo Peixoto, baseado numa jurisprudência segundo a qual a promotoria, por ser parte interessada, deve ouvir em silêncio.

Bolsonaro e Fábio foram acusados por VEJA de serem articuladores do que denominavam "Operação Beco sem Saída", um movimento de protesto de oficiais contra os baixos vencimentos dos militares. Concebida por capitães que cursavam a Escola de Aperfeiçoamento de Oficiais, no Rio de Janeiro, a Operação Beco sem Saída incluiria diversas manifestações, podendo chegar, pela narrativa de Bolsonaro, à explosão de bombas em banheiros vazios na Esao e na Academia Militar das Agulhas Negras. Essas informações foram dadas por Bolsonaro à repórter de VEJA Cássia Maria. O capitão era um veterano dissidente da política salarial do Exército. Em setembro de 1986 ele escreveu um artigo em VEJA protestando contra os baixos soldos e foi preso por trinta dias por ordem do ministro do Exército.

PRONTUÁRIO E BIOGRAFIA — VEJA decidiu publicar as informações referentes à Operação Beco sem Saída por se tratar de um plano para a consecução de um crime. Diante da denúncia, os dois capitães desmentiram por escrito que conhecessem a repórter. Dias depois, o general Leônidas defendeu-os dizendo que "eu conheço a minha gente".

Na sua edição de 4 de novembro de 1987, para demonstrar que Bolsonaro havia conversado com a repórter que dizia não conhecer, VEJA publicou um croqui, desenhado dias antes pelo capitão e a anotação de um endereço. No rabisco, Bolsonaro mostrara à repórter como se poderia ligar um petardo à adutora de água do Guandu para explodi-la. A revista não publicara o desenho na edição anterior porque Bolsonaro, ao mostrar o funcionamento da bomba, não dissera que pretendia explodir a adutora.

Levados a um Conselho de Justificação, os dois capitães viram-se acareados com a repórter, mas mantiveram suas negativas. Um laudo pericial da Polícia do Exército informou que as notas de Bolsonaro não permitiam comparações caligráficas, pois ele usara letra de imprensa. Outro laudo, da Polícia Federal, informou que a caligrafia da nota é do capitão Bolsonaro.

Em fevereiro passado, o Conselho de Justificação decidiu que havia a forte suspeita de que os capitães tivessem mentido e remeteu a sugestão de afastamento dos dois ao STM. O ministro Leônidas, depois de reconhecer que as denúncias de VEJA tinham fundamento, endossou publicamente a sugestão do Conselho de Justificação.

Durante o julgamento, a defesa dos capitães acusou o general Leônidas de ter prejulgado o caso. Num momento de indiscutível má-fé ou delírio, a advogada de Bolsonaro informou aos ministros do STM que a repórter Cássia Maria, que atualmente trabalha no *Jornal do Brasil*, foi demitida da revista VEJA por falta de confiança profissional. Jamais a direção de VEJA recebeu qualquer consulta a respeito do conceito profissional da repórter, que sempre foi o de uma jornalista qualificada. A informação de que ela foi demitida é mentirosa e se algum dos ministros do STM nela acreditou foi simplesmente ludibriado.

A sentença judicial do STM encerra o caso, que a partir de agora passa a fazer parte da história da corte, da história de VEJA e da biografia do capitão, bem como de seu prontuário. ●

Bolsonaro: croqui é verdadeiro

VEJA, 22 DE JUNHO, 1988

Veja noticia o julgamento do STM, reafirmando que "o croqui é verdadeiro".

Brasil — JORNAL DO BRASIL

Figueiredo e Newton Cruz felicitam Bolsonaro

General pede que capitão agora use outras armas

Florência Costa

Pelo menos dois generais gostaram da eleição do capitão do Exército Jair Messias Bolsonaro (PDC, 11.062 votos) para vereador do Rio: o general da reserva Newton Cruz e o ex-presidente João Baptista Figueiredo. O primeiro vai ser, inclusive, "padrinho" de Bolsonaro no dia da posse, 1º de janeiro. Figueiredo — que Bolsonaro conheceu depois de ter deixado a Presidência da República, e chegou até a visitá-lo no sítio do Dragão, em Petrópolis — mandou-lhe um recado, através de um amigo de Bolsonaro, parabenizando-o pela eleição.

Jair Bolsonaro — acusado de ter planejado, no ano passado, a operação *Beco sem saída*, um plano de explosão de bombas em quartéis do Rio, num protesto contra os baixos salários da tropa — recebeu ainda um telegrama do general Newton Cruz: "Felicito prezado amigo brilhante eleição. Espero vê-lo continuar mesma luta com outras armas. Abraços."

Prêmio — O capitão — que em junho deste ano foi julgado e absolvido pelo Superior Tribunal Militar — é muito grato em todos os momentos difíceis de minha vida, ele esteve ao meu lado." Quando Bolsonaro foi preso, no 8º GAC (Grupo de Artilharia de Campanha, onde serviu de 83 a 86), por ter publicado em setembro de 86 um artigo na revista *Veja*, no qual protestava contra os baixos salários dos militares, o general chegou até a mandar-lhe um telegrama:

"Na qualidade de general da reserva, cidadão e político, expresso meu acordo e minha tristeza com as dificuldades econômicas a que estão submetidos os militares relatados em seu artigo na *Veja*. A grandeza e os sacrifícios da vida de soldado exigem tratamento condigno. Espero que, neste caso, os chefes militares e o comandante supremo das Forças Armadas, sensibilizados para o problema, adotem urgentes providências administrativas que o caso requer".

A maioria dos 11.062 votos de Bolsonaro, segundo ele, foi de militares. Ele ficou na 16ª colocação geral, depois de uma campanha marcada, segundo conta, "por muitas perseguições", atribuídas por ele mesmo "à comunidade de informações do Exército", como são denominados os organismos encarregados de investigar a vida dos cidadãos. A comunidade, diz Bolsonaro, "trabalhou a serviço de alguns setores do Exército".

Sorridente, o capitão — que agora passará para a reserva remunerada do Exército, recebendo cerca de Cr$ 300 mil por mês, aos quais acrescentará os vencimentos de vereador — curte o gostinho da vitória: "Fui submetido ao julgamento das urnas e fui aprovado. Não gosto da ideia de sair do Exército, mas, pelo menos, estou ganhando liberdade para expressar o que eu penso. Esse foi o maior prêmio da minha eleição."

Disciplina — A moralidade da Câmara Municipal é uma das suas maiores preocupações. Revoltado com o empreguismo que caracteriza o Legislativo Municipal, Bolsonaro pretende unir-se aos vereadores que estão dispostos a acabar com as mordomias e com os funcionários fantasmas: "Os novos vereadores têm que começar pelo próprio gabinete. Acho um absurdo que cada um tenha a seu dispor 18 assessores. Minha primeira atitude na Câmara será elaborar um projeto que diminua em 50% o número de assessores dos vereadores".

O futuro líder do PDC — o outro vereador eleito do partido é o militar da reserva Ivanir de Mello, com 5.639 votos — adianta que não pretende dificultar em nada a gestão do prefeito eleito Marcello Alencar, do PDT: "Marcello nem precisará me pedir apoio a seus projetos porque ele o terá, desde que sejam projetos do interesse da população do Rio." Na semana passada, Bolsonaro esteve na Câmara, fazendo um "reconhecimento do terreno", como disse. Não teve boa impressão: "Vi muita gente botada nos gabinetes e muita sujeira também". Além do mais, saiu frustrado. Acostumado à rígida disciplina militar e pouco familiarizado com a prática legislativa, Bolsonaro foi atrás de normas regimentais que pautassem sua atuação de vereador. Não achou nada e ficou decepcionado.

O grande sonho do capitão é tornar-se deputado federal, "para poder lutar por algumas reivindicações elementares da tropa". Segundo ele, a mais urgente medida seria a criação de uma lei de promoção de subtenentes e sargentos. "Eles ficam numa situação indefinida, o que prejudica o profissionalismo desses militares, que não podem fazer planos de suas carreiras, como acontece com os oficiais. A promoção desses militares fica subordinada aos conceitos de seus superiores. Conceitos subjetivos que, muitas vezes, não correspondem à verdade." Além disso, Bolsonaro defende maior liberdade de expressão para o militar, que hoje é proibido de se manifestar sem ordem de seu superior: "Vivemos numa democracia, onde os militares deveriam ter maior participação na política, já que estamos subordinados à política".

Bolsonaro: maior liberdade de expressão para o militar

Bolsonaro entra na política, elegendo-se vereador no Rio de Janeiro.

O jornalista Ali Kamel na redação da sucursal de *Veja*, no Rio, em 1987.

O pedido da demissão da repórter Cassia Maria.

-19 88   1º VOLUME

Contém 03 volumes

Superior Tribunal Militar

N. 129-9

DISTRITO FEDERAL

Gen. Ex. Sérgio de Ary Pires

Dr. Aldo do Silva Fagundes

CONSELHO DE JUSTIFICAÇÃO

O Excelentíssimo Senhor Ministro de Estado do Exército, em cumprimento ao disposto no art. 13, inciso V, alínea "a", da Lei nº 5.836/72, encaminha os autos do Conselho de Justificação a que foi submetido o Cap Ex. JAIR MESSIAS BOLSONARO.

ADVOGADA: DRA. ELIZABETH D. MARTINS SOUTO.

SUPERIOR TRIBUNAL MILITAR
ARQUIVO
EM 17/03/89

AUTUAÇÃO

Aos 18 dias do mês de fevereiro de 19 88, neste Superior Tribunal Militar, faço a presente autuação.

Técnico Judiciário

A capa dos autos do Conselho de Justificação
contra Jair Bolsonaro, arquivados no STM.

154

RESERVADO

MINISTÉRIO DO EXÉRCITO
D E P - D F A
ESCOLA DE APERFEIÇOAMENTO DE OFICIAIS

RIO DE JANEIRO, RJ, 27 Out 87

Port nº 29-Sind

Do Comandante da Escola de Aperfeiçoamento de Oficiais

Ao Sr Ten Cel RONALDO JOSÉ FIGUEIREDO CARDOSO

Assunto: Instauração de Sindicância

Tendo chegado ao meu conhecimento os fatos narrados em reportagem constante da revista VEJA nº 999, de 28 Out 87, envolvendo o nome de oficiais integrantes desta Organização Militar, designo-vos para proceder a uma Sindicância a fim de apurar os fatos constantes da mesma.

Gen Bda MÁRIO SÉRGIO RODRIGUES DE MATTOS
Comandante da Es A O

RESERVADO

A instauração de sindicância na Escola de Aperfeiçoamento (EsAO) de Oficiais para apurar as denúncias da revista *Veja*.

155

[RESERVADO]

Portaria Ministerial nº 061 de 07 de dezembro de 19 87

O Ministro de Estado do Exército, de acordo com os artigos 4º e 5º da Lei nº 5.836, de 05 de dezembro de 1972,
RESOLVE:
Nomear o Cel Cav QEMA (019486150-6) MARCUS BECHARA COUTO, o Ten Cel Inf QEMA (015330370-6) NILTON CORRÊA LAMPERT e o Ten Cel Inf QEMA (010196741-2) CARLOS JOSÉ DO CANTO BARROS para, sob a presidência do primeiro constituírem o Conselho de Justificação a que será submetido o Cap Art (020935882-9) JAIR MESSIAS BOLSONARO.

[RESERVADO]

O ministro do Exército nomeia o Conselho de Justificação do Exército para julgar Bolsonaro.

156

RESERVADO

MINISTÉRIO DO EXÉRCITO
DEPARTAMENTO GERAL DO PESSOAL
DIRETORIA DE CADASTRO E AVALIAÇÃO

CERTIDÃO

Em cumprimento ao despacho do Vice-Chefe do Departamento-Geral do Pessoal (DGP), exarado na mensagem direta nº 68-SA 1.21 de vinte e sete de novembro de mil novecentos e oitenta e sete, urgente, reservado, do Chefe de Gabinete do Ministro do Exército, determinando seja fornecido certidão do que consta na Ficha de Informações (FI) referente ao segundo semestre de mil novecentos e oitenta e três, do Capitão de Artilharia **JAIR MESSIAS BOLSONARO** - CP 18658-5, para fim de instruir Conselho de Justificação, **CERTIFICO** que em dados extraídos da parte "C", da citada Ficha de Informações (FI) consta que: "Deu mostras de imaturidade ao ser atraído por empreendimento de "garimpo de ouro". Necessita ser colocado em funções que exijam esforço e dedicação, a fim de reorientar sua carreira. Deu demonstrações de excessiva ambição em realizar - se financeira e economicamente." E, nada mais constando relativo à parte "C" da Ficha de Informações (FI), eu, JOÃO MARIA DE MEDEIROS, tenente-coronel da Arma de Cavalaria, Chefe da Segunda Seção - Avaliação, da Diretoria de Cadastro e Avaliação, mandei passar a presente Certidão que vai por mim datada, assinada e autenticada com o Selo Nacional. Brasília, DF, em 27 de novembro de 1987.

JOÃO MARIA DE MEDEIROS - Ten Cel Cav
Ch 2ª Sec/DCA

MINISTÉRIO DO EXÉRCITO
GABINETE DO MINISTRO
-1.DEZ 87
PROTOCOLO
SIGILOSO

RESERVADO

A pedido do ministro do Exército, a 2ª Seção informa que a ficha de Bolsonaro contém crítica desabonadora por "mostras de imaturidade ao ser atraído por garimpo de ouro".

RESERVADO

MINISTÉRIO DO EXÉRCITO	FICHA DE IDENTIFICAÇÃO
DEP — DFA	GUARNIÇÃO DE **AGULHAS NEGRAS**
AMAN — 63105	Fs. 06

NOME: JAIR MESSIAS BOLSONARO

FILIAÇÃO: PERCY GERALDO BOLSONARO e OLINDA BONTURI BOLSONARO

DATA DE NASCIMENTO: 21 Mar 55

NATURAL DE: CAMPINAS -SP

ESTADO CIVIL: SOLTEIRO

Nº DE REGISTRO DE IDENTIDADE: 2G-093.588-B

DATA DA IDENTIFICAÇÃO: -x-

CÚTIS: BRANCA

CABELO: CAST MED LISOS

BARBA: RASPADA

BIGODE: RASPADO

ALTURA: 1,85m

OLHOS: AZUIS

TIPO SANGUÍNEO: "O"

FATOR RH: POSITIVO

SINAIS PARTICULARES: -x-

OUTRAS NOTAS: -x-
.:.

QUARTEL EM AGULHAS NEGRAS, 21 DE MAIO DE 1977

Por delegação

Gen Bda SYLVIO OCTÁVIO DO ESPÍRITO SANTO
Comandante da AMAN

LUIZ GONZAGA CARNEIRO SARAHYBA
Cel Subcomandante da AMAN

RMSC

RESERVADO

A ficha de informação do cadete 531 no ano de formação na Aman.

```
·  A M A N                        Fs. 18          FOLHA Nº ..2...
Continuação das Folhas de Alterações          2º .SEMESTRE DE 19.75.
do .Cad-JAIR. MESSIAS.BOLSONARO        PERIODO: de18.Jul. a 31.Dez
```

Louvo-o pelo esforço, tenacidade, zelo e dedicação revelados /
nos treinamentos e na apresentação do Corpo de Cadetes durante
o desfile militar de 7 Set em comemoração ao Dia da Pátria, caracterizados pelos garbo, precisão de movimentos e marcialidade honrando as tradições mais caras da Academia. (INDIVIDUAL).
A 24 Out, pelo Bol Int Nr 202, foi público ter sido elogiado /
pelo Cap Comandante da 5a Companhia do Curso Básico nos seguintes termos: Cadete Nr 531-JAIR MESSIAS BOLSONARO - Pela inteireza moral demonstrada ao apontar erro de grau em VO, mesmo sabendo que tal procedimento iria diminuir seu grau. Tal atitude
é um exemplo a ser seguido por seus pares, pois bem caracteriza a noção do valor moral tão importante para o militar em formação. (INDIVIDUAL).
(Solução ao Encaminhamento Nr 614-S1, de 22 Out 75, do Ten Cel
Cmt C Bas, referente à Parte Nr 75, de 22 Out 75, do Cap Cmt /
5a Cia C Bas).
4 - MANOBRAS E EXERCICIOS:-
A 10 Nov 75, pelo Adit Nr 03/CC, ao BI Nr 213, foi público que
o Maj Instr Ch da SIEsp, participou que na realização do Estágio de Patrulha I e Patrulha II, realizado no corrente ano obte
ve o seguinte resultado: PATRULHA I "R" e PATRULHA II "B".
5 - PARADA DE SETE DE SETEMBRO:-
A 19 Set 75, e Bol Int Nr 178, foi público ter participado do
desfile militar do dia 07 Set 75, na cidade do Rio de Janeiro.
6 - EXAMES:-
Em Dez 75, nos exames finais do 2º Ano do C Bas, a que foi submetido obteve os seguintes resultados: Topografia 7,8; Física
II 6,4; Gpt I 9,5; Gpt II 7,3; Gpt III 6,3; Estatística 8,8; /
Mecânica 8,5; Psicologia I 6,3.

QUARTEL EM AGULHAS NEGRAS, 01 DE JUNHO DE 1977.

                     Gen Bda SYLVIO OCTÁVIO DO ESPÍRITO SANTO
                              Comandante da AMAN
        Por /delegação.

        LUIZ GONZAGA GAMEIRO SARAHYBA
        Cel Subcomandante da AMAN

                                           RMSC

                          RESERVADO

Elogios pelo "garbo, precisão de movimentos e marcialidade" de Bolsonaro.

RESERVADO

Fs. 105

8º GAC PQDT   FOLHA N.° 02

Continuação das Folhas de ALTERAÇÕES   2º SEMESTRE DE 1986

do Cap Art JAIR MESSIAS BOLSONARO   PERÍODO: de 1º Jul a 31 Dez

desconto em férias.

- BI nº 219, de 24 Nov 86, concedeu-lhe 25 dias restantes de férias.

4. FÉRIAS
- BI nº 179, de 25 Set 86, concedeu-lhe 05 dias de dispensa para
desconto nas férias de 1985, devendo apresentar-se pronto para
serviço em 28 Set 86.
- BI nº 219, de 24 Nov 86, concedeu-lhe 25 dias restantes das férias de 1985, devendo apresentar-se pronto para o serviço em 19
Dez 86.

5. PUNIÇÃO DE OFICIAL
- BI nº 163, de 03 Set 86, foi punido pelo Comandante da Bda Inf
Pqdt, por ter elaborado e feito publicar em revista semanal, de
tiragem nacional, sem conhecimento e autorização de seus superi
ores, artigo em que tece comentários sobre a política de remune
ração do pessoal civil e militar da União; ter abordado aspectos da política econômico-financeira do governo fora de sua esfera de atribuições e sem possuir um nível de conhecimento global que lhe facultasse a correta análise; por ter sido indiscre
to na abordagem de assuntos de caráter oficial comprometendo a
disciplina; por ter censurado a política governamental; por ter
ferido a ética gerando clima de inquietação no âmbito da OM, da
GU e da força e por ter contribuido para prejudicar o excelente
conceito da tropa Pára-quedista no âmbito do Exército e da Nação "(nº 63, 65, 66, 68 e 106 do Anexo I. Agravantes do nº 2 e
letra "c" do nº 6 do Art 19. Tudo do RDE. Transgreção GRAVE). /
Fica preso por 15 (quinze) dias. Esta punição é a contar de 01
Set 86. Deixo de aplicar maior punição em virtude de ser a pri
meira punição do Oficial (Bol I nº 162 de 02 Set 86/Cmdo   Bda
Inf Pqdt).

6. OUTROS
a. INSPEÇÃO DE SAÚDE

RESERVADO

A punição com quinze dias de prisão disciplinar depois
do artigo "O salário está baixo", na revista *Veja*.

8º GAC PQDT

Continuação das Folhas de ALTERAÇÕES
do Cap Art JAIR MESSIAS BOLSONARO

FOLHA N.º 04
2º SEMESTRE DE 19.86
PERÍODO: de 1º Jul a 31 Dez

f. R A I S / 8 5
- BI nº 198, de 22 Out 86, o CPEx informou que os seus rendimentos do PIS/PASEP nº 10098557995, referente ao exercício de //
1986, ano base 1985, foram os seguintes: Cr$ 64.947.444 (Sessenta e quatro milhões novecentos e quarenta e sete mil quatrocentos e quarenta e quatro cruzeiros).

g. TÍTULO ELEITORAL
- BI nº 222, de 27 Nov 86, apresentou o Título Eleitoral nº ....
155641903/37, justificando estar em dia com a Justiça Eleitoral.

h. CURSO
- BI nº 228, de 05 Dez 86, foi relacionado para matrícula no Curso de Aperfeiçoamento de Oficiais/87, da EsAO, com início previsto para 23 Fev 87 e término em 03 Dez 87 (NE 7132 de 03 Nov 86).

i. T A F
- Bol Res nº 08/86, de 29 Ago 86, realizou o 2º TAF referente ao ano de 1986, obtendo conceito "MB".

- Bol Res nº 12/86, de 31 Dez 86, realizou o 3º TAF referente ao ano de 1986, botendo conceito "E".

j. T A T
- Bol Res nº 12/86, de 31 Dez 86, realizou o TAT referente ao //
ano de 1986, obtendo conceito "E".

7. T S C H M
- Adt nº 14-S/1 ao BI nº 243, de 31 Dez 86, até esta data conta com 13a 09m 12d.

Quartel em Deodoro, RJ, 30 de janeiro de 1987.

ARY SCHITTINI MESQUITA
Cel Art QEMA Cmt 8ª GAC Pqdt

RESERVADO

Folhas de alterações registram a matrícula no curso
de aperfeiçoamento de oficiais (EsAO).

161

Quartel na Vila militar, 25 Out 87
Escola de aperfeiçoamento de oficiais

As 23:22 hs do dia 25 Out 87, no Gabinete do
Sub cmt da EsAO e diante do Cel Adilson Garcia do
Amaral tomei conhecimento da Reportagem da Revista
Veja nº 999 de 28 Out 87, nas suas pg 40 e 41.
Ao tomar conhecimento da referida reportagem e
após ler a matéria acima respondo o seguinte:
considero uma fantasia o publicado, já vi a
repórter Kátia algumas vezes na vila militar sendo
que uma vez abordado por ela, mando-lhe que
procurasse o Gal cmt da EsAO para providências
(ou melhor) entreistar a respeito dos oficiais.
Não tenho qualquer intenção de fazer o
relatado na Revista. Tenho amizade com o
Cap Fábio, com o qual conversamos sobre nossos
problemas e até (principalmente) sobre assuntos de
VC e VE.
Nego ter recebido ou participado de reunir
na casa do cap fábio com a repórter Kátia.
Tenho pouca, mas alguma experiência
sobre repórteres e sei o real objetivo dos mesmos, que
é no meu ponto de vista vender matéria, doa a
quem doer.
Não discuto o teor da matéria e sim
o fato de Ter eu feito tais declarações a
um órgão de imprensa.

Bolsonaro desmente de próprio punho as
acusações da revista *Veja*. [pp. 162-4]

Desconheço o plano beco sem saída.
Desconheço qualquer grupo de movimento por aumentos salariais na Escola.
Só fiquei sabendo da Reunião do Capitão Sodpor na manhã do 2º dia em que o mesmo estava preso e oficialmente; a tarde deste mesmo dia.
Desconheço a idéia de 350 capitães ficarem presos na Esão em solidariedade ao Cap Sodpor.
nunca discuti índices de aumento salarial pois gostaria de ter um salário digno que me desse (ops) meios de conseguir algo de bom para meus filhos.
Conheci a repórter Cátia no ano passado, quando fiz uma matéria na seção Ponto de Vista.
no momento não mantenho contato com qualquer tropa.
Afirmo meu juramento de defender a Pátria e obediência aos superiores hierárquicos.
não tenho qualquer ligação com o Capitão Sodpor, a não ser as normais de aluno; as (   ) vezes que com ele me encontro.
não tenho qualquer ligação com o Capitão Valter, ele é da minha turma e pouquíssimas vezes conversei com ele durante o ano de 1986.
não tenho qualquer ligação com o presidente Figueiredo, nunca o vi pessoalmente.
Qdo tenho oportunidade, converso com o General newton Cruz, o qual admiro, assim como muitos Of Generais da Ativa e Reserva.

não tenho qualquer encontro ___ com Figueiredo.

não tenho pessoal "comigo" como afirma a Revista.

Desconheço a tropa do Cap Walter se é "ingênua" ou "não".

Nunca adverti ninguém sobre ô "terreno" em que está pisando.

Tenho críticas pessoais a alguns fatos ocorridos, mas jamais tais fatos circularam da minha "boca" à imprensa.

não mantenho contato telefônico com a Sra. Kórmia.

Esta semana estive na casa do Cap Fábio, não ___ recordo se foi quarta ou quinta feira.

O único documento meu que a revista possui, e de meu conhecimento, é uma cópia manuscrita da minha matéria do ano passado.

Sei construir uma bomba relógio com o material especificado na Veja (TNT).

A foto publicada na Veja, foi tirada em 86 na Redação da Revista.

> ME — DEP — DFA
> Es A O — SECRETARIA
> AUTENTICAÇÃO
> Confere com o original
> Rio. RJ. 26 / 10 / 87
> SECRETÁRIO

CAP JAIR MESSIAS BOLSONARO

RESERVADO

TERMO DE INQUIRIÇÃO AO SEGUNDO SINDICADO

Aos vinte e oito dias do mês de outubro do ano de mil novecentos e oitenta e sete, na ESCOLA DE APERFEIÇOAMENTO DE OFICIAIS, ouvi o Capitão de Artilharia, identidade 020935882-9 - JAIR MESSIAS BOLSONARO. Inquirido sobre os fatos que deram origem à presente sindicância, respondeu às perguntas a seguir: 1. Perguntado se concedeu alguma entrevista à revista VEJA, no dia 21 de outubro de 1987, respondeu: - " que não concedeu nenhuma entrevista à revista VEJA"; 2. Perguntado se conhece a reporter CÁSSIA MARIA, da revista VEJA, respondeu:- "que conhece a reporter CÁSSIA MARIA desde o ano de 1986, da redação da revista VEJA e durante o cumprimento de punição disciplinar, no quartel do 8º GAC Pqdt, este último, em contato de poucos minutos e com o conhecimento do Comandante daquele quartel pára-quedista, o qual, imediatamente, mandou que eu a acompanhasse até a saída do quartel; que esses poucos minutos citados, se referem ao tempo levado entre o contato com a citada reporter e o aviso ao Oficial-de-Dia e ao Comandante sobre a presença da reporter; que a reporter conseguiu se chegar ao sindicado, alegando, falsamente, ser sua prima. Mais recentemente, há aproximadamente 4 (quatro) semanas, foi, de novo, procurado pela reporter em sua residência, a quem, por cortesia recebeu; que a mesma insistiu em que o sindicado prestasse alguma declaração a respeito de notícias veiculadas nos órgãos de imprensa sobre supostos movimentos havidos na Es A O; que após a negativa do sindicado, a reporter solicitou que ele a orientasse a respeito de uma reportagem que ela estava escrevendo sobre o assunto; que, novamente o sindicado negou-se a fazê-lo, que em seguida a reporter se retirou de sua residência após ser aconselhada a procurar o comando da Es A O a respeito da citada matéria, tendo em vista a gravidade dos tópicos mais importantes. Que numa sexta-feira seguinte, foi o sindicado procurado pela mesma reporter, através de telefonema feito para o Curso de Artilharia da Es A O, ocasião em que a reporter, novamente, solicitou sua colaboração para escrever a matéria; que nessa ocasião, se apresentou como parente do próprio sindicado; que aproximadamente há duas semanas atrás, encontrou-se o declarante com a reporter em Marechal Hermes e, na última semana, nos Supermercados Sendas, filial de Bento Ribeiro; que esclarece ainda, que em ambas ocasiões a reporter voltou a insistir na colaboração do sindicado sobre o mesmo tema e, mais uma vez, recebeu do sindicado uma negativa, ocasi-

RESERVADO

Depoimento de Bolsonaro na sindicância sobre as denúncias de *Veja*. [pp. 165-6]

RESERVADO

ão em que solicitou à reporter que não mais o importa... respeito? 3. Perguntado se esteve na residência do Capitão FÁBIO... SOS DA SILVA, à Av. Duque de Caxias, nº 865, aptº 101, Vila Militar. por volta das 17:00 horas do dia 21 Out 87, respondeu:- "que realmen te esteve na residência do Capitão FÁBIO,no dia 21 ou 22 deste mês, por volta das 17:30 horas, aproximadamente; 4. Perguntado se já ha via, nesta data, tomado conhecimento da reportagem publicada na re- vista VEJA, em sua edição de nº 999, de 28 Out 87, nas páginas 40 e 41, onde é citado junto com o Capitão aluno desta Escola FÁBIO PASSOS DA SILVA e sua esposa, respondeu: - "que sim"; 5. Perguntado se con firma que teria, perante a reporter da revista VEJA, mantido a conver sação com o Capitão FÁBIO, transcrita na citada revista, respondeu: - "que não, inclusive nunca encontrou a reporter CÁSSIA MARIA na resi- dência do Capitão FÁBIO". 6. Perguntado por que contratou advogado, respondeu: - "para acompanhar, civilmente, o seu caso? 7. Pergunta do se confirma as suas declarações, escritas de próprio punho, presta das ao Sr Coronel ADILSON GARCIA DO AMARAL, Subcomandante desta Esco la, às 23:22 horas do dia 25 Out 87, no gabinete do Subcomandante des ta OM, respondeu: - "que confirma"; 8. Perguntado se as declarações, a que fez referência a pergunta anterior, foram prestadas sob alguma forma de coação, respondeu: - "que não, pois foram prestadas de livre e espontânea vontade"; 9. Perguntado se tem algo mais a declarar, respondeu: - " que não ". Como nada mais disse, nem lhe foi pergun- tado, dei por encerrado o presente Termo de Inquirição.

RONALDO JOSE FIGUEIREDO CARDOSO
Ten Cel - Sindicante

JAIR MESSIAS BOLSONARO - Cap
Sindicado

LUIZ FERNANDO BENARDIN - Cap
Testemunha

LUIZ CARLOS ALMEIDA SANTOS - Cap
Testemunha

RESERVADO

RESERVADO

MINISTÉRIO DO EXÉRCITO
D E P - D F A
ESCOLA DE APERFEIÇOAMENTO DE OFICIAIS

Rio de Janeiro, RJ, 06 de novembro de 1987.

Sr Diretor da Sucursal Rio da Revista VEJA.

Incumbiu-me o General Comandante de convidar a V. Sa., ou pessoa devidamente credenciada por essa Revista, para, vindo à Escola de Aperfeiçoamento de Oficiais (Av. Duque de Caxias, nº 2071 - Vila Militar), colaborar na elucidação de assuntos de nosso interesse.

Considerando a sua aceitação ao convite formulado, aguardo a resposta de V. Sa. para combinarmos a melhor oportunidade de nosso encontro.

Atenciosamente,

RONALDO JOSÉ FIGUEIREDO CARDOSO - TEN CEL

R E C I B O
Recebi a 1ª Via
Em 06 Nov 87

RESERVADO

O tenente-coronel sindicante convida a revista
Veja para colaborar na investigação.

RESERVADO

TERMO DE DECLARAÇÕES

Aos nove dias do mês de novembro do ano de mil novecentos e oitenta e sete, na Escola de Aperfeiçoamento de Oficiais, perante o Ten Cel RONALDO JOSÉ FIGUEIREDO CARDOSO, Instrutor deste Estabelecimento de Ensino Militar, compareceu o Sr ALESSANDRO PORRO, representante da revista "VEJA", o qual perguntado se deseja, em nome da referida revista, acrescentar provas ou fatos novos que contribuam para o pleno esclarecimento da notícia veiculada nas páginas 56 e 57 do nº 999, de 28 de outubro de 1987, daquele órgão de imprensa, respondeu: "que confirma integralmente todo o teor das reportagens publicadas nas revistas "VEJA" nº 999 e 1000. Que quanto a outras provas ou fatos novos o declarante se reserva, se existirem, ou vierem a existir, a apresentá-los por via judicial, se necessário. "Perguntado se desejava declarar mais alguma coisa, respondeu:"que não".

ALESSANDRO PORRO
CHEFE DA SUCURSAL VEJA, RIO

RESERVADO

O chefe da sucursal de *Veja* no Rio de Janeiro, Alessandro Porro, "confirma integralmente o teor das reportagens".

RESERVADO

MINISTÉRIO DO EXÉRCITO
COMANDO MILITAR DO LESTE
PRIMEIRO BATALHÃO DE POLÍCIA DO EXÉRCITO
"BATALHÃO MARECHAL ZENÓBIO DA COSTA"

Ofício Nr 326-I/87-SIIC

Rio de Janeiro, RJ, 13 Nov 87.
Do: Comandante do Primeiro Batalhão de Polícia do Exército.
Ao: Sr RONALDO JOSÉ FIGUEIREDO CARDOSO-Ten Cel, Enc da Sindicância
Assunto: Remessa de documentação
Ref: Ofício Nr 02 de 04 Nov 87, desse Enc da Sindicância.
Anexo: -01 (uma) via de Laudo Pericial Grafotécnico;
-02 (dois) croquis em cópias xerox e
-02 (dois) ANEXOS "K" em cópias xerox.

1 - Em atenção ao documento contido na referência remeto-vos a documentação constante do anexo.

2 - Outrossim, informo-vos que para uma análise mais apro fundada da questão, seria necessário ter-se em mãos os originais dos documentos publicados na revista, para que os trabalhos de polícia ci entífica ficassem apoiados em provas confiáveis.

JOSÉ PLÍNIO MONTEIRO - CEL INF
Comandante do 1º BPE

RESERVADO

A primeira perícia nos croquis que *Veja* atribuiu ao capitão Bolsonaro, feita pelo Exército, não apontou "responsabilidades sobre punhos gráficos". [pp. 169-73]

RESERVADO

MINISTÉRIO DO EXÉRCITO
I°. EXÉRCITO

PRIMEIRO BATALHÃO DE POLÍCIA DO EXÉRCITO

SEÇÃO DE INVESTIGAÇÕES CRIMIMAIS

LAUDO PERICIAL N°.

PERITOS

JOSÉ MAURÍCIO RODRIGUES GARCIA - Cap Inf

NEWTON PRADO VERAS FILHO - 1º Ten Inf

RESERVADO

RESERVADO
MINISTÉRIO DO EXÉRCITO
COMANDO MILITAR DO LESTE
PRIMEIRO BATALHÃO DE POLÍCIA DO EXÉRCITO
"BATALHÃO MARECHAL ZENÓBIO DA COSTA"

LAUDO PERICIAL NR _____/87

LAUDO PERICIAL GRAFOTÉCNICO

Aos seis dias do mês de Novembro do ano de hum mil novecentos e/
oitenta e sete, nesta cidade do Rio de Janeiro, no Quartel do Primeiro /
Batalhão de Polícia do Exército, Batalhão Marechal Zenóbio da Costa, pelo
Sr JOSÉ PLÍNIO MONTEIRO - Cel Inf, Comandante do 1º BPE, foram nomeados/
JOSÉ MAURÍCIO RODRIGUES GARCIA - Cap Inf, Chefe da 2ª Seção e NEWTON PRA
DO NERAS FILHO - 1º Ten Inf, Comandante do Pelotão de Investigações Criminais, para realizarem um Exame Grafo Comparativo, atendendo à requisi-/
-ção do Sr RONALDO JOSÉ FIGUEIREDO CARDOSO - Ten Cel, Encarregado da Sin
dicância, contida no ofício nr 02 de 04 Nov 87, bem como descreverem com
verdade a tudo o que acharem.

I - HISTÓRICO

Aos seis dias do mês de Novembro do ano de hum mil novecentos e/
oitenta e sete, os Peritos acima nomeados se reuniram no Pelotão de In-/
vestigações Criminais, a fim de realizarem os exames que se faziam neces
sários nos documentos constantes do anexo do ofício nr 02 de 04 Nov 87,/
do Ten Cel RONALDO JOSÉ FIGUEIREDO CARDOSO - Encarregado da Sindicância.

II - DOS EXAMES

A - DA PEÇA MOTIVO - Receberam os Peritos signatários, para os /
exames que se faziam necessários, 02 (duas) cópias xerográficas das pági
nas 56 e 57 da Revista Veja, de 04 de Novembro de 1987, onde na página /
56, na parte superior mais à direita está impresso um croqui e na página
57, na parte superior ao centro outro croqui, ambos os croquis objetos /
do presente Laudo. (Fotos 01 e 02)

B - DA PEÇA PADRÃO - Receberam os Peritos acima nomeados 02 (duas) cópias xerográficas de 02 (dois) documentos abaixo relacionados:

Continua ....

RESERVADO

(Continuação do Laudo Pericial Nr ____ RESERVADO. /87)

B.1 Documento nr 01 - ANEXO "K", constando o Pedido de Revisão da/
VC Nr 5, Número do Exemplar da Prova: 310 1º P, contendo 07 (sete) folhas/
anexas abaixo relacionadas: (Foto 03)

- Folha nr 09, contendo a 1ª Questão e os itens 1 e 2; (Foto 04)
- Folha nr 10, contendo os itens 3, 4 e 5; (Foto 05)
- Folha nr 11, contendo os itens 6, 7 e 8; (Foto 06)
- Folha nr 12, contendo os sub-itens "a" e "b" do item 8, contido/
  na folha 11; (Foto 07)
- Folha nr 13, contendo o item 9;(Foto 08)
- Folha nr 14, contendo a 2ª Questão e os itens 10 e 11 (Foto 09)e
- 01 (uma) folha não numerada contendo um croqui. (Foto 10)

B.2 Documento nr 02 - ANEXO "K", constando o Pedido de Revisão da/
VC Nr 5, Número do Exemplar da Prova: 331 - 2ª P; contendo 17 (dezessete)/
folhas anexas abaixo relacionadas: (Foto 11)

- Folha nr 18, contendo a 3ª Questão e o item 12; (Foto 12)
- Folha nr 19, contendo os itens 13 e 14; (Foto 13)
- Folha nr 21, contendo a 4ª Questão e os itens 15, 16 e 17(Foto14)
- Folha nr 22, contendo os itens 18 e 19; (Foto 15)
- Folha não numerada contendo 01 (um) calco nr 3 para solução do /
  item 19 da folha 22; (Foto 16)
- Folha não numerada contendo inscrições diversas; (Foto 17)
- Folha nr 24, contendo a 5ª Questão e os itens 20, 21 e22(Foto18)
- Folha nr 25, contendo o item 23; (Foto 19)
- Folha nr 26, contendo a 6ª Questão; (Foto 20)
- Folha nr 27, contendo o item 24; (Foto 21)
- Folha nr 28, contendo o item "2ª SITUAÇÃO ESPECIAL"; (Foto 22)
- Folha nr 29, que foi remetida em 02 (duas) vias, contendo a 7ª /
  Questão e o item 25; (Fotos23 e 24)
- Folha nr 31, contendo a 8ª Questão e os itens 26 e 27;(Foto25)
- Folha nr 32, contendo o item INFORMAÇÕES COMPLEMENTARES II; (Fo-
  to 26)
- Folha nr 33, contendo o item 28 (Foto 27) e
- Folha nr 34, contendo o item 29 (Foto 28).

III - CONCLUSÃO

Após os exames realizados, respondem os Peritos aos quesitos formulados na forma que se seguem:

Ao 1º Quesito: Não, tendo em vista que as peças apresentadas baseiam-se em cópias xerográficas;

Ao 2º Quesito: Prejudicado, pelos motivos expostos nos itens 1 e 3e

Continua RESERVADO ....

RESERVADO

(Continuação do Laudo Pericial Nr _____/87)

Ao 3º Quesito: Tendo em vista que as cópias xerox baseiam-se em depósitos de substância pulverulenta sobre a superfície do suporte gráfico, e logo após sofrer secagem por processo termoelétrico, sofrendo ainda interferência de outros agentes físicos e mecânicos, que causam deformidade dos // símbolos gráficos, tais como preenchimento de espaços ou de outros, supri-/ mindo detalhes importantes à comparação gráfica, deixam estes Peritos de apontar responsabilidades sobre punhos gráficos.

Cabe ainda ressaltar que os símbolos gráficos manuscritos na peça / motivo foram realizados em tipo de escrita que não apresenta característi-/ cas marcantes e pessoais, tais como: gênese gráfica, andamento, pressão do traço, projeção dos passantes, remates, momentos gráficos facilmente imitáveis e comuns a várias pessoas.

Nada mais havendo a consignar dão estes Peritos por findo o presente Laudo.

JOSÉ MAURÍCIO RODRIGUES GARCIA - CAP INF
1º Perito

NEWTON PRADO VERAS FILHO - 1º TEN INF
2º Perito

VISTO:

JOSÉ CLÍNIO MONTEIRO - TEN
Comandante do 1º BPE

RESERVADO

DEP DFA
ESCOLA DE APERFEIÇOAMENTO DE OFICIAIS

Ofício nr 06/C3 Vila Militar, RJ, 09 Dez 87

: Cel MARCUS BECHARA COUTO, Presidente do
Conselho de Justificação
: Sra CÁSSIA MARIA RODRIGUES

: Comparecimento de Testemunha
(solicita)

Solicito-vos o comparecimento, no dia 21 Dez 87, às 09:00 horas, no auditório da Divisão de Ensino da EsAO, a fim de prestar depoimento, como Testemunha, perante o Conselho de Justificação, nomeado pela Portaria Ministerial nº 061, de 07 Dez 87, em que é Justificante o Cap Art JAIR MESSIAS BOLSONARO, sob as penas da Lei. (Art 17 da Lei nº 5.836, de 05 Dez 72, c/c o Art 347 do Código de Processo Penal Militar).

MARCUS BECHARA COUTO - Cel
Pres do Conselho

A repórter Cassia Maria Rodrigues é solicitada a prestar depoimento no Conselho de Justificação, como testemunha.

[RESERVADO]

EDITORA ABRIL S.A. - RUA DA PASSAGEM, 123, 9º ANDAR
RIO DE JANEIRO

Alessandro Porro
Chefe da Sucursal do Rio de Janeiro   Rio de Janeiro, 14 de dez de 1987

Ilmo Snr
Cel Cav Marcus Bechara Couto
Presidente do Conselho de Justificação
DEP - DFA
Escola de Aperfeiçoamento de Oficiais
Vila Militar - Rio de Janeiro

Prezado Snr.

Estou lhe encaminhando, conforme seu pedido de 9 de dezembro de 1987 (of Nr. 08/CJ), os originais dos esboços publicados nas páginas 56 e 57 do nr. 1000 da revista VEJA de 4 de novembro de 1987.

Trata-se de um único documento, com os esboços realizados na frente e no verso da folha.

Atenciosamente

ALESSANDRO PORRO

D E S P A C H O

Junte-se aos autos

Em, ..11./12../87..

MARCUS BECHARA COUTO - Cel Cav
Presidente do Conselho

Veja encaminha os originais dos croquis
publicados ao Conselho de Justificação.

175

D E P   D F A
ESCOLA DE APERFEIÇOAMENTO DE OFICIAIS

OFÍCIO Nr 12 /CJ   Vila Militar,RJ, 15 Dez 87

: Cel MARCUS BECHARA COUTO, Presiden do Conselho de Justificação
: Cap Art JAIR MESSIAS BOLSONARO

: Libelo Acusatório

1. O Conselho de Justificação, nomeado por Portaria Ministerial nº 061, de 07 Dez 87, atendendo ao que preceitua o Art 9º, da Lei nº 5.836 de 05 Dez 72, encaminha-vos o seguinte Libelo Acusatório, segundo o qual vos são imputados os seguintes atos e fatos abaixo relacionados:

a. terdes recebido conceito desabonador do Cmt do 8º GAC Pqdt , no 2º semestre de 1983, nos seguintes termos:

" Deu mostras de imaturidade ao ser atraído por empreendimento de " garimpo de ouro". Necessita ser colocado em funções que exijam esforço e dedicação, a fim de reorientar sua carreira. Deu demonstração de excessiva ambição em realizar-se financeira e economicamente".

revelando com isso conduta contrária à ética militar (item VII do Art 28 e Art 29 do Estatuto dos Militares);

b. terdes elaborado e feito publicar na seção "Ponto de Vista" da revista VEJA, edição de 03 Set 86, sem conhecimento e sem autorização de vossos superiores hierárquicos, deixando de utilizar os meios regulamentares para demonstrar insatisfação e apresentar sugestões construtivas, artigo em que teceis comentários sobre a política de remuneração dos funcionários públicos civis e militares da União, sendo indiscreto ao abordar assuntos de caráter oficial, comprometendo a disciplina e ferindo a ética militar (itens IV, IX, XVI e XIX do Art 28 do El), indicando com isso conduta fora dos padrões exigidos para um militar de carreira, fato que se revela mais grave em se tratando de um oficial de vossa patente, razão pela qual fostes punido em 03 Set 86 , com 15 dias de prisão, conforme BI nº 163, do 8º GAC Pqdt;

O libelo do Conselho de Justificação acusa Bolsonaro, por 3 a 0, de "conduta contrária à ética militar". [pp. 176-7]

176

c. manterdes uma conduta que não se enquadra nos padrões desejados para um capitão do Exército, pelos contatos mantidos com elementos da imprensa, segundo vossas própria declarações para tratar de assuntos que extrapolam a vossa área de competência (capitulado na letra b, do item I, do Art 2º, da Lei 5.836, de 05 Dez 72);

d. terdes tomado conhecimento, pela repórter Cássia Maria, da revista VEJA, quando esta vos pediu orientação sobre uma reportagem, em vossa residência, em 06 Out 87 - data anterior à publicação da reportagem constante da edição nº 999 da citada revista- , de matéria onde havia referências desabonadoras ao Sr Ministro do Exército e à Instituição, deixando de dar conhecimento , de imediato, a seus superiores, revelando comportamento aético e conduta irregular (capitulado / na letra b, do item I, do Art 2º, da Lei 5.836, de 05 Dez 72);

e. terdes sido acusado de "mentiroso" na reportagem publicada na edição de nº 1000 da revista VEJA, de 04 Nov 87, por negar, em declaração por escrito, as seguintes acusações à vossa pessoa, contidas na edição nº 999, de 28 Out 87: confirmação de declaração da Sra Lígia / D'Arc de Abreu Mendonça Passos sobre a existência de um plano para explosão de bombas em várias Unidades da Vila Militar, na Academia Militar das Agulhas Negras, em Resende, no interior do Rio de Janeiro e em vários quartéis", com o objetivo de demonstrar insatisfação com os vencimentos dos militares e com o comportamento da cúpula do Ministério do Exército; e declaração à repórter Cássia Maria, contendo referências desabonadoras ao Sr Ministro do Exército e ao próprio Exército Brasileiro; não tendo tomado as providências, de imediato , seja / na esfera militar, utilizados os meios regulamentares, seja através / de outros meios legais, para resguardar a vossa honra pessoal, comprometida em face das graves acusações ali formuladas, revelando ainda / comportamento aético e incompatível como o pundonor militar e o decoro da classe (capitulado nas letras b e c do item I do Art 2º da Lei nº 5.836, de 05 Dez 72).

2. Assim, de acordo com o citado Art 9º da Lei nº 5.836, de 05 Dez 72, deveis apresentar, por escrito, dentro do prazo de 05 (cinco) / dias, a contar da data de recebimento do presente libelo, as razões ou justificações que julgardes convenientes à vossa defesa.

Recebi o Libelo Acusatório.
Ciente do prazo de 05 dias
para apresentar, por escrito, as razões de defesa.

Em 15/DEZ/87

JAIR MESSIAS BOLSONARO-Cap
Justificante

MARCUS BECHARA COUTO-Cel Cav
Pres do Conselho

O. C. PERES & ADVOGADOS

AV. ALMIRANTE BARROSO, 63-5/2301
TELEFONES: 262-7908 · 262-3485 · 289-3263
593-4952 E 046-4180 BIP (3188)
CEP 20031 - RIO DE JANEIRO - RJ

Fs. 300

Exmo. Sr. Presidente do Conselho de Justificação

D E S P A C H O

Junte-se aos autos

Em, 20 / 11 / 87 .

MARCUS BECHARA COUTO-Cel Cav
Presidente do Conselho

JAIR MESSIAS BOLSONARO, Capitão de Artilharia, iden
tidade nº 02083588 2-9, servindo na ESAO, residente na   Vila
Militar, na rua General Savaget Bl. 11/ 101, vem, diante   de
V. Exa, atendendo ao disposto no artigo 9º da Lei nº 5.836 /
72, apresenta sua

DEFESA

fazendo-o nos termos articulados nas razões em anexo cuja
juntada requer.

Termos em que,

P. Deferimento.

Rio de Janeiro, 20 de dezembro de 1987

Onir de Carvalho Peres

OAB RJ 17.972

Jair Messias Bolsonaro

O capitão apresenta sua defesa e arrola cinco testemunhas,
entre elas o general da reserva Newton Cruz. [pp. 178-9]

ção de caráter serão confirmados pelos depoimentos das teste - munhas arroladas, bem como através de seus assentamos funcio - nais.

1.7.3. Arrola como testemunhas:

1. Gen. Div. R1   NEWTON ARAÚJO DE OLIVEIRA E CRUZ
2. Gen. R1   ALMÉRIO JOSÉ FERREIRA DINIZ
3. Cel. R1   NEY ALMÉRIO FERREIRA DINIZ
4. 1º Ten BM   DJALMA ANTONIO DE SOUZA FILHO
5. 2º Sgt.   JORGE MION

Termos em que,

P. Deferimento.

Rio de Janeiro, 20 de dezembro de 1987

Onir de Carvalho Peres
OAB RJ 17.972

Jair Messias Bolsonaro

RESERVADO

TERMO DE INQUIRIÇÃO DE TESTEMUNHA

Aos vinte e oito dias do mês de dezembro do ano de 1987, nesta Escola de Aperfeiçoamento de Oficiais, presentes todos os Membros que compõem o Conselho de Justificação, o Justificante, os Advogados - Dr Márcio Luiz Donnici, pela Testemunha e Dr Carlos Fernando Carneiro, pelo Justificante , por solicitação de ambos - Testemunha e Justificante - , comigo Carlos José do Canto Barros, Ten Cel, servindo de Escrivão, compareceu a testemunha Srta Cássia Maria Vieira Rodrigues natural do Rio de Janeiro-RJ, solteira, repórter, residente à Rua Colina, nº 10, Aptº 301, Jardim Guanabara, Ilha do Governador, Rio de Janeiro-RJ, trabalhando atualmente no Jornal do Brasil - Sucursal / Brasília-DF, filha de Elyseu Rodrigues Y Rodrigues e Lecy Vieira Rodrigues, 27 anos, que, depois do compromisso de dizer a verdade, pas sou a responder os quesitos: perguntado desde quando conhece o Cap Bolsonaro, respondeu que desde Set 86, quando da oportunidade do / preparo da matéria publicada na seção Ponto de Vista, da revista VEJA; perguntado se considerava o Cap Bolsonaro como informante da revista VEJA, respondeu que considerava como uma de suas fontes na Vila Militar; perguntado se fez algum contato durante o ano de 1987, respondeu que sim, vários contatos; perguntado se pode precisar esses contatos realizados, respondeu que manteve vários contatos telefônicos, mas que não pode precisar com exatidão, alegando que para esses contatos valia-se do artifício de passar-se por prima do Cap Bolsonaro, segundo acerto entre ambos, já que o Justificante solicitou que não o procurasse na condição de repórter; a Testemunha afir ma também que nos arquivos da Editora Abril podem ser encontrados / os registros desses contatos; perguntado por quem foi provocado o contato realizado entre a Testemunha e o Justificante, na residência do Justificante, respondeu que foi provocado pela Testemunha; per -

Início e fim do depoimento da repórter de *Veja*: "a partir do momento em que se falou em bombas, achou que deveria participar o fato". [pp. 180-1]

RESERVADO

acontecer; que gostaria de declarar que, enquanto o assunto que cobria girava em torno de reivindicações salariais, concordava, até mesmo por constatar a defasagem dos salários, mas que, a partir do momento em que se falou em bombas, achou que deveria participar o fato. E, como nada mais disse nem lhe foi perguntado, deu o Presidente do Conselho por findo o presente depoimento, reiniciado às 13:37 horas e concluído às 16:51 horas, mandando lavrar este termo, que, depois de lido e achado conforme, vai pelos Membros do Conselho assinado, bem como pela Testemunha e Justificante e comigo, Carlos José do Canto Barros, Ten Cel, servindo de Escrivão, que o escrevi.

MARCUS BECHARA COUTO-Cel Cav
Pres do Conselho

NILTON CORREA LAMPERT-Ten Cel Inf
Interrogante e Relator

CÁSSIA MARIA VIEIRA RODRIGUES
Testemunha

JAIR MESSIAS BOLSONARO-Cap Art
Justificante

CARLOS JOSÉ DO CANTO BARROS-Ten Cel
Escrivão

RESERVADO

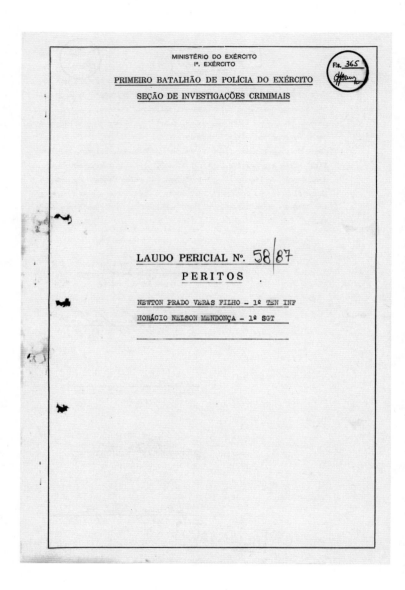

A segunda perícia nos croquis, feita pelo Exército (laudo 58/87), considerou que os caracteres examinados, apesar de algumas semelhanças, não apontavam responsabilidade gráfica. [pp. 182-6]

RESERVADO

MINISTÉRIO DO EXÉRCITO
COMANDO MILITAR DO LESTE
1º BATALHÃO DE POLÍCIA DO EXÉRCITO
"BATALHÃO MARECHAL ZENÓBIO DA COSTA"

Fls. 01

LAUDO PERICIAL Nº 58/87

LAUDO DE EXAME GRAFOTÉCNICO

Aos dezessete dias do mês de dezembro do ano de hum mil novecentos e oitenta e sete, nesta cidade do Rio de Janeiro, Estado do Rio de Janeiro, no Quartel do Primeiro Batalhão de Polícia do Exército, Batalhão Marechal Zenóbio da Costa, pelo Sr JOSÉ PLÍNIO MONTEIRO - Cel // Inf, Comandante do 1º BPE, foram nomeados NEWTON PRADO VERAS FILHO - 1º Ten Inf, Comandante do Pelotão de Investigações Criminais e HORÁCIO NELSON MENDONÇA - 1º Sgt, para realizarem um Exame Grafo Comparativo, atendendo a requisição do Sr MARCUS BECHARA COUTO - Cel Cav, Presidente do Conselho, contida no ofício nº 15/CJ, de 17 Dez 87, bem como descreverem com verdade e com todas as circunstâncias o que encontrarem e respondendo aos seguintes quesitos formulados na requisição:

1) Queiram os Srs Peritos informar se o padrão gráfico contido no Documento nº 1 (originais dos esboços) é bastante capaz de permitir a comparação com a grafia dos outros documentos, manuscritos de próprio punho do Cap Art JAIR MESSIAS BOLSONARO (Doc. nº 2, 3, 4, 5 e 6);

2) Em caso afirmativo, queiram os Srs Peritos informar se o tipo / de grafia, talhe e letra, inclinações e variantes, coincidem como do mesmo punho;

3) Caso negativo, queiram os Srs Peritos repetir os quesitos explicitados em 1 e 2 acima para o Doc. nº 1, comparando-o com o Doc. nº 7 - Declaração do Cap Art FÁBIO PASSOS DA SILVA.

4) Queiram os Srs Peritos, esclarecer ainda, outros pontos que julgarem necessários ao esclarecimento da autoria dos esboços em anexo (Doc. nº 1).

I - HISTÓRICO

Aos dezesseete dias do mês de dezembro do ano de hum mil novecentos e oitenta e sete, os Peritos acima nomeados, se reuniram no Pelotão de Investigações Criminais, a fim de realizarem os exames que se faziam necessários nos documentos constantes do anexo do ofício nº 15/CJ, de 17 Dez 87, do Cel Cav MARCUS BECHARA COUTO, Presidente do Conselho.

RESERVADO

Continua.........

183

(Continuação do Laudo de Exame Grafotécnico)

II - DOS EXAMES

A) DA PEÇA MOTIVO: Considerando-se como frente do documento, a parte onde se vê o Croquis de área residencial, observa-se o seguinte:

1) Trata-se de um suporte gráfico confeccionado em massa vegetal, submetida a tratamento químico, (papel), medindo aproximadamente 21,6 cm de largura por 21,9cm em seu lado esquerdo e 20,4cm em seu lado direito, apresentando deformidade em sua parte superior, motivada' por corte não ortodoxo, (seccionamento sem emprego de instrumento' cortante);

a. Ao alto e no quadrante superior esquerdo, observa-se inscrito / no mesmo em caractéres gráficos conhecidos como "letra de impren sa" a seguinte dedicatória "PARA: TALES ALVARENGA - DE: ALESSAN DRO RORRA", dedicatória esta que apresenta vestígios de desvane cimento por uso de instrumento abrasivo (borracha);

b. No quadrante inferior esquerdo, vemos um croquis de uma área re sidencial, com denominações de logradouros inscritos em caracte res gráficos tipo "letra de imprensa", tais como "GEN SAVAGET - DUQUE DE CAXIAS" na ala superior do casario,04 (quatro) retângu los que direcionalmente da esquerda para a direita apresentam / respectivamente as inscrições "APTOS - 8 - 9 - Bl II; na ala in ferior, vemos no mesmo direcionamento e em posição aproximada-' mente paralela a ala superior, 04 (quatro) retângulos, sendo o da extrema esquerda incompleto observando-se respectivamente // nos dois primeiros, as inscrições "Casas - 401"; o terceiro a-' presenta-se vazio e o quarto representa uma quadra de esportes.

c. No verso observa-se um croquis assemelhado à formas cilindricas e adjunto à este no quadrante superior esquerdo em altura mediana vemos um retângulo tendo inscrito em seu interior, um outro re- tângulo em dimensões menores e acima destes as inscrições "PE-' TARDO DE TNT"; à direita dos retângulos anteriores vê-se um pe- queno retângulo, do qual partem duas linhas sinuosas em níveis diferentes; sendo a linha superior interrompida por dois retân gulos em série; do retângulo mais à direita parte nova linha a- té ligar-se à uma circunferência graduada, a qual apresenta uma única reta à semelhança de um ponteiro; a linha inferior parte' em direção à mesma circunferência já descrita; abaixo do retân- gulo que dá implante as duas linhas, vê-se uma seta apontada pa ra o mesmo e sob esta as palavras "ESPOLETA ELÉTRICA"; acima / dos retângulos em série vê-se uma seta que aponta para os mes-' mos e logo acima lê-se "2 PILHAS 1,5V"; acima e um pouco à di-' reita da circunferência graduada, vê-se uma seta, que aponta pa ra a mesma e logo acima desta lê-se a palavra "RELÓGIO".

Continua........

(Continuação do Laudo de Exame Grafotécnico)

B) DAS PEÇAS APRESENTADAS COMO PADRÕES

1 - Pedido de Revisão da VC nº 5, de 19 Out 87, (Protocolo 429)

2 - Pedido de Revisão da VC nº 5, de 19 Out 87, (Protocolo 430)

3 - Pedido de Revisão da VC nº 6, de 04 Nov 87, (Protocolo 505)

4 - Anexo "Z 1" (Ficha de conceito)

5 - Declaração com a assinatura JAIR MESSIAS BOLSONARO - Cap Art

6 - Declaração com a assinatura FÁBIO PASSOS DA SILVA - Cap Art

C) DA ANÁLISE GRÁFICA DA PEÇA MOTIVO

   Escrita lançada com caracteres gráficos comumente conhecidos como "letra de imprensa", os quais não apresentam características pessoais marcantes; foram dectados 04 (quatro) tipos de letras diferentes nas seguintes palavras:

1. PARA: TALES ALVARENGA - DE: ALESSANDRO RORRA;

2. GEN SAVAGET - CASAS - APTOS - PETARDO DE TNT - ESPOLETA ELÉTRICA
 - 2 PILHAS 1,5V - RELÓGIO;

3. DUQUE DE CAXIAS;

4. 2ª vogal a, da palavra "CAXIAS".

CONCLUSÃO

   Após os exames descritos nos capítulos anteriores, são estes Peritos acordes em que:

Quesito nº 1: Vide resposta ao quesito nº 4

Quesito nº 2: Vide resposta ao quesito nº 4

Quesito nº 3: Não foram encontrados caracteres gráficos semelhantes.

(Continuação do Laudo de Exame Grafotécnico)

Quesito nº 4: Em considerando-se os estudos realizados e a vista dos caracteres gráficos apostos por punho(s) humano(s), no suporte apresentarem-se no estilo conhecido genericamente como "letra de imprensa", serem facilmente imitáveis e comuns a vários indivíduos, e não apresentarem maiores subsidios, tais como: andamento - momentos gráficos - remate e dinamismo, reconhece-se semelhanças em alguns caracteres gráficos entre a peça motivo (esboços) e os escritos apresentados como padrões (Doc.nº 1, 2, 3, 4 e 5), sendo mais notório, a semelhança entre os gramas "d", das palavras "Duque de" no esboço / do casario e gramas "d" de várias palavras nos documentos às fls 17, 21, 26, 28 e 30, e habilidade gráfica / (condições de produzir) ao autor dos doc. nº 1, 2, 3, 4 e 5, contudo, pelo já exposto, não implicando esta / condição em responsabilidade gráfica.

NEWTON PRADO VERAS FILHO - 1º TEN INF
1º Perito

HORÁCIO NELSON MENDONÇA - 1º SGT
2º Perito

V I S T O :

JOSÉ PLÍNIO MONTEIRO - CEL
Comandante do 1º BPE

DEP   DFA
ESCOLA DE APERFEIÇOAMENTO DE OFICIAIS

Ofício Nr 19/CJ   Vila Militar,RJ, 23 Dez 87

: Cel MARCUS BECHARA COUTO, Presidente do Conselho de Justificação

: Sr Gen R1 NEWTON ARAÚJO DE OLIVEIRA E CRUZ

: Comparecimento de Testemunha (Solicita)

Solicito a V Exa o comparecimento no dia 29 Dez 87, às 0900 horas, a fim de depor como testemunha perante o Conselho de Justificação, nomeado pela Portaria Ministerial nº 061, de 07 Dez 87, em que é Justificante o Cap Art Jair Messias Bolsonaro, no auditório da Divisão de Ensino da EsAO.

MARCUS BECHARA COUTO—Cel Cav
Pres do Conselho

O general da reserva Newton Cruz, testemunha de defesa de Bolsonaro, é solicitado a depor. [pp. 187-8]

TERMO DE INQUIRIÇÃO DE TESTEMUNHA

Aos vinte e nove dias do mês de dezembro do ano de 1987, nesta Escola de Aperfeiçoamento de Oficiais, presentes todos os Membros que compõem o Conselho de Justificação, o Dr Carlos Fernando Carneiro , advogado do Justificante, o Justificante, comigo Carlos José do Canto Barros, Ten Cel , servindo de Escrivão, compareceu a testemunha / Newton Araújo de Oliveira e Cruz, natural do Rio de Janeiro-RJ, casado , Gen Div R1 , filho de Sebastião Claudino de Oliveira e Cruz e Inah de Araújo de Oliveira e Cruz, ambos falecidos, residente na Rua Visconde de Pirajá, 309 , Aptº 301, Ipanema, Rio de Janeiro-RJ, 63 anos, que, depois do compromisso de dizer a verdade, passou a responder os quesitos: perguntado se tinha algo a declarar, respondeu que sim, dizendo estar presente por solicitação do Cap Bolsonaro, que / lhe havia solicitado seu testemunho, nas razões de defesa apresentadas ao Conselho de Justificação; declarou conhecer o Cap Bolsonaro / desde Set 86, a partir da divulgação, na seção Ponto de Vista, da revista VEJA; alguns dias após publicação desta matéria, o Jornal do Brasil, na coluna Informe, publicou citação, sob o título Ventriloquia, na qual era divulgado que o Cap Bolsonaro estaria sendo inspirado pela Testemunha; que, na oportunidade, remeteu uma carta ao JB, na qual procurava resguardar o aspecto moral do Cap Bolsonaro e da Testemunha, dizendo que, apesar de não estar de acordo com a maneira como o Cap havia feito a matéria, concordava com o teor da mesma : que, após isso, por uma questão de ética, por ter mencionado o nome do Cap, remeteu ao mesmo um telegrama, frisando os aspectos citados (suas impressões) sobre o fato; que o Cap Bolsonaro, em retribuição ao telegrama, achou que deveria procurar a Testemunha para agradecimentos, oportunidade em que passou a conhecer o Justificante pessoalmente; que , depois disso, ainda no Rio, manteve, em mais duas oportunidades, encontros com o Cap Bolsonaro; posteriormente, na oportu-

RESERVADO

188

D E P   D F A
ESCOLA DE APERFEIÇOAMENTO DE OFICIAIS

Ofício Nr 34/CJ   Vila Militar, RJ, 05 Jan 88

: Cel MARCUS BECHARA COUTO, Presidente do Conselho de Justificação

: Sr Elio Gaspari – Diretor Adjunto da revista VEJA

: Provas documentais e materiais (Solicita)

1. Solicito-vos mandar entregar, até o dia 01 Jan 88, ao Conselho de Justificação nomeado por Portaria Ministerial nº 061, de 07 Dez 87, as provas documentais e materiais comprobatórias das acusações publicadas nos números 999 e 1000 da revista VEJA, atribuídas ao Cap Jair / Messias Bolsonaro, sob as penas da lei.

2. Informo-vos que o Conselho de Justificação está funcionando na Escola de Aperfeiçoamento de Oficiais (Es AO), sito à Av Duque de Caxias , nº 2071 , Vila Militar, Rio de Janeiro-RJ.

MARCUS BECHARA COUTO – Cel Cav
Pres do Conselho

RESERVADO

O Conselho de Justificação pede ao jornalista Elio Gaspari, diretor adjunto de redação de *Veja*, que mande entregar "as provas documentais das acusações".

D E P   D F A
ESCOLA DE APERFEIÇOAMENTO DE OFICIAIS

Vila Militar, RJ, 04 Jan 88

Ofício nº 024/CJ

Cel MARCUS BECHARA COUTO, Presidente do Conselho de Justificação

Sr Superintendente Regional da Polícia Federal do Rio de Janeiro

:: Perícia Grafotécnica

Anexos: - Doc nº 1 - Folha única contendo originais de esboços no verso e anverso.

- Doc nº 2 - Pedido de Revisão² da VC nº 5, de 19 Out 87 (protocolo nº 429), contendo manuscritos do Cap Bolsonaro, em uma folha.

- Doc nº 3 - Pedido de Revisão/ da VC nº 5, de 19 Out 87 (protocolo nº 430), contendo manuscritos do Cap Bolsonaro, em uma folha.

- Doc nº 4 - Pedido de Revisão da VC nº 6, de 04 Nov 87 (protocolo nº 505), contendo manuscritos do Cap Bolsonaro em uma folha.

- Doc nº 5 - Anexo "Z1" (Ficha de Conceito), contendo manuscritos do Cap Bolsonaro em uma folha.

- Doc nº 6 - Declaração do Cap Art Jair Messias Bolsonaro pronunciado às 23:22 horas do dia 25 Out 87, em três folhas.

Solicito-vos, a fim de instruir o Conselho de Justificação, nomeado pela Portaria Ministerial nº 061, de 07 Dez 87, em que é Justificante o Cap Art Jair Messias Bolsonaro, submeter à Perícia Grafotécnica os

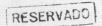

A terceira perícia nos croquis, feita pelo Instituto de Criminalística da Polícia Federal, concluiu que "não restam dúvidas ao ser afirmado que os manuscritos promanaram do punho gráfico do capitão Jair Messias Bolsonaro". [pp. 190-5]

esboços constantes do Doc nº 1, em anexo e os demais documentos anexos, buscando esclarecimentos dos seguintes quesitos:

1. Queiram os Srs Peritos informar se o padrão gráfico contido no Doc nº 1 (originais dos esboços) é bastante capaz de permitir a comparação com a grafia dos outros documentos, manuscritos de próprio punho do Cap Art Jair Messias Bolsonaro (Doc nº 2, 3, 4, 5 e 6).

2. Em caso afirmativo, queiram os Srs Peritos informar se o tipo de grafia, talhe e letra, inclinações e variantes, coincidem como do mesmo punho.

3. Em caso negativo, queiram os Srs Peritos proceder ao colhimento do padrão gráfico, do próprio punho do Justificante, Cap Art Jair Messias Bolsonaro, nos mesmos padrões contidos no Doc nº 1 (originais dos esboços), o que poderá ser realizado no dia 11 Jan às 10:30h, no Auditório da Divisão de Ensino da Escola de Aperfeiçoamento, onde funciona o Conselho de Justificação.

MARCUS BECHARA COUTO - CEL CAV
Presidente do Conselho

MINISTÉRIO DA JUSTIÇA **RESERVADO°**
DEPARTAMENTO DE POLÍCIA FEDERAL
INSTITUTO NACIONAL DE CRIMINALÍSTICA
SECRIM/SR/DPF/ RJ

Fls. 531

PROTOCOLO Nº 026/88 - SECRIM
OFÍCIO Nº 024/CJ- Escola de Aperfeiçoamento de Oficiais do M.Ex.Vila Militar - R.J. Nº 13595
Cel. Marcus Bechara Couto-Pres. do C. Just.
LAUDO DE EXAME DOCUMENTOSCÓPICO (GRAFOTÉCNICO).-

Aos oito (08) -.-.-.-.-.-.-.-.-dias do mês de janeiro do ano de mil e novecentos e oitenta e oito (1988), nesta cidade do Rio de Janeiro e no Serviço de Criminalística da Superintendência Regional do Departamento de Polícia Federal no Estado do Rio de Janeiro,de conformidade com a legislação vigente, pelo Chefe do Serviço, Perito Criminal Federal, Bel. IVAN MACHADO DE CAMPOS, -.-.-.-.-.-.-.-.-.-.-.-.-.-.-.-.-.

foram designados os Peritos Criminais Federais, Beis. IVAN MACHADO DE CAMPOS e RENATO HADDAD AQUINO, -.-.-.-.-.-.-.-.-.-.-.-

para procederem a exame DOCUMENTOSCÓPICO (GRAFOTÉCNICO),

a fim de ser atendida a solicitação feita pelo ofício nº 024/CJ,aqui recebido em 08/01/88 e protocolizado sob o nº 026/88-SECRIM

descrevendo com verdade e com todas as circunstâncias o que encontrarem e bem assim responder aos quesitos formulados no expediente da referência, abaixo transcritos:-.-.-.-.-.-.-.-.-.-.-.-.-.-.-

"1.Queiram os Srs. Peritos informar se o padrão gráfico contido no Doc nº 1 (originais dos esboços) é bastante capaz de permitir a comparação com a grafia dos outros documentos, manuscritos de próprio punho do Cap Art Jair Messias Bolsonaro (doc nº 2, 3, 4, 5 e 6). -.-.-.-.-.-.-.-
2.Em caso afirmativo, queiram os Srs Peritos informar se o tipo de grafia, talhe e letra, inclinações e variantes, coincidem como do mesmo punho. -.-.-.-.-.-.-.-.-.-
3.Em caso negativo, queiram os Srs Peritos proceder ao colhimento do padrão gráfico, do próprio punho do Justificante, Cap Art Jair Messias Bolsonaro, nos mesmos padrões contidos no Doc nº 1 (originais dos esboços), o que poderá ser realizado no dia 11 Jan às 10:30h, no Auditório da Divisão de Ensino da Escola de Aperfeiçoamento, onde funciona o Conselho de Justificação." -.-.-.-.-.-.-.-.-.-.-.-.-.-.

HISTÓRICO:
A solicitação de exame foi feita pelo Cel. Cav. - MARCUS BECHARA COUTO, Presidente do Conselho de Justificação da Escola de Aperfeiçoamento de Oficiais, nomeado pela Portaria Ministerial nº 061, de 07/12/87, em que é justificante o

RESERVADO
MINISTÉRIO DA JUSTIÇA
DEPARTAMENTO DE POLÍCIA FEDERAL
INSTITUTO NACIONAL DE CRIMINALÍSTICA
SECRIM/SR/DPF/RJ

Fls. 532

13595

fls. 02

LAUDO DE EXAME – CONTINUAÇÃO/PROT. 026/88-SECRIM.
justificante o Capitão de Artilharia JAIR MESSIAS BOLSONARO.
Acompanhando o ofício mencionado, os Peritos rece
beram oito (08) folhas de papel branco, sem timbre e sem pau
ta, onde estavam colados parcialmente, oito (08) documentos'
devidamente identificados no ofício requisitório, todos contendo na parte superior, carimbo em tinta vermelha, com a '-
inscrição - "CML-1º BPE. Seção de Informações e Investigações
Criminais" e, na parte inferior, duas (02) rúbricas ilegíveis.

DO DOCUMENTO QUESTIONADO:

Identificado como "DOC.Nº 1": Trata-se de um peda
ço de papel branco, sem pauta, contendo em uma das faces, uma
planta baixa, de casas e apartamentos existentes na rua Gen.
SAVAGET e AV. DUQUE DE CAXIAS, e, na outra face, o diagrama'
de uma bomba de fabricação caseira, alimentada por pilhas e
com dispositivo de tempo (relógio), contendo manuscritos em'
letra de fôrma, tudo mediante emprego de caneta esferográfica de cor azul. -.-.-.-.-.-.-.-.-.-.-.-.-.-.-.-.-.-.-.

DO MATERIAL PADRÃO:

Como material padrão para o confronto, receberam '
os Peritos os documentos identificados no OF. como docs. nº
2, 3, 4, 5 e 6, a saber: -.-.-.-.-.-.-.-.-.-.-.-.-.-.-.-.
Docs. 2, 3 e 4: - Pedidos de Revisão de Prova, contendo manus
critos à tinta esferográfica azul, identificados como pertencentes ao Capitão Bolsonaro; -.-.-.-.-.-.-.-.-.-.-.-.-.-.
Doc. nº 5: - Anexo "2-1" (Ficha de Conceito), contendo anotações algarismais, à tinta esferográfica azul, reconhecidas co
mo pertencentes ao Capitão Bolsonaro; -.-.-.-.-.-.-.-.-.-.
Doc. nº 6: - Três (03) folhas de papel sem pauta, contendo ma
nuscritos à caneta esferográfica com tinta de cor preta, reco
nhecidos como do punho do Capitão Bolsonaro. -.-.-.-.-.-.-.
Além do material acima descrito, os Peritos signata
rios compareceram à Escola de Aperfeiçoamento de Oficiais, na
Vila Militar, onde, em presença do Conselho de Justificação,-

VISTO:

RESERVADO

DPF - 159-A

193

RESERVADO

MINISTÉRIO DA JUSTIÇA
DEPARTAMENTO DE POLÍCIA FEDERAL
INSTITUTO NACIONAL DE CRIMINALÍSTICA
SECRIM/SR/DPF /RJ

13595

fls 03

LAUDO DE EXAME – CONTINUAÇÃO/PROT. 026/88-SECRIM.

Justificação, colheram três (03) folhas de material padrão gráfico, do punho do Capitão Bolsonaro, e que anexam ao presente Laudo, devidamente rubricadas.

DO OBJETIVO DOS EXAMES:

Conforme se verifica pela formulação do 2º Quesito, o exame solicitado visa a identificação do punho que efetuou os lançamentos no DOC. Nº 01 (QUESTIONADO), onde vemos a planta baixa e o diagrama de uma bomba de fabricação caseira.

DOS EXAMES:

Os exames foram realizados mediante confronto do documento questionado com os padrões fornecidos e colhidos pelos Peritos signatários, tendo sido utilizado instrumental ótico adequado, tal como, lupas c/ iluminação e microscópios dotados de iluminação rasante, além de reproduções fotográficas de trechos dos documentos, devidamente ampliadas.

Nos exames foram considerados os principais elementos da Grafotécnica, tais como: Gênese, velocidade, dinamismo, pressão, espaçamentos interliterais, calibre, inclinação axial etc.

DAS RESPOSTAS AOS QUESITOS:

Ao 1º) SIM.

Ao 2º) SIM, não restam dúvidas ao ser afirmado que os manuscritos no Doc. 1, questionado, promanaram do punho gráfico do Capitão JAIR MESSIAS BOLSONARO, fornecedor do material gráfico padrão já identificado no corpo do presente Laudo. Tal afirmativa é oriunda das coincidências e características encontradas no confronto efetuado, entre os documentos examinados, que permitiram à determinação da autoria.

Ao 3º) PREJUDICADO.

Anexo ao presente Laudo, 11 amplifotos, vendo-se assinalados alguns pontos característicos.

Acompanha a documentação enviada à exame.

NADA MAIS HAVENDO A LAVRAR, é encerrado o presente

(V.V.)

RESERVADO

presente Laudo que, redigido pelo primeiro Perito, lido e
achado conforme pelo segundo, assinam acordes. -.-.-.-.-.

Rengto Haddad Aquino
Perito Criminal Federal
Mat. (022.200)
INSTITUTO NACIONAL DE CRIMINALISTICA

Ivan Machado de Campos
Perito Criminal
D. P. F.

Repórter depõe no Exército e relata ameaças

A jornalista Cássia Maria, 27 anos, autora da reportagem na revista *Veja*, em outubro, denunciando a existência de um complô de capitães que pretendiam explodir bombas em quartéis do Exército, disse ontem, em depoimento no Conselho de Justificação, que apura o envolvimento do capitão Jair Bolsonaro no episódio, ter recebido uma ameaça de morte de Bolsonaro, momentos antes de começar a depor. Ela está recebendo segurança reservada por parte do Exército.

Cássia Maria, que deixou a *Veja* e começa a trabalhar dia 11 na sucursal do JORNAL DO BRASIL em Brasília, disse que aguardava na ante-sala do coronel Marcos Bechara, que preside o Conselho de Justificação, quando o capitão Bolsonaro, de outra sala, através de um vidro, fez um gesto com as mãos como se estivesse disparando um revólver contra a jornalista. Ela, então, lhe perguntou se era uma ameaça de morte. Segundo ela, o capitão respondeu que não, mas que ela "poderia se dar mal" se continuasse com esta história.

Hoje, Cássia Maria volta a depor, agora na Comissão de Justificação que apura o envolvimento do capitão Fábio Passos da Silva no episódio. Foi na casa do capitão Fábio que ela esteve para fazer a reportagem e onde tomou conhecimento da ideia de explodir as bombas. Esta comissão é presidida pelo coronel Dilson Nascimento. As duas comissões foram instauradas através de portaria reservada do Ministério do Exército.

A repórter Cassia Maria denuncia que o capitão a ameaçou.

196

RESERVADO

Rio de Janeiro, RJ, 04 Jan 88

Parte s/nº

Do Cap Jair Messias Bolsonaro

Ao Sr Subcomandante da Escola de Aperfeiçoamento de Oficiais

Assunto: matéria publicada em órgão de Imprensa

Anexo: 01 xerox do Jornal do Brasil de 29 Dez 87

Em virtude do publicado no Jornal do Brasil de 29 Dez 87, fato inverídico mas atentatório à minha honra, solicito-vos providência à respeito.

JAIR MESSIAS BOLSONARO - Cap
Adido à ESAO

RESERVADO

Acusado de ameaçar a repórter, Bolsonaro nega e pede apuração.

197

RESERVADO

Bogotá, em 8 de janeiro de 1988.

Nº 01

Senhor Coronel,

  Acuso recebimento do ofício nº 31/CJ, de 5 de janeiro de 1988, pelo qual Vossa Senhoria me transmite precatória para colher depoimento do Coronel de Artilharia Carlos Alfredo Pellegrino sobre fatos que deram origem ao conceito por ele emitido, anexo por cópia ao referido ofício, e consequências desses fatos, bem como responder aos quesitos formulados sobre o assunto pelo Conselho de Justificação e pelo Justificante.

2   Em resposta, restituo a Vossa Senhoria, devidamente cumprida a referida precatória.

  Aproveito a oportunidade para renovar a Vossa Senhoria os protestos da minha estima e consideração.

(Alvaro da Costa Franco Filho)
Embaixador

Ao Ilustríssimo Senhor Coronel Marcus Bechara Couto,
Presidente do Conselho de Justificação.

RESERVADO

O embaixador da Colômbia manda a oitiva do coronel
Carlos Pellegrino com críticas a Bolsonaro. [pp. 198-9]

RESERVADO

Continuação do Termo de Inquirição da Testemunha Cel Art QEMA
CARLOS ALFREDO PELLEGRINO   Fl nº 04

instrutor, formador de soldados e de comandante, faltavam-lhe a iniciativa e a criatividade, particularidades de seu caráter assinaladas nos conceitos numéricos da mesma ficha de informações, nas partes "A" e "B" do mesmo documento apresentado como anexo ao ofício de encaminhamento da Carta Precatória. Observou-se também que o Oficial Justificante tinha permanentemente a intenção de liderar os oficiais subalternos, no que foi sempre repelido, tanto em razão do tratamento agressivo dispensado a seus camaradas, como pela falta de lógica, racionalidade e equilíbrio na apresentação de seus argumentos. O Oficial Justificante parecia possuir, naquele tempo, virtudes que necessitavam apenas ser adequadamente estimuladas, para preponderarem sobre outras manifestações de seu caráter, nos misteres de servir, na acepção correta da palavra, por um bom soldado profissional, virtudes estas, que o trabalho, o esforço e a dedicação, poderiam vir a resgatar da confusa mescla de ambições, aspirações e valores menores, que o estavam atraindo." E como nada mais disse, nem lhe foi perguntado, deu o Excelentíssimo Senhor ÁLVARO DA COSTA FRANCO FILHO, Embaixador do BRASIL na COLÔMBIA, por findo o presente depoimento, e que, depois de lido e julgado conforme, assina, com o inquirido e as testemunhas do depoimento.

ÁLVARO DA COSTA FRANCO FILHO
Embaixador

CARLOS ALFREDO PELLEGRINO
Cel Art QEMA ADIFA/COLÔMBIA

Testemunha: MARIO GRIECO
Conselheiro

Testemunha: ELIM SATURNINO FERREIRA DUTRA
Conselheiro

RESERVADO

RESERVADO

TERMO DE INQUIRIÇÃO DE TESTEMUNHA

Aos onze dias do mês de janeiro do ano de 1988, nesta Escola de Aperfeiçoamento de Oficiais, presentes todos os Membros que compõem o Conselho de Justificação, o Justificante, o Advogado Dr Carlos Fernando Carneiro, pelo Justificante, por sua solicitação, comigo Carlos José do Canto Barros, Ten Cel, servindo de Escrivão, compareceu a testemunha Rogéria Nantes Braga Bolsonaro, natural / de Magé-RJ, casada, estudante, residente na Rua Gen Savaget, bloco 11, Aptº 101, Vila Militar, Rio de Janeiro,RJ, filha de João Garcia Braga e Aparecida Nantes Braga, 27 anos, que, depois do compromisso de dizer a verdade, passou a responder os seguintes / quesitos: perguntado se tinha algo a declarar, respondeu que, de acordo com o artigo 354 do CPPM, se recusa a prestar qualquer depoimento ao Conselho de Justificação; perguntado ao Justificante se tinha alguma pergunta a fazer à Testemunha, este respondeu que não. E, como nada mais disse nem lhe foi perguntado, deu o Presidente do Conselho por findo o presente depoimento, iniciado às 09:30 horas e concluído às 09:40 horas, mandando lavrar este termo, que, depois de lido e achado conforme, vai pelos Membros do Conselho assinado, bem como pela Testemunha e Justificante e comigo, Carlos José do Canto Barros, Ten Cel, servindo de Escrivão, que o escrevi.

MARCUS BECHARA COUTO - Cel Cav
Pres do Conselho

ROGÉRIA NANTES BRAGA BOLSONARO
Testemunha

NILTON CORRÊA LAMPERZ - TC Inf
Interrogante e Relator

JAIR MESSIAS BOLSONARO - Cap Art
Justificante

CARLOS JOSÉ DO C. BARROS - TC Inf
Escrivão

RESERVADO

Depoimento de Rogéria Nantes Bolsonaro: "Nada a declarar".

RESERVADO

TERMO DE INQUIRIÇÃO DE TESTEMUNHA E DE RECONHECIMENTO

Aos onze dias do mês de janeiro do ano de 1988, nesta Escola de A-
perfeiçoamento de Oficiais, presentes todos os Membros que compõem o
Conselho de Justificação, o Justificante, os Advogados Dr Márcio Luiz
Donnici, pela testemunha e Dr Carlos Fernando Carneiro, pelo Justifi -
cante, por solicitação de ambos - Testemunha e Justificante - , a testemunha Ligia D'Arc de Abreu Mendonça Passos, que por concessão do Pre
sidente do Conselho permaneceu no recinto em face de seu estado de saú
de, comigo Carlos José do Canto Barros, Ten Cel, servindo de Escrivão,
compareceu a testemunha Ali Ahmad Kamel Ali Harfouche, natural do Rio
de Janeiro,RJ, solteiro, jornalista, residente à Rua Prof Eurico Cruz,
nº 48 , Aptº 303, Jardim Botânico, Rio de Janeiro,RJ, trabalhando na E
ditora Abril, revista VEJA, como editor assistente, filho de Ahmad Kamel Harfouche e Zeny Ignez Ali Harfouche, 26 anos, que , depois do com
promisso de dizer a verdade, passou a responder os quesitos: perguntado desde quando trabalha na revista VEJA, respondeu que desde Mar 87 ;
perguntado se, em alguma oportunidade, presenciou a ocorrência de uma
reunião, na redação da revista VEJA, entre a repórter Cássia Maria e
algumas senhoras, respondeu que, ao chegar do almoço, encontrou um gru
po, que calcula de cinco ou seis senhoras, reunidas em torno da mesa
da repórter Cássia Maria e, pelo inusitado da ocorrência, chegou a ir
até o chefe da sucursal - Alessandro Porro - , indagando de que se tra
tava (com relação à reunião) , ao que este teria respondido tratar-se
de grupo de esposas de oficiais, que estariam conversando sobre insa -
tisfação dos militares quanto a política salarial; perguntado se ouviu
algo do assunto tratado naquela oportunidade, respondeu que não; perguntado se observou a entrega de algum documento, à repórter Cássia /
Maria, durante o evento, respondeu que sim , por ter observado o tra-

RESERVADO

Inquirição de Ali Kamel, da sucursal de *Veja* no Rio de Janeiro. [pp. 201-2]

RESERVADO   Fls. 523

balho havido quando foram tiradas as xerocópias da documentação; perguntado se é capaz de descrever alguma(s) das senhoras presentes na -
quela oportunidade, respondeu que uma delas era mais gorda e mais /
forte; que outra, que soube mais tarde tratar-se da esposa do Cap Bol
sonaro, era loira, com cabelos lisos, mas que não poderia precisar a
altura, cor dos olhos e outros detalhes; nesse momento, o Presidente
do Conselho de Justificação fez dar entrada no recinto a Sra Rogéria
Nantes Braga Bolsonaro, que por solicitação do Justificante, através
de seu advogado, saíra do recinto; perguntado se reconhecia na pessoa
de Ligia D'Arc de Abreu Mendonça Passos e /ou na pessoa de Rogéria /
Nantes Braga Bolsonaro, aí presentes, alguma(s) daquelas senhoras que
compareceram na reunião havida na redação da revista VEJA, com a re -
pórter Cássia Maria, respondeu que reconhece D. Ligia D'Arc de Abreu
Mendonça Passos como sendo uma das participantes do grupo e quanto a
D. Rogéria Nantes Braga Bolsonaro que não pode assegurar que ela esti
vesse presente naquele grupo, uma vez que seu corte de cabelo, modo /
de se maquiar e trajes , não coincidem com os da senhora loura a que
se referiu no depoimento; perguntado ao Justificante se tinha alguma
pergunta a fazer à Testemunha, respondeu que não. E como nada mais dis
se nem lhe foi perguntado, deu o Presidente do Conselho por findo o
presente depoimento, iniciado às 10:30 horas e concluído às 10:50 horas , mandando lavrar este termo, que depois de lido e achado conforme, vai pelos Membros do Conselho assinado, bem como pela Testemunha
e Justificante e comigo, Carlos José do Canto Barros, Ten Cel, servin
do de Escrivão, que o escrevi.

MARCUS BECHARA COUTO-Cel Cav
Pres do Conselho

NILTON CORREA LAMBERT-TC Inf
Interrogante e Relator

LIGIA D. DE ABREU M. PASSOS
Testemunha p/Rec

ROGÉRIA NANTES B. BOLSONARO
Testemunha p/Rec

ALI AHMAD KAMEL ALI HARFOUCHE
Testemunha

JAIR MESSIAS BOLSONARO-Cap Art
Justificante

CARLOS JOSE DO C. BARROS-TC Inf
Escrivão

RESERVADO

RESERVADO

MINISTÉRIO DO EXÉRCITO
COMANDO MILITAR DO LESTE
1º BATALHÃO DE POLÍCIA DO EXÉRCITO
"BATALHÃO MARECHAL ZENÓBIO DA COSTA"

Rio de Janeiro, RJ, 25 Jan 88.

Ofício nº 005 -C/88-SIIC

Do: Comandante do 1º Batalhão de Polícia do Exército.

Ao: Sr Cel Cav QEMA MARCUS BECHARA COUTO - Presidente do CJ.

Assunto: Complementação de Laudo Pericial.

Ref: Ofício nº 15/CJ de 17 Dez 87;
Ofício nº 41/CJ de 11 Jan 88.

Anexo: a) Complemento de Laudo Pericial com 07 fls.

b) 03 (três) folhas de pedido de revisão de provas;

- 03 (três) folhas manuscritas;

- 03 (três) folhas de padrões gráficos colhidos;

- 01 (um) croquis; e

- 01 (uma) ficha de conceito

1. Remeto-vos o documento constante da letra "a" do anexo, a fim de complementar o Laudo Pericial 58/87 desta OM, o qual foi confeccionado em atenção à solicitação do ofício da referência.

2. Remeto-vos ainda, os outros documentos constantes da letra "b" do anexo, os quais serviram de padrões aos trabalhos periciais.

RESERVADO

JOSÉ PLÍNIO MONTEIRO - Cel
Comandante do 1º BPE

A quarta perícia nos croquis, feita pelo Exército, complementa e retifica o laudo 58/87: "promanaram do mesmo punho gráfico". [pp. 203-6]

RESERVADO

MINISTÉRIO DO EXÉRCITO
Iª. EXÉRCITO

PRIMEIRO BATALHÃO DE POLÍCIA DO EXÉRCITO

SEÇÃO DE INVESTIGAÇÕES CRIMIMAIS

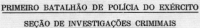

COMPLEMENTO DO
LAUDO PERICIAL Nº. 58/84

PERITOS

NEWTON PRADO VERAS FILHO - 1º TEN INF

HORÁCIO NELSON MENDONÇA - 1º SGT

RESERVADO

RESERVADO
MINISTÉRIO DO EXÉRCITO
COMANDO MILITAR DO LESTE
1º BATALHÃO DE POLÍCIA DO EXÉRCITO
"BATALHÃO MARECHAL ZENÓBIO DA COSTA"

COMPLEMENTO DE LAUDO DE EXAME GRAFOTÉCNICO

I - HISTÓRICO

Em complemento ao Laudo Pericial nº 58/87, de 17 Dez 87, os Peritos nomeados compareceram à Escola de Aperfeiçoamento de Oficiais, em / 11 Jan 88, a fim de coletarem os padrões gráficos, de JAIR MESSIAS BOLSONARO - Cap Art.

II - DOS EXAMES

- Tipo de Escrita: Justaposta - (em caracteres tipo letra de imprensa)
- Pressão do traço: Firme e Seguro

MÍNIMOS GRÁFICOS ENCONTRADOS

- Estrutura do grama "G"
- Estrutura do grama "S"
- Estrutura do grama "E"
- Estrutura do grama "N"
- Estrutura do grama "P"
- Estrutura do grama "A"
- Inserção da base do grama "L" sob o grama "H" da palavra "PILHA"
- Inclinação e estrutura do grama "E"
- Posicionamento do acento gráfico no grama "E", da palavra "ELÉTRICA"

III - CONCLUSÃO

Ante a comparação gráfica realizada entre os padrões gráficos / coletados e a peça motivo (croquis), são os Peritos acordes em que os caracteres gráficos lançados no croquis e nas peças padrão, promanaram de / um mesmo punho gráfico.

RESERVADO

RESERVADO

(Continuação do Complemento de Laudo de Exame Grafotécnico)

racteres gráficos lançados no croquis e nas peças padrão, promanaram de / um mesmo punho gráfico.

NEWTON PRADO VERAS FILHO - 1º TEN INF
1º PERITO

HORÁCIO NELSON MENDONÇA - 1º SGT
2º PERITO

V I S T O:

JOSÉ PLÍNIO MONTEIRO - CEL
Comandante do 1º BPE

ANEXO "K"   Fls. 555

Es _____   Vila Militar-RJ.,   / 87
DE _____   CURSO   ARTILHARIA

        PEDIDO DE REVISÃO DA   VC   Nr   5
        Número do Exemplar da Prova: 310 1·P

____ Para Uso Exclusivo da STE após as Informações do Instr Ch ____
Nr CÓDIGO 3012
NOME DO ALUNO   Bolsonaro

        Este recurso será feito de forma explícita, focalizando preci-
    samente:
        - Quais os pontos em que diverge da correção, enumerando a ques
    tão, o item e o subitem, se houver.
        - As razões das divergências relacionando-as com livros, regula
    mentos, manuais, notas de aula e informações dadas em sala pelo ins
    trutor.

        QUESTÕES E ITENS CUJA REVISÃO É SOLICITADA E MOTIVOS

        1ª Questão - Item 4

        A principal finalidade da Lm Man é assegurar a
    continuidade de Ap F, em qualquer documento de Act da EnPO, com
    por exemplo o Ante-projeto do EXTEMA do C6-1, distribuído
    pelo C ART. A pergunta foi genérica pois, após organizar
    a Art pl o combate e escolher posição inicial, é lógico
    que a continuidade de Ap F é assegurada por posições
    de manobra ao longo do eixo de retraimento.

        1ª Questão - Item 9

        Justificativas de O Lig
        - De acordo com a fig 3.1 do C6.1 que
    representa a missão tática padrão, justifiquei porque
    forneci o Lig para Unidade valor Batalhão e Cmt Bda.

        · Tendo em vista, existir o local adequado na VC, para
    as idéias de vernáculo e apresentação e, em sala de aula não
    ter sido avisado que tais itens não seriam cobrados, e ainde (aprox
    de eu saber que tenho obrigação de bem apresentar meus trabalhos, julte
    considerá-los pois, dispendi um tempo adicional a eles, que poderiam ter sido
Rcb na STE em _____. Protocolo Nr revisado e selecan na VC em pi.
Entrada no Curso em _____.   429

    ENCAMINHAMENTO (SE FOR O CASO)·
    Encaminho a _____ para os devidos fins.
                (SECODAS ou C Prep)

                             INSTRUTOR CHEFE
                                                              34
                    RESERVADO
                 ·ERVADO

RELÓGIO	PILHAS	ESPOLETA	ELÉTRICA
RELÓGIO	PILHAS	ESPOLETA	ELÉTRICA
RELÓGIO	PILHAS	ESPOLETA	ELÉTRICA
RELÓGIO	PILHAS	ESPOLETA	ELÉTRICA
RELÓGIO	PILHAS	ESPOLETA	ELÉTRICA
RELÓGIO	PILHAS	ESPOLETA	ELÉTRICA
RELÓGIO	PILHAS	ESPOLETA	ELÉTRICA
RELÓGIO	PILHAS	ESPOLETA	ELÉTRICA
RELÓGIO	PILHAS	ESPOLETA	ELÉTRICA
RELÓGIO	PILHAS	ESPOLETA	ELÉTRICA
RELÓGIO	PILHAS	ESPOLETA	ELÉTRICA
RELÓGIO	PILHAS	ESPOLETA	ELÉTRICA
RELÓGIO	PILHAS	ESPOLETA	ELÉTRICA
RELÓGIO	PILHAS	ESPOLETA	ELÉTRICA
RELÓGIO	PILHAS	ESPOLETA	ELÉTRICA
RELÓGIO	PILHAS	ESPOLETA	ELÉTRICA
RELÓGIO	PILHAS	ESPOLETA	ELÉTRICA
RELÓGIO	PILHAS	ESPOLETA	ELÉTRICA
RELÓGIO	PILHAS	ESPOLETA	ELÉTRICA
RELÓGIO	PILHAS	ESPOLETA	ELÉTRICA
RELÓGIO	PILHAS	ESPOLETA	ELÉTRICA
RELÓGIO	PILHAS	ESPOLETA	ELÉTRICA
RELÓGIO	PILHAS	ESPOLETA	ELÉTRICA
RELÓGIO	PILHAS	ESPOLETA	ELÉTRICA
RELÓGIO	PILHAS	ESPOLETA	ELÉTRICA
RELÓGIO	PILHAS	ESPOLETA	ELÉTRICA
RELÓGIO	PILHAS	ESPOLETA	ELÉTRICA
RELÓGIO	PILHAS	ESPOLETA	ELÉTRICA
RELÓGIO	PILHAS	ESPOLETA	ELÉTRICA
RELÓGIO	PILHAS	ESPOLETA	ELÉTRICA
RELÓGIO	PILHAS	ESPOLETA	ELÉTRICA
RELÓGIO	PILHAS	ESPOLETA	ELÉTRICA
RELÓGIO	PILHAS	ESPOLETA	ELÉTRICA

Rio de Janeiro 11 JAN 88

RESERVADO

RESERVADO

punho, feita no dia 25 Out 87, na sala do SCmt da Es AO;

CONSIDERANDO que o Justificante mentiu durante todo o processo - Sindicância e Conselho de Justificação - quando negou a autoria dos esboços publicados na revista VEJA em sua edição nº 1000, de 04 Nov 87, como comprovam os laudos periciais do Instituto de Criminalística da Polícia Federal e do 1º Batalhão de Polícia do Exército;

CONSIDERANDO que o Justificante revelou comportamento aético e incompatível com o pundonor militar e o decoro da classe, ao passar à imprensa informações sobre sua Instituição, sendo, por aquela considerado como fonte.

R E S O L V E o CONSELHO DE JUSTIFICAÇÃO, por unanimidade, considerar como CULPADO das acusações que lhe foram feitas no libelo acusatório, o Justificante JAIR MESSIAS BOLSONARO, Cap, determinando que lavrado o competente termo de encerramento, seja o presente processo encaminhado ao Excelentíssimo Senhor Ministro de Estado do Exército, para fins de Direito.

Vila Militar,RJ, 26 de janeiro de 1988.

MARCUS BECHARA COUTO - Cel Cav
Pres do Conselho

NILTON CORRÊA LAMPERT - Ten Cel Inf
Interrogante e Relator

CARLOS JOSÉ DO CANTO BARROS - Ten Cel Inf
Escrivão

RESERVADO

O Conselho de Justificação considera Bolsonaro culpado por 3 a 0.

RESERVADO

MINISTÉRIO DO EXÉRCITO
GABINETE DO MINISTRO
1a ASSESSORIA
SA/1.21

CONSELHO DE JUSTIFICAÇÃO
DECISÃO   MINISTERIAL

PS nº 935/87-GMEx

1. Conselho de Justificação a que foi submetido o Cap Art (020935882-9) JAIR MESSIAS BOLSONARO, adido à EsAO, acusado de ter tido conduta irregular e praticado atos que afetam a honra pessoal, o pundonor militar e o decoro da classe.

2. Considerando que:
    -o justificante, em suas razões defesa, não conseguiu ilidir as acusações que lhe foram feitas;
    -o Conselho de Justificação, por unanimidade de votos, julgou o Oficial em apreço culpado;
    -nos autos do processo constam evidências que permitem ratificar o parecer unânime do referido Conselho,

R E S O L V O:

a. Concordar com o Parecer do Conselho de Justificação e considerar o Cap Art JAIR MESSIAS BOLSONARO não-justificado.
b. Remeter os autos do Conselho de Justificação ao Superior Tribunal Militar, na forma da letra "a", do inciso V, do Art 13, da Lei nº 5.836, de 05 Dez 72.
c. Mandar publicar a presente Decisão em Boletim Reservado do Exército.

Brasília, DF, 12 Fev 88

RESERVADO

O ministro do Exército concorda com o parecer do Conselho de Justificação e manda o caso para o STM.

1 - INTRODUÇÃO

Somente no dia 25 de março de 1988, tomei conhecimento, já no Superior Tribunal Militar, dos resultados das injustas acusações a mim assacadas. Desloquei-me a Brasília por conta própria, que nem as passagens o Exército me concederia em tempo hábil de atender a convocação recebida, sem prejuízo da defesa.

Há muito tempo porém, contristado, vejo o meu nome envolto nas brumas da maledicência, a freqüentar as páginas dos jornais e revistas, sem que algum superior hierárquico, senão por camaradagem ou dever de ofício, até por piedade, algo me informasse ou se procurasse esclarecer. Pior do que tudo: maculou-me publicamente o próprio Ministério do Exército, sem expressar-me pessoalmente a mácula que divulgou aos quatro ventos.

Desgraçadamente, vejo agora a tentativa de afastar-me oficialmente do Exército - que verbalmente já o fui -, em nome da Honra Militar que eu teria conspurcado. Justamente em no me desta Honra questionada - mas inquebrantável e incólume no tribunal da minha consciência -, repudio o tratamento que tenho sofrido, em cujos desvãos encaixa-se o desprezo por minha condição de homem e de soldado. Desprezo, mais recente, ao me ver negado o diploma de conclusão do Curso da Escola de Aperfeiçoamento de Oficiais - ESAO junto a meus companheiros de turma, apesar de o curso ter terminado antes da nomeação do Conselho de Justificação a que fui submetido. Expulsão cujo pródromo configurou-se na ordem para retirar-me do recinto da ESAO, onde me encontrava para assistir a solenidade de formatura, a convite de um companheiro de turma. Expressamente, repudio os termos do Editorial do Noticiário do Exército nº 7449, de 25 de fevereiro de 1988, " A VERDADE: UM SÍMBOLO DA HONRA MILITAR", publicado sob a responsabilidade do C Com S Ex, distribuído a todas as unidades do Exército, em todos os rincões do Brasil, também aberto à imprensa em geral, do qual transcrevo os seguintes trechos:

" Ao oficial cabe a responsabildiade e a obrigação de zelar pela disciplina e pela preservação dos valores morais no universo de seus subordinados. FALTAR À VERDADE, transgressão dis-

Trechos da defesa de Jair Bolsonaro no STM: "O benefício da dúvida é totalmente favorável ao acusado". [pp. 211-2]

211

O benefício da dúvida é totalmente favorável ao acusado. Diz o LIBELO ACUSATÓRIO que o acusado não conseguiu destruir ' as acusações. Mas o ônus da prova incumbe a quem alega, não tendo cabimento que alguém tenha de provar a inocência.

A INOCÊNCIA SE PRESUME
A CULPA É QUE SE PROVA!
E ONDE ESTÁ A PROVA ?
Na palavra de um repórter inexperiente.
No sensacionalismo de uma reportagem.....

SENHORES MINISTROS,
Mesmo admitindo que houvesse mentira como tenta insinuar o LIBELO ACUSATÓRIO, o fato de "faltar a verdade" não incapacita ninguém para o oficialato, uma vez que tal comportamento deve ser punido com fundamento no Regulamento Disciplinar do Exército, onde está previsto no elenco das transgressões disciplinares. (Art. 13 - § 1º - R.D.E.)

Como é óbvio a punição dada às transgressões disciplinares, opera um ressarcimento à lesão causada à estrutura militar, ' donde ser absurda a hipótese de pretender-se a cassação do posto e da patente, com fundamento em uma suposta mentira, atribuída ao oficial Justificante.

Termos em que,
P. Deferimento.

Brasília-DF, 04 de abril de 1988.

JAIR MESSIAS BOLSONARO-CAP
Adido à DFA - RJ

SERVIÇO PÚBLICO FEDERAL   16 .

Por tudo exposto, reportando-se ao exame detalhado
dos elementos probatórios carreados aos autos, feito pelo mi
nucioso Relatório do Conselho de Justificação, de fls. 559/
618, este Órgão opina seja o Justificante julgado culpado ,
declarando esse Egrégio Colegiado Castrense a sua incompatibilidade com o oficialato e conseqüente perda do posto e pa
tente, tudo nos termos do art. 16, inciso I, da Lei nº....
5.836/72.

Brasília-DF., 19 de abril de 1988.

MILTON MENEZES DA COSTA FILHO
Subprocurador-Geral da Justiça Militar

Posição do Ministério Público Militar: "incompatibilidade
com o oficialato e consequente perda do posto e patente".

213

SUPERIOR TRIBUNAL MILITAR

Seção de Acórdão e Jurisprudência
Setor de Acórdãos

EXTRATO DA ATA DA 41ª SESSÃO, EM 16 DE JUNHO DE 1988

Presidência do Ministro Tenente-Brigadeiro-do-Ar Antônio Geraldo Peixoto. Subprocurador-Geral da Justiça Militar Doutor Milton Menezes da Costa Filho. Presentes os Ministros Ruy de Lima Pessôa, Antônio Carlos de Seixas Telles, Roberto Andersen Cavalcanti, Sérgio de Ary Pires, Paulo César Cataldo, Raphael de Azevedo Branco, Alzir Benjamin Chaloub, George Belham da Motta, Aldo Fagundes, José Luiz Clerot, Luiz Leal Ferreira e Haroldo Erichsen da Fonseca.
Não compareceram os Ministros Jorge José de Carvalho e Jorge Frederico Machado de Sant'Anna.

CONSELHO DE JUSTIFICAÇÃO Nº 129-9 - Distrito Federal. Relator Ministro Sérgio de Ary Pires. Revisor Ministro Aldo Fagundes. O Excelentíssimo Senhor Ministro de Estado do Exército, em cumprimento ao disposto no artigo 13, inciso V, alínea "a", da Lei nº 5.836/72, encaminha os autos do Conselho de Justificação a que foi submetido o Cap Ex JAIR MESSIAS BOLSONARO. Advª Drª Elizabeth Diniz Martins Souto. (SESSÃO SECRETA).- POR UNANIMIDADE DE VOTOS, o Tribunal rejeitou as preliminares de nulidade suscitadas pela Defesa e, NO MÉRITO, julgou, POR MAIORIA, o Cap Ex JAIR MESSIAS BOLSONARO não culpado. Os Ministros ANTÔNIO GERALDO PEIXOTO (Presidente), JOSÉ LUIZ CLEROT, LUIZ LEAL FERREIRA e HAROLDO ERICHSEN DA FONSECA julgaram não justificado o Cap Ex JAIR MESSIAS BOLSONARO, determinando, em conseqüência, sua reforma nos termos do artigo 16, inciso II, da Lei nº 5.836, de 05 de dezembro de 1972. O Ministro ROBERTO ANDERSEN CAVALCANTI, antes da proclamação da decisão, declarou: "Por considerar que este processo não é de natureza administrativa, julgo não caber à Presidência votar". Os Ministros RAPHAEL DE AZEVEDO BRANCO, JOSÉ LUIZ CLEROT e HAROLDO ERICHSEN DA FONSECA apresentarão voto em separado. Usou da palavra a Advogada Drª Elizabeth Diniz Martins Souto. Após apreciar a questão de ordem suscitada pelo Subprocurador-Geral da Justiça Militar, Dr Milton Menezes da Costa Filho, antes de ser concedida a palavra à Advogada Drª Elizabeth Diniz Martins Souto, no sentido de manifestar-se oralmente em Plenário, o Tribunal, POR MAIORIA DE VOTOS, resolveu, em sessão secreta, não facultar o uso da palavra ao Representante da Procuradoria--Geral da Justiça Militar, em face da literalidade do artigo 126 do Regimento Interno, além dos precedentes ocorridos desde 15 de março do ano em curso. Decidiu a Maioria, ademais, aguardar o Parecer da Comissão de Regimento, em expediente já encaminhado àquele Órgão, para deliberar sobre o assunto. O Ministro PAULO CÉSAR CATALDO votou pela concessão da palavra ao Procurador-Geral para que se manifestasse como Custos Legis em razão do artigo 40 do Regimento Interno. O Ministro ROBERTO ANDERSEN CAVALCANTI votou pela concessão da palavra ao Representante da Procuradoria--Geral da Justiça Militar, por entender que o processo - Conselho de Justificação - é de natureza judicial nos termos do artigo 6º,

MOD. 10104

Trechos da decisão do julgamento do STM, com o resultado de 9 a 4 a favor do capitão Jair Bolsonaro. [pp. 214-6]

SUPERIOR TRIBUNAL MILITAR CONSELHO DE JUSTIFICAÇÃO Nº 129-9 - DISTRITO FEDERAL.

CONSELHO DE JUSTIFICAÇÃO. Capitão do Exército acusado de conduta irregular e prática de atos atentatórios à honra pessoal, o pundonor militar e o decoro da classe. Carência de prova testemunhal a confirmar as acusações. Contradição em quatro exames grafotécnicos compromete o valor da prova pericial, impondo a rejeição dos mesmos, à luz do artigo 326 do CPPM. Rejeitadas as nulidades argüidas pela Defesa, por intempestividade e por inobservância de formalidade de seu exclusivo interesse. Improcedentes as acusações, inclusive as de infringência de preceitos da Ética e do Dever Militar, declara-se o Oficial "NÃO CULPADO". Decisão por maioria.

RELATOR   : MINISTRO GEN EX SERGIO DE ARY PIRES.
REVISOR   : MINISTRO DR. ALDO DA SILVA FAGUNDES.

O Excelentíssimo Senhor Ministro de Estado do Exército, em cumprimento ao disposto no artigo 13, inciso V, alínea a, da Lei nº 5.836/72, encaminha os autos do Conselho de Justifica ção a que foi submetido o Capitão do Exército JAIR MESSIAS BOLSO NARO.

ADVOGADA : DRA. ELIZABETH DINIZ MARTINS SOUTO.

Vistos, relatados e discutidos estes autos, verifica-se que o Exmo Sr Ministro de Estado do Exército, em cumprimento ao prescrito na alínea "a" do inciso V, do artigo 13, da Lei nº 5.836, de 05 de dezembro de 1972, remeteu a este Superior Tribunal Militar os autos do Conselho de Justificação a que foi subme tido o Capitão de Artilharia JAIR MESSIAS BOLSONARO, por concordar com o Parecer do citado Conselho (fls. 04), que considerou o Justificante "CULPADO" das acusações que lhe foram feitas, com base nas alíneas "b" e "c", do inciso I, do artigo 2º, da Lei nº 5.836, de 05 de dezembro de 1972.

O presente Conselho de Justificação, instaurado atra

215

SUPERIOR TRIBUNAL MILITAR Cont.do CONS.DE JUSTIFICAÇÃO Nº 129-9-DF. -48-

própria conveniência pessoal.

Finalmente, considerando as profundas contradições exis
tentes nos 4 (quatro) Exames Grafotécnicos constantes   dos
autos, dos quais 2 (dois) não apontam a autoria dos croquis,
enquanto outros dois atribuem-na ao justificante - havendo ,
inclusive, opiniões diversas de dois peritos, que se manifes
tam ora a favor e ora contra o acusado - este Tribunal não en
controu, nos autos, elementos de convicção bastantes,   para
imputar ao justificante, sem sombra de dúvida, a autoria dos
citados croquis. "IN DUBIO PRO REO". O CPPM estabelece,   em
seu artigo 326,que "o Juiz não ficará adstrito ao laudo, podendo aceitá-lo ou rejeitá-lo no todo ou em parte",   sábio
princípio que, pelas razões acima apontadas, aplica-se, inte
gralmente, in casu.

Face ao exposto, ACORDAM os Ministros do Superior Tribunal Militar, POR UNANIMIDADE DE VOTOS, em rejeitar as prelimina -
res de nulidade suscitadas pela Defesa e, NO MÉRITO, julgar, POR
MAIORIA, o Capitão do Exército JAIR MESSIAS BOLSONARO não culpado das acusações constantes do Libelo Acusatório do presente Con
selho de Justificação.

Superior Tribunal Militar, 16 de junho de 1988.

TEN BRIG DO AR ANTÔNIO GERALDO PEIXOTO, Ministro-Presi -
dente.

GEN EX SERGIO DE ARY PIRES, Ministro-Relator.

DR. ALDO FAGUNDES, Ministro-Revisor.

" Fui Presente "

DR. MILTON MENEZES DA COSTA FILHO, Subprocurador-Geral
da Justiça Militar, no impedimento do respectivo titular.

14.
Fala o relator

A sessão secreta de julgamento começou na manhã da quinta-feira 16 de junho, com a leitura do relatório do ministro general de exército da reserva Sérgio de Ary Pires, de 69 anos.[1] Seu currículo oficial[2] informa que, na chefia do Estado-Maior da 4ª Região Militar e 4ª DI, ele foi "a mola mestra impulsionadora da Operação Bandeira, executada com o fim de restabelecer a tranquilidade das populações circunvizinhas da Serra do Caparaó, em virtude da identificação de um núcleo de guerrilheiros nessa área". Foi também comandante da 10ª Região Militar com sede em Fortaleza; chefe de gabinete do ministro do Exército em Brasília; e comandante do 11º Exército, em São Paulo. Chegou ao STM por indicação do último presidente ditador, o general João Figueiredo.

Somando os dois primeiros áudios que registram a leitura do relatório, Sérgio de Ary Pires falou por quase uma hora e vinte minutos. Todos os presentes já tinham em mãos a versão impressa de sua fala, a qual ele leu pausadamente e sem alterar o original. Sinalizando pela primeira vez a direção que pretendia seguir, o relator citou, ponto a ponto, uma contestação apresentada por Bolsonaro "às várias irregularidades praticadas pelo Conselho de Justificação", entre elas a suposta ajuda do

---

1 Cf. <http://www.fgv.br/cpdoc/acervo/dicionarios/verbete-biografico/pires-sergio-de-ari>. 2 Disponível no site do STM, como os de todos os ministros ou ex-ministros (stm.jus.br).

217

tenente-coronel Lampert à repórter Cassia Maria durante seu depoimento, para que ela não caísse em contradição. O Conselho ignorou a contestação. O relator citou também a ameaça de morte que Cassia Maria denunciou ter sofrido de Bolsonaro, a negativa dele e a omissão do Conselho, que não mandou fazer a perícia que tiraria a limpo a denúncia da jornalista.

O relatório do ministro Sérgio de Ary Pires resumiu a carreira militar de Bolsonaro e em seguida adentrou, ainda sem discutir o mérito, mas também ponto a ponto, no rigoroso relatório do Conselho de Justificação que havia condenado o capitão por 3 a 0. O general relator dedicou quatro linhas à questão das perícias grafotécnicas, como decidida pelo Conselho de Justificação: "Que obtidos os originais dos esboços, na revista *Veja*, e submetidos às perícias grafotécnicas no 1º BPE e na Polícia Federal, os laudos técnicos atestam 'não restar dúvida ao ser afirmado que os manuscritos nessa folha original promanaram do punho gráfico do capitão Jair Messias Bolsonaro, justificante'".

A leitura do relatório termina com o parecer do MPM pela culpa de Bolsonaro.

15.
Fala a advogada de Jair Bolsonaro

A sessão secreta foi suspensa pouco depois das quatro da tarde. Na volta, 45 minutos de intervalo depois, a primeira a falar foi a advogada de Jair Bolsonaro, Elizabeth Diniz Martins Souto, com escritório em Brasília. Embora, dezessete dias antes, ao apresentar sua defesa escrita, ele tenha alegado não ter advogado por "oneroso para minhas condições financeiras" e "desnecessário [para] comprovar-me juridicamente honrado", algumas semanas antes, no dia 3 de maio, a dra. Elizabeth havia pedido vista do processo e comunicado ao ministro relator que desejava fazer a sustentação oral no dia do julgamento. Ali estava ela, portanto, no final da tarde de 16 de junho, com direito a vinte minutos de fala, aumentados depois para 32 minutos.

"Este processo constitui uma aberração jurídica", disse, referindo-se ao relatório do primeiro Conselho de Justificação. Apontou a falta "de um fato causador de ofensa à ética", acusando o Conselho de decidir não com a convicção na prova dos autos, "mas por uma convicção pessoal e parcial". Seu segundo argumento, calcado no que já dissera Bolsonaro em sua defesa escrita, foi sobre a perícia grafotécnica realizada nos croquis. A dra. Elizabeth mencionou os dois primeiros laudos inconclusivos emitidos pela Polícia do Exército, referindo-se em seguida ao da Polícia Federal, que apontou seu cliente como autor dos croquis, classificando-o como "um laudo realmente encomendado" — acusação que nem mesmo Bolsonaro tinha ousado fazer. Por fim, citou que o laudo da Polícia do Exército

219

havia mudado o resultado do laudo anterior, anulando-o, sem dizer, porém, que era um laudo de complementação. Sublinhou que as palavras contidas nele eram as mesmas do laudo da Polícia Federal, voltando a insinuar que tivesse sido encomendado: "Não mudaram nem a vírgula".

A advogada reclamou ainda que o relatório do Conselho de Justificação não tivesse tido "pelo menos a consciência de dizer que existiam outros laudos, anteriores", mas só aqueles em que baseou sua decisão. "Há que se punir os membros desse Conselho", exortou a dra. Elizabeth. Em nenhum momento ela disse que o resultado dos laudos tivesse sido o de um "empate". Ela também negou que Bolsonaro estivesse na residência do capitão Fábio Passos naquele 21 de outubro de 1987, quando Lígia D'Arc Passos, segundo *Veja*, revelou o plano Beco sem Saída à repórter Cassia Maria. Citou as contradições entre alguns depoimentos do pessoal de *Veja*, entre elas o do motorista, que primeiro disse não reconhecer Bolsonaro e depois mudou de ideia. Reclamou do tratamento que o capitão recebeu da EsAO, na formatura — "o diploma foi entregue à empregada dele" —, e, por fim, pediu que o STM o considerasse justificado, e não culpado, "porque não restou provado o libelo acusatório" [do primeiro Conselho de Justificação].

"Nunca mais vi o Bolsonaro depois daquilo", me disse a dra. Elizabeth em seu escritório do Lago Sul, em Brasília. É uma senhora elegante, de 76 anos, que joga vôlei duas vezes por semana e administra, com altivez, uma tragédia pessoal: a dupla perda, por assassinato, do marido e do filho, os procuradores Saint Clair Martins Souto, de 68 anos, e Saint Clair Martins Souto Filho, de 38 anos, mortos em setembro de 2016.[1] Ela atuará como assistente da acusação desse crime quando o julgamento ocorrer.

---

1 Disponível em: <http://g1.globo.com/distrito-federal/noticia/2016/09/corpos-de-pai-e-filho-assassinados-em-mt-sao-enterrados-em-brasilia.html>.

Nos tempos da ditadura, a dra. Elizabeth trabalhou como advogada de presos políticos. Foi homenageada por isso em 13 de novembro de 2012, pelo conselho federal da Ordem dos Advogados do Brasil (OAB), com os também advogados Herilda Balduino, José Carlos Pelucio, José Paulo Sepúlveda Pertence, José Rodrigues Ferreira e Luiz Carlos Sigmaringa Seixas.[2] "Defendi presos no congresso de Ibiúna[3] e atuei na defesa do caso do José Carlos da Matta Machado,[4] em nome da família", contou. Advogava também na Justiça Militar. "Lembro que os dois casais [Bolsonaro e Rogéria, Fábio e Lígia] vieram ao escritório conversar comigo e que assumi o caso", disse. "Defendi que a primeira condenação era absurda e absolvi os dois."

Sobre o STM ter interpretado de forma errada as perícias, ela disse apenas, sem entrar no mérito: "Não levei os laudos em consideração porque [os exames] foram feitos em rabiscos, croquis que não valiam nada". Sobre a posição do general Leônidas Pires Gonçalves, ministro do Exército, que a princípio queria Bolsonaro fora do Exército, a dra. Elizabeth comentou: "A posição do general Leônidas não podia prevalecer. O STM é independente". Disse ainda que Bolsonaro não a procurou para agradecer, mas que na verdade isso não tem a menor importância. "Só sei que ele me pagou", completou, sem lembrar quanto. Contou por fim que um assessor de um assessor do presidente Bolsonaro lhe telefonou não muito tempo atrás para perguntar se ela ainda tinha os originais das folhas de alterações dele no Exército. Ela não tinha.

2 Cf. <http://www.oabdf.org.br/noticias/oab-presta-homenagem-a-advoga-dos-que-lutaram-contra-a-ditadura/>. 3 Em outubro de 1968. Centenas de estudantes foram presos. Cf. <http://almanaque.folha.uol.com.br/brasil_13out 1968.htm>. 4 Dirigente da Ação Popular Marxista Leninista (APML) assassinado pela repressão. Cf. <https://www.acervo.pe.gov.br/uploads/r/arquivo--publico-estadual-jordao-emerenciano/d/3/e/d3e8a76053570a963a0093c-d1b66b7dd4dff3bfb52fd0c7e30a355d6cead1f6a/36b2d246-aa40-48e5-9198-e404dbd5e592-JOSE_CARLOS_NOVAES_DA_MATTA_MACHADO.pdf>.

16.
In dubio pro reo

O ministro relator Sérgio de Ary Pires começou a ler seu voto por volta das seis da tarde. O voto avaliou a acusação de "mostras de imaturidade" de Bolsonaro por ter ido a um garimpo no sul da Bahia. O relator citou o "conceito desabonador" emitido pelo coronel Pellegrino a respeito do capitão Bolsonaro, lembrou que, de outro lado, o coronel também elogiou o capitão, mas ignorou completamente as declarações desfavoráveis na embaixada da Colômbia. A conclusão, nesse ponto, é que "o Conselho supervalorizou o único registro negativo existente no prontuário do acusado [...], e suas conclusões não merecem acolhida".

A segunda acusação avaliada pelo relator foi a publicação do artigo contra os baixos salários na revista *Veja* em 1986. "O acusado errou ao recorrer à imprensa para revelar sua insatisfação", dizendo, porém, que por essa falta Bolsonaro já tinha sido punido disciplinarmente. "Não há qualquer prova nos autos estabelecendo relação entre a publicação deste artigo e os fatos ocorridos mais de um ano depois", acrescentou o relator.

Sobre as acusações de "contatos com elementos da imprensa", "saber previamente da matéria que seria publicada sem tomar providências" e ter sido chamado de "mentiroso" sem reagir para "resguardar a honra", Sérgio de Ary Pires entendeu que elas "referem-se a fatos interligados, que foram objeto de profundas contradições entre as testemunhas e que somente poderão ser adequadamente avaliadas se colocados em ordem cronológica e confrontados com a prova dos autos".

O relator passou, então, a fazer considerações sobre as reportagens de *Veja* e à operação Beco sem Saída: "Há tantas distorções, contradições e mentiras nas duas reportagens, com o objetivo único de manter a credibilidade da revista, que causa estranheza que tais fatos não tenham sido percebidos pelos membros do Conselho". Depois: "Em primeiro lugar, há que ressaltar a profunda contradição existente nos depoimentos da repórter Cassia Maria, do justificante e das testemunhas", disse, "não apenas quanto ao teor das conversas havidas, bem como às datas e horas dos acontecimentos".

"Em seu depoimento", continuou o relator, "a jornalista declara que manteve vários contatos com o acusado, durante o ano de 1987, não podendo precisá-los, de imediato, mas que 'nos arquivos da Editora Abril [a empresa que edita *Veja*] podem ser encontrados os registros desses contatos'." O voto do ministro Sérgio de Ary Pires realçou todas as já citadas contradições entre os depoimentos, principalmente sobre datas e horários, e afirmou que "nos autos do Conselho de Justificação não há qualquer elemento comprobatório da ocorrência da reunião de 21 de outubro de 1987, da presença da jornalista Cassia Maria na residência do capitão Fábio, ou, até mesmo, da ida da repórter à Vila Militar de Deodoro, na referida data".

O Conselho tinha afirmado, como transcreveu em seu voto, que Bolsonaro "mentiu durante todo o processo e que a versão de Cassia Maria é a mais aproximada da realidade, o que confirma a ocorrência da reunião no dia 21 de outubro de 1987, na residência do capitão Fábio, e, por conseguinte, os fatos geradores da reportagem". O relator divergiu frontalmente desse entendimento. "Este Tribunal discorda dessas conclusões do Conselho, não só porque permanece duvidosa a autoria dos esboços [croquis], como se provará adiante, bem como porque, mesmo admitida a autoria, os esboços poderiam ter sido entregues à repórter, em dia, hora e local diversos da residência do capitão Fábio."

Os testemunhos contraditórios sobre a visita de um grupo de mulheres à sucursal de *Veja* para conversar com Cassia Maria — entre elas Lígia D'Arc Passos e Rogéria Nantes Bolsonaro, segundo a repórter — também foram citados no voto de Sérgio de Ary Pires. Das quatro testemunhas chamadas — Ali Kamel, sua secretária Anita Carnavale e as jornalistas Mariza Tavares Figueira e Sônia Apolinário —, duas reconheceram Lígia (Kamel e Anita) e, nas palavras do relator, nenhuma das quatro reconheceu a mulher de Bolsonaro, Rogéria. No caso de Kamel, a expressão usada foi "não posso assegurar que a reconheço". Na mesma toada, o voto citou que o motorista de *Veja*, Francisco Carlos Sodré, não reconheceu Lígia como a mulher que acompanhou Cassia Maria a Marechal Hermes para tirar cópia de um documento.

"Verifica-se, portanto", disse o relator, "que não tem a menor consistência a 'prova documental' citada por Cassia Maria, na reportagem, ficando perfeitamente caracterizada uma mentira da parte da mencionada jornalista." Observe-se que a reportagem de *Veja* não dizia o que afirma o relator. O trecho, que não estava assinado pela repórter, trazia um desmentido da afirmação de que ela nunca tinha estado na casa do capitão Fábio Passos, como este afirmara. "Ele também mentiu: a repórter Cassia Maria esteve por duas vezes em sua casa", dizia *Veja*. "Numa dessas ocasiões, o capitão [Fábio] deu-lhe um documento e ela, em companhia do motorista de *Veja* e de uma pessoa da confiança pessoal do capitão, que viajou no banco da frente, foi a uma loja de xerocópias para reproduzir o papel, regressando ao edifício". *Veja*, portanto, nem mencionava Lígia.

O relator chegou, então, à questão decisiva — a dos "quatro Exames Grafotécnicos, que apresentam conclusões contraditórias", para usar suas exatas palavras. Já se vê aqui, incorporada por inteiro, a deturpação inoculada pela autodefesa de Jair Bolsonaro, que o relator apenas reforçou: tomou como quatro o que eram três — ignorando que um dos laudos era retificador — e partiu, como também fizera o capitão, para a demonstração cronológica do que havia afirmado. Começou com os dois primeiros laudos inconclusivos e passou para o laudo da Polícia Federal: "Não restam dúvidas ao ser afirmado que os manuscritos [croquis] promanaram do punho gráfico do capitão Jair Messias Bolsonaro". Em seguida, foi a vez de entrar em cena o "quarto" exame. Diferentemente de Bolsonaro, que em sua autodefesa omitiu a expressão "Complemento do Laudo Pericial nº 58/87", o ministro relator a citou. Assim, na página 45: "Em 11 de janeiro de 1988, o 1º tenente Newton Prado Veras Filho e o 1º sargento Horácio Nelson Mendonça, do 1º BPE, em documento denominado 'Complementação do Laudo Pericial nº 58/87' concluíram que 'ante a comparação gráfica realizada entre os padrões gráficos coletados e a peça motivo [croquis], são os peritos acordes em que os caracteres gráficos lançados nos croquis e nas peças padrão, promanaram de um mesmo punho gráfico'".

Admitindo nova hipótese sobre os laudos e selando a ardilosa versão do empate, o relator disse: "Mesmo admitindo-se um valor absoluto aos dois laudos, que atribuem a autoria dos croquis ao justificante e que são contestados por dois outros laudos anteriores, estaria provada apenas a autoria dos croquis, não se justificando a ilação feita pelo Conselho de que o justificante mentiu durante todo o processo e que a versão da jornalista é verdadeira e comprovada por outras testemunhas, o que é frontal e repetidamente desmentido pela prova dos autos." A distorção da verdade fica cristalina na frase "e que são contestados por dois outros laudos anteriores". Como se viu, um deles foi retificado, reconhecendo, depois disso, a autoria ao capitão.

Nas conclusões, o ministro Sérgio de Ary Pires voltou ao empate inexistente dos exames: "Finalmente, considerando as profundas contradições existentes nos quatro Exames

Grafotécnicos constantes dos autos, dos quais dois não apontam a autoria dos croquis, enquanto dois outros atribuem-na ao justificante — havendo, inclusive, opiniões diversas de dois peritos, que se manifestaram ora a favor e ora contra o acusado — este Tribunal não encontrou, nos autos, elementos de convicção bastantes, para imputar ao justificante, sem sombra de dúvida, a autoria dos citados croquis. 'IN DUBIO PRO REO'.

O CPPM [Código de Processo Penal Militar] estabelece, em seu artigo 326, que 'o juiz não ficará adstrito ao laudo, podendo aceitá-lo ou rejeitá-lo no todo ou em parte', sábio princípio que, pelas razões acima apontadas, aplica-se, integralmente, *in casu*".

É uma livre interpretação do artigo 326, e juízes podem fazê--la a seu critério, tanto ontem quanto hoje. Mas vale observar — antes que a rodada de votação comece — que o artigo 326 do CPPM certamente se refere a laudo materialmente existente. Não era o caso do laudo retificado, como quis entender o relator.

17.
Revisor traça "perfil psicológico"

O primeiro ministro a falar na sessão secreta, depois do voto de Sérgio de Ary Pires, foi o revisor Aldo da Silva Fagundes. Gaúcho de Alegrete e bacharel em direito, tinha 57 anos em 1988, um mandato de deputado estadual (PTB) entre 1963 e 1967 e quatro mandatos consecutivos de deputado federal entre 1967 e 1983 (MDB e PMDB).[1] Estava no STM desde 1986, indicado pelo presidente José Sarney.

"Formei a convicção segura, clara, de que os fatos descritos não permitiam a condenação desse oficial, a ponto de considerá-lo indigno do oficialato nas Forças Armadas", começou Aldo Fagundes. Logo considerou que a análise do relator era "incensurável" e partiu para o que chamou de "pequeno registro de caráter psicológico" do capitão Jair Bolsonaro "em três dimensões". "Seria um insano?", perguntou-se. "Há certas infantilidades, certas atitudes que surpreendem, mas é muito difícil concluir pela insanidade mental deste homem", respondeu.

Pedindo licença ao Tribunal, Fagundes definiu Bolsonaro com "um termo da fronteira do Rio Grande: um touro de forte, um gringo de 1,80 de altura e noventa quilos, atleta, desportista, [que] afora essas pequenas infantilidades [as acusações],

1 Cf. <http://www.fgv.br/cpdoc/acervo/dicionarios/verbete-biografico/aldo--da-silva-fagundes>.

227

teve algumas atitudes em que revelou até muita presença de espírito". Citou, como exemplo, o salvamento do soldado Negão Celso. "Seria um homem radical, interessado em subverter a ordem pública, um terrorista, enfim?", questionou. "Muito difícil", afirmou. "Contraria tudo que é lógica, tudo que é uma análise sensata."

Lembrou que a sessão era secreta e se permitiu dizer: "Eu sempre ouvi dizer que o general Newton Cruz é um homem de direita, um homem radical — e este capitão [Bolsonaro] tem pelo general Newton Cruz uma enorme admiração. Mas este relacionamento, até fraterno, será suficiente para dizer que este jovem é um terrorista comprometido com o tumulto da vida institucional do país? Não tenho como chegar a essa conclusão." Descartadas as duas primeiras "dimensões", o revisor Aldo Fagundes declarou-se a favor desta terceira: "[...] aquilo que os psicólogos e relações públicas apontam como o deslumbramento social, marcando uma mudança de comportamento em todo aquele que, numa fase de transição, sai do anonimato e chega à notoriedade. Essa caminhada é muito difícil". Em seguida lembrou uma frase que disse ter ouvido do veterano deputado mineiro José Bonifácio, ao chegar à Câmara Federal: "Um político que sai do anonimato e ocupa as manchetes é um homem perigoso. Pode cair no deslumbramento, e até perder a noção do pleno cumprimento de seu papel".

Na análise do revisor Aldo Fagundes, a fotografia do capitão na última página de *Veja* — a da seção Ponto de Vista de 3 de setembro de 1986 — "marcou o comportamento" de Bolsonaro e, "por um momento até alterou a sua normalidade psíquica", fazendo-o pensar "que era o verdadeiro líder do Exército brasileiro. Isso é suficiente para este Tribunal dizer que ele não pode mais ser oficial do Exército brasileiro?", perguntou o ministro. "É muito pouco", respondeu. "Foi um episódio, vai ser superado pelo tempo, e ele pode perfeitamente continuar sendo um oficial útil para o Exército brasileiro, porque é um homem honrado, um homem digno, não há nenhuma acusação moral grave a respeito da conduta dele." Relator e revisor de acordo, a matéria foi posta em discussão.

18.
Os ministros votam: 9 a 4

"Uma idiotice, um engodo"

O primeiro a falar, o general de Exército Haroldo Erichsen da Fonseca, abriu uma divergência: "Não cabe ao capitão, na ponta da linha, tomar a si os problemas do alto escalão", disse, referindo-se ao artigo que Bolsonaro publicou em *Veja*. Ex-comandante da 10ª Região Militar — com sede em Fortaleza, sua terra natal — e ministro interino do Exército do próprio Leônidas, o general Erichsen tinha 64 anos[1] e estava havia seis meses no STM, por indicação do presidente Sarney.

"Os dois capitães [Fábio Passos e Bolsonaro] estavam querendo era quebrar a hierarquia do Exército", afirmou. Sobre "os três laudos grafotécnicos", como disse, sublinhou o da Polícia Federal, "órgão de maior capacidade", por demonstrar "que o croqui promanou do nosso capitão Bolsonaro".

"O plano [Beco] 'Sem Saída' não era para ser executado. Uma idiotice, um engodo, só jogou o problema", disse o general Erichsen. Ele definiu Bolsonaro como "um homem que todo mundo sabe o nome dele". E colocou uma frase na boca do capitão, ao comentar seu deslumbramento com tudo aquilo: "Quem sabe eu possa ser amanhã um indivíduo notável". Baixando o nível, referiu-se ao chefe da sucursal de *Veja* no Rio, Alessandro Porro, como "o tal homem com nome meio pornográfico".

Sobre a repórter, disse: "O relatório do Sérgio [de Ary Pires] tem muito mais informações do que o meu. No meu, a repórter

[1] Cf. <http://www.fgv.br/cpdoc/acervo/dicionarios/verbete-biografico/haroldo-erichsen-da-fonseca>.

havia apresentado provas [de] que dissera a verdade". Por fim, votou pela culpa: "Bolsonaro quer se projetar ainda mais como líder do Exército, e o líder do Exército é o ministro. Não pode se contrapor ao ministro. Está quebrada a hierarquia nesse sentido".
2 a I.

"Divirjo *ipsis, virgulis*"

José Luiz Clerot, paraibano de Mamanguape, foi o próximo a falar. Era o único da Corte a ter tido um pé no governo João Goulart, de quem fora um dos oficiais de gabinete, antes que o golpe de 1964 o derrubasse, com a adesão de todos os ministros militares que ali estavam. Clerot sobreviveu, entrou para o PMDB e foi do Conselho Federal da OAB.[2] Em 1986, Sarney o levou para a Egrégia Corte Castrense, como diria o subprocurador militar.

Clerot começou citando o padre Antônio Vieira: "Quem julga com o entendimento, pode julgar bem, e pode julgar mal; quem julga com a vontade, nunca pode julgar bem". "Nunca julguei com paixão", arrematou. Isto posto, cravou: "Divirjo *ipsis, virgulis* do relator".

"Me recuso a acreditar que *Veja* publicasse irresponsavelmente matéria desse jaez", declarou o ministro togado. "Eu me recuso a admitir que essa jornalista é uma irresponsável. É inaceitável. Não estou julgando *Veja* nem a jornalista. Muito menos que é perigosa", acrescentou, em mais um contraponto direto ao que dissera o general Sérgio de Ary Pires. "Perigosa por quê?", perguntou. "Porque assumiu tamanha responsabilidade? Esses oficiais [Bolsonaro e Fábio Passos] mentiram por escrito e levaram o ministro a defendê-los e depois a engolir um sapo desse tamanho."

---

2 Cf. <https://dspace.stm.jus.br/bitstream/handle/123456789/50862/281bi og%20Jos%C3%A9%20Luiz%20Barbosa%20Ramalho%20Clerot%20 15%2C36.pdf?sequence=10&isAllowed=y>.

Citando Victor Nunes Leal, ex-ministro do Supremo Tribunal Federal cassado pelo AI-5 e àquela altura já falecido, Clerot disse que era preciso "ver as regras da probabilidade. É verossímil que essa moça inventou essa história para que *Veja* vendesse mais? O que é que este Bolsonaro tanto se encontrava com uma jovem jornalista? Ia trocar figurinha? Ou a [ficava] municiando? Este capitão, na sua imaturidade, que não sabia lidar com a imprensa, confiou à imprensa o seu plano macabro".

Aos croquis, então: "Ainda que se queira impugnar os laudos existentes no processo não se pode negar que há pelo menos um *fumus boni* [*fumus boni iuris*, ou fumaça do bom direito] para afirmar que as letras e aqueles croquis são do punho [de Bolsonaro]", disse o ministro Clerot. "Não quero lançar suspeitas sobre os laudos feitos pela área militar — porque há um certo *esprit de corps* que deve ter funcionado —, mas não funcionou na Polícia Federal."

Elogiou o Instituto de Criminalística da Polícia Federal, que emitiu o primeiro laudo atribuindo a autoria a Bolsonaro, e disse, referindo-se ao laudo de complementação, que "talvez agora, usando melhor aparelhagem fotográfica, os mesmos peritos militares suplantaram aquela dúvida".

"Então são dois laudos", afirmou, passando a ler o laudo de complementação, confirmatório da autoria. Clerot citou o artigo 326 do CPPM, com o qual o relator havia embasado o *in dubio pro reo*: "O juiz não ficará adstrito ao laudo, podendo aceitá-lo ou rejeitá-lo, no todo ou em parte". E disse: "Ele pode até abandoná-los, mas antes de abandoná-los tem primeiro que se render às evidências, sob pena de não estar atento à prova dos autos. Se existem laudos discordantes, e vem um terceiro, do Instituto de Criminalística, mais especializado, afirmando ou dissipando as dúvidas existentes, não há por que não se acatar este terceiro e último laudo. Essa é que é a realidade."

Sobre a operação Beco sem Saída, o futuro deputado eme-debista (1991-98) enunciou: "Podia não servir para ser executado, mas para provocar aquilo que se denominou a chamada guerrilha urbana ou guerra psicológica adversa, a animosidade". Nesse momento da sessão secreta — mostra o áudio —, o ministro Paulo Cesar Cataldo teve um mal-estar, uma repentina hipoglicemia, logo resolvida. Passado o susto, Clerot retomou e trouxe 1964 de volta. Não é possível ver os ministros militares se inquietarem em suas cadeiras, mas se pode sentir. "O problema da disciplina nas Forças Armadas, principalmente nessa faixa de capitão, está tão ruim quanto em 1964", afirmou Clerot. "Está gravíssimo", acentuou. "São atraídos como cordeiros por esses dois loucos [Bolsonaro e Fábio Passos]", continuou. "Nos últimos decênios é o fato mais grave, de repercussão negativa maior, de maior conteúdo antiético, de maior conteúdo violador das normas, da disciplina e da hierarquia, que já se passou por esse país no âmbito das Forças Armadas. Nunca, nem antes de 1964, se não me falha a memória, um capitão teve a coragem de afrontar um chefe militar como se afrontou."[3]

2 a 2.

3 Clerot falou sobre este julgamento em 2005, em entrevista ao centro de documentação da FGV (o CPDOC), em convênio com o STM (projeto 200 anos de Justiça Militar). As entrevistadoras foram as pesquisadoras Maria Celina D'Araújo e Juliana Belisário. Clerot disse o seguinte:
"J.C. — [...] Aqui tem um canalha na Câmara dos Deputados, que eu julguei ele aqui, o Bolsonaro. Ele, com outro camarada, iam dinamitar a Vila Militar em vários pontos para atribuir ao pessoal da esquerda.
[...]
M.D. — Quais foram as outras causas mais polêmicas enquanto o senhor foi ministro aqui?
J.C. — O caso do Bolsonaro.
M.D. — Mas foi polêmico por quê?
J.C. — Ah, foi polêmico porque...
M.D. — Ele tinha defensores?
J.C. — Não, não. É que... Não gostaria de dizer isso não porque eu

Veja "não vale o que come"

"Contam uma piada aí, que eu vou dizer, porque é secreta a reunião", anunciou a seus pares o tenente-brigadeiro do ar George Belham da Motta,[4] um dos cinco ministros indicados pelo presidente José Sarney: "uma das virtudes do ministro Leônidas foi unir o Exército; mas unir contra ele". Que o áudio tivesse captado, ninguém riu. Mas foi uma indicação de que o ministro do Exército estava longe de ser unanimidade naquele plenário.

dei um voto muito longo nisto. Não te falei de um sujeito [que] foi relator, o Seixas Teles [Clerot se enganou; o relator foi Sérgio de Ary Pires] do caso do Bolsonaro. A título de eles tratarem, dizer que os militares estavam ganhando mal, eles fizeram o quê? Eles iam dinamitar vários pontos na coisa militar, ele e um outro, e quem entregou... Ocorreu assim: o general Leônidas, que era o ministro do Exército, chamou o Bolsonaro e o outro e disse: "Eu quero ouvir de vocês, sob palavra de honra", porque a revista, o que escreveu sobre o Geisel, Elio Gaspari tinha feito uma matéria dizendo que na Vila Militar ia acontecer isso, isso e isso. O ministro do Exército chamou esses dois e, sob palavra de honra, eles asseguraram ao Leônidas que não era verdade o que o Elio Gaspari tinha publicado. Aí, o que fez o Leônidas? Acho que corretamente, ele saiu em defesa dos dois oficiais. Aí, o Elio Gaspari então publicou uma segunda matéria, até inclusive com os croquis do que ia acontecer e tudo, nos mínimos detalhes. Aí, o Leônidas ficou uma fera com isso e mandou para cá um Conselho, chama-se Conselho de Justificação, para excluí-los das Forças Armadas. O Tribunal aqui se ocupou muito mais de falar sobre o Leônidas e o Elio Gaspari do que julgar o processo.

M.D. — Quer dizer, nessas ocasiões, o senhor sente que tem uma diferença de comportamento dos ministros de origem militar dos ministros de origem civil? Há um corporativismo?

J.C. — Não. Esse Tribunal aqui discute a prova como poucos tribunais fazem, mesmo porque ele tem mais tempo para fazer isso. [...]"

Íntegra da entrevista em: <http://www.fgv.br/cpdoc/histora1/arq/Entrevista1356.pdf>.

4 Cf.<https://www.stm.jus.br/o-stm-stm/memoria/biografia-ministros-desde-1808/item/5655-biografia-279>.

O brigadeiro começou declarando-se um "revolucionário de 64, com noventa dias de cadeia e desacato a superiores, porque os superiores não tinham moral. A situação de 64 é muito diferente da atual", disse Motta, rebatendo Clerot. "E para mim João Goulart não é saudoso." Marcada a diferença, o brigadeiro disse que a questão a ser julgada era "fruto exclusivo de uma entrevista infeliz do ministro do Exército". O general Leônidas tinha dito, fazia algum tempo, que os militares estavam "no topo da pirâmide salarial". Bolsonaro errou ao publicar o artigo "O salário está baixo", afirmou o brigadeiro Motta, mas o fez "conscientemente". Já o ministro do Exército, a seu ver, "errou várias vezes — e errou mais ainda quando ratificou o parecer final do Conselho de Justificação [o do 3 a 0], [no qual] valeu a declaração de uma repórter da revista *Veja*".

Em seguida pediu permissão para contar "um fato que vai demonstrar o que é essa revista *Veja*". Tratava-se de uma espinha que estava irritando sua garganta desde fevereiro de 1985. Já eleito, Tancredo Neves tinha anunciado o brigadeiro Octavio Moreira Lima como seu futuro ministro da Aeronáutica. Certo dia, num final de tarde, Belham da Motta estava na sala do futuro ministro, quando o fotógrafo de *Veja* Antônio Ribeiro foi autorizado a entrar para uma sessão de fotos. A certa altura, por sugestão de outro brigadeiro presente, Moreira Lima tirou da parede as fotos do presidente Figueiredo e do então ministro da Aeronáutica, Délio Jardim de Mattos, ambos ainda em seus postos, e colocou no lugar as de Santos Dumont e de Jorge Salgado Filho, este o único civil a ter sido ministro da Aeronáutica. Competente, o fotógrafo Ribeiro conseguiu flagrar a troca, o que rendeu à edição de 6 de março de *Veja* daquele 1985, sob o título "Nova República", um dos registros mais simbólicos do fim da ditadura: três fotos de Moreira Lima em plena operação de "despejo" do presidente Figueiredo e de seu ministro da Aeronáutica.[5] Figueiredo subiu pelas paredes. Só não puniu o futuro ministro Moreira Lima, pelo que informou uma nota oficial, porque Tancredo assim pedira.

Dois anos e meio depois, Belham da Motta narrou essa história a seu modo, em uma sessão secreta, vendo má-fé onde havia existido apenas bom jornalismo. Deu detalhes e contou ter ameaçado o fotógrafo durante os cliques: "Olhe o que você está fazendo, menino. A revolução já acabou, mas eu sou mais velho e posso te dar umas palmadas". "Essa revista não vale o que come", afirmou o ministro brigadeiro no julgamento. "Essa revista visa dar furo de reportagem e jogar uns contra os outros. Essa revista não é digna de respeito." Acrescentou que *Veja* estava sendo "orientada" para conseguir "jogar o ministro do Exército contra seus subordinados, e vice-versa". A revista era "venenosa, inteligente e vai ser a vencedora", previu o brigadeiro, confessando-se em seguida assinante do semanário. E finalizou seu voto: "Se esses capitães [Bolsonaro e Fábio Passos] forem justificados aqui — e eu vou justificá-los —, poderá criar ressentimento entre o ministro do Exército e o STM."

3 a 2.

"Deus salve o Brasil"

O próximo a falar — apenas para prosseguir julgando *Veja*, e não Bolsonaro — foi o almirante de esquadra Roberto Andersen Cavalcanti. Carioca de 67 anos, o ex-chefe do Estado-Maior da Armada, do Estado-Maior das Forças Armadas e ex-ministro interino da Marinha,[6] estava no STM desde 1981, indicado pelo presidente João Figueiredo.

5 Cf. <https://acervo.veja.abril.com.br/#/edition/33687?page=28&section=1>.
6 Cf. <http://www.fgv.br/cpdoc/acervo/dicionarios/verbete-biografico/cavalcanti-roberto-andersen>.

"Eu confesso que estou estarrecido e muito preocupado", começou. "Depois da apologia feita pelo ministro Clerot quanto à integridade absoluta das informações da revista *Veja*, de que seus repórteres são verdadeiros vestais da verdade, eu fiquei realmente estarrecido." Reclamou da cobertura que *Veja* tinha feito da viagem do presidente José Sarney a Nova York no começo de junho[7] — "mero sensacionalismo" — e lamentou que ninguém do governo estivesse processando a revista. "Diante da afirmação do ministro Clerot, a acreditar que tudo que ali [*Veja*] consta é a pura verdade, só me resta dizer: 'Deus salve o Brasil'."

4 a 2.

"A verdadeira verdade"

Em abril de 1987, quando o Congresso Constituinte iniciava seus trabalhos, surgiram questionamentos sobre a continuidade ou não da Justiça Militar. Um dos que protestaram contra essa movimentação no STM foi o almirante Rafael de Azevedo Branco. Indicado por Figueiredo em 1984, Branco também comandara o Estado-Maior da Armada e fora ministro interino da Marinha.[8]

Na ocasião, declarou-se contra "prenúncios desavisados, interesseiros ou demagógicos, no sentido de restringir-se a competência da Justiça Militar, não faltando até inconsequentes que

---

7 "Fiasco em Nova York", *Veja*, 15 jun. 1988. Disponível em: <https://acervo. veja.abril.com.br/#/edition/33514?page=1&section=1>.
A capa trazia o físico inglês Stephen Hawking: "O cosmos do gênio: As ideias de um cientista que não fala e não anda ajudam a decifrar os enigmas do Universo". Na entrevista das páginas amarelas estava o então deputado federal do PDS Delfim Netto: "O czar da Constituinte".
8 Cf. <http://www.fgv.br/cpdoc/acervo/dicionarios/verbete-biografico/branco-rafael-de-azevedo>.

apregoam sua extinção".[9] Em junho de 1988, quando a Constituinte ia se encerrando aos trancos e barrancos, a permanência da Justiça Militar estava assegurada.

Ao iniciar seu voto na sessão secreta, o almirante Rafael de Azevedo fez uma confidência sobre o caso em julgamento: "A minha consciência teve um movimento pendular por quatro ou cinco vezes". Pediu vista, recebeu cópia, ficou procurando "a verdadeira verdade, porque há indícios contra ambas as partes — *Veja* e seus servidores, os oficiais e suas esposas".

Comentou, muito de passagem, contradições ocorridas nos depoimentos da equipe de *Veja* e disse sobre o "laudo grafotécnico": "É fraco, porque pegou apenas um ou outro caractere [dos escritos de Bolsonaro]". Estranhou a letra minúscula "d" em "Duque de Caxias". "Pelo menos para mim começa com letra maiúscula", disse.

5 a 2.

"A bolinha é redondinha"

A fala do ministro Antonio Carlos de Seixas Telles veio a seguir. Ex-escrevente juramentado e juiz militar de carreira, estava no STM desde 1981, também por indicação de Figueiredo. Pernambucano de Recife, tinha 56 anos.[10] O juiz se concentrou nas perícias. "O fato que deu começo a tudo foram os croquis", disse. Citou as duas perícias inconclusivas da Polícia do Exército e a da Polícia Federal, que determinara a autoria de Bolsonaro. Não se referiu, porém, ao essencial: o laudo de complementação que havia retificado o segundo laudo da perícia do Exército.

---

9 Disponível em: <http://www.fgv.br/cpdoc/acervo/dicionarios/verbete-biografico/branco-rafael-de-azevedo>. **10** Cf. <http://www.fgv.br/Cpdoc/Acervo/dicionarios/verbete-biografico/antonio-carlos-de-seixas-teles>.

E prosseguiu: "Estou estarrecido com a maneira como foi feito este laudo [o do Instituto de Criminalística da Polícia Federal]. Eu não quero levantar a suposição de que foi gratuito. Mas é de uma simplicidade de tal monta, que me levou a fazer uma conferência dos caracteres apontados com uma setazinha nos dois gráficos com o material padrão [de Bolsonaro] colhido na Escola [EsAO]".[11]

E se pôs a explicar sua conferência: "São dez os caracteres: a letra 'p', a letra 'g', 'o', 'e', o 'de', 'du', 'd', o '9', 'c', 'q', 'R', '2'. A letra 'p' minúscula [do croqui que indica a casa do capitão Sadon] é aberta. A pessoa que fez não fechou a barriguinha do 'p'. Todos os outros 'p' são fechados. Tive a pachorra de conferir."

Seixas Telles continuou, analisando o mesmo croqui: "A letra 'g' em 'general' e 'Savaget' são completamente diferentes um do outro [sic]. A preposição 'de' é completamente diferente na palavra 'Duque de Caxias'. Na letra 'd', a barriguinha do 'd' está redondinha, ao passo que em todos os documentos é completamente diferente. O '9', no gráfico, é completamente diferente no talhe. O 'c', no gráfico, tem um penachinho para trás. Eu desafio os ministros que procurem nos documentos padrões [as anotações de Bolsonaro colhidas na EsAO] qualquer 'c' com penachinho como o do gráfico."

Seixas Telles observou que no "q" de "Duque" "a bolinha de cima é redondinha", enquanto nos documentos padrões "é amassadinha, e a voltinha de baixo não é redondinha como está no padrão". Também o número "2", de acordo com a conferência feita por Seixas Telles, estava "completamente diferente nos gráficos [croquis] e nos padrões. "A única coisa parecida é o 'e', uma meia lua que é puxada. Mas nos padrões o traço do meio sempre emenda com a letra seguinte", complementou.

---

11 Para melhor entendimento, adaptei o trecho do áudio. Originalmente ele diz: "Mas é de uma simplicidade de tal monta que eu, sinceramente, me levou a fazer uma conferência, por deferência do ministro Branco, dos caracteres apontados com uma setazinha nos dois gráficos, com o material padrão colhido na Escola".

O ministro explicou que sua dita expertise de perito em grafologia era resultado de seus dezenove anos de cartório criminal como funcionário da Justiça do Rio de Janeiro, "habituado a ler perícias grafotécnicas em que os peritos descrevem no laudo, dão os detalhes". Apontando o laudo do Instituto de Criminalística, afirmou: "Neste laudo não existe isso. Eu fui procurar. Os peritos não mostram quais são as coincidências entre o padrão e os croquis".

E declarou: "A perícia não me convenceu". "De acordo com o artigo 326 do CPPM ['O juiz não ficará adstrito ao laudo, podendo aceitá-lo ou rejeitá-lo no todo ou em parte', já citado pelo relator], eu não estou obrigado a me louvar numa perícia que não me dá suficiente convencimento."

Seixas Telles falou por quinze minutos e 43 segundos, sem que se ouvisse um pio. Apesar de louvar-se por seu conhecimento de perícia grafotécnica — baseado em seu tempo de cartório criminal, que já ia longe —, limitou-se ao croqui indicativo da residência do capitão Sadon, sem se atrever a "conferir" um penachinho sequer das palavras "petardo de TNT", lá grafadas. Também ignorou até o final de sua fala o laudo de complementação, definidor da autoria do capitão.

6 a 2.

"Repórter não é flor que se cheire"

O julgador seguinte era o general de exército Alzir Benjamin Chaloub, de Macaé (RJ), de 68 anos, também indicado por Figueiredo em 1984. Entre os muitos postos relevantes que ocupara, estava o de comandante da 3ª Região Militar, a do Sul, e o de comandante da Escola Superior de Guerra.[12]

---

12 Cf. <http://www.fgv.br/cpdoc/acervo/dicionarios/verbete-biografico/chaloub-alzir>.

No começo de 1974, conta o jornalista Elio Gaspari em *A ditadura escancarada*, o general Chaloub era chefe de gabinete do ministro do Exército, Orlando Geisel. Estava em andamento a temporada de caça a guerrilheiros do Araguaia, e o ministro iria assistir a uma palestra, com projeção de slides, do tenente--coronel Arnaldo Braga, braço direito do comandante do CIE. Chaloub estava presente, assim como cerca de quinze oficiais. Gaspari relata em seu livro: "A terceira imagem mostrou um índio suruí segurando a cabeça decepada de um guerrilheiro. 'Isso é uma indignidade', disse Chaloub, retirando-se da sala". Já se iam catorze anos, e havia quatro o general do exército era ministro do STM.

Chaloub começou sua fala classificando o voto do relator, o general Sérgio de Ary Pires, como "brilhantíssimo". Explicou que o Conselho de Justificação era para aquilo mesmo: "Olha, batuta, se explique...". A sessão secreta já avançava pela noite, Chaloub registrou "o adiantado da hora", mencionou "acusações não comprovadas", "justificativas mal alicerçadas" e apontou seu fuzil imaginário para a repórter Cassia Maria. "Ela disse muita mentira, agravou tremendamente o problema", disparou. "Ele [Bolsonaro] tinha contatos com a criatura que é pouco recomendável, essa é que é a verdade, e perigosa, uma coisa de você criar uma cascavel dentro de casa. Você dominá-la, controlá-la e tudo, mas está arriscado a qualquer momento de dar um bote."

Recarregou e assestou: "Repórter não é flor que se cheire".

Por fim, definiu como se posicionaria: "Eu quero saber se ele se defende ou não das acusações; é em função disso que darei meu voto".

7 a 2.

O general Erichsen da Fonseca retomou a palavra rapidamente, para defender o general Leônidas Pires Gonçalves da piada crítica que o tenente-brigadeiro do ar Belham da Motta contara ali, entre quatro paredes, sobre o ministro do Exército.

José Luis Clerot também reassumiu a palavra, para ajustes que achou necessários. "Nada contra quem fez 64", disse. "Tenho grandes amigos [entre eles]." Também reajustou sua defesa de *Veja*, espicaçada. "É melhor ter uma imprensa com esses defeitos do que não ter nenhuma." Disse que não defendia repórter nenhum e que o que estava em jogo ali era "a mentira do capitão Bolsonaro".

Clerot voltou aos croquis e a Seixas Telles: "Esse capitão Bolsonaro, que não é de muitas letras, não é verossímil dizer que não é capaz de escrever "Duque de Caxias" em letra pequena. Está tudo em letras pequenas. Os peritos foram generosos e até parcimoniosos. Há demais para afirmar que o croqui é do punho do capitão. A análise da carta dele [referência ao primeiro desmentido de Bolsonaro, na noite de 25 de setembro de 1987, também alvo da perícia grafotécnica] leva este capitão às profundezas do inferno de Dante. Essa é que é a realidade".

"Indícios e contraindícios"

Era a vez do ministro togado Paulo César Cataldo, já recuperado da crise de hipoglicemia. Mais um dos indicados por Figueiredo, o advogado carioca, então com 56 anos, trazia no currículo a assessoria jurídica da Casa Civil do governo Ernesto Geisel ao tempo em que era chefiada pelo general Golbery do Couto e Silva e, depois, ter sido consultor geral da República no governo Figueiredo.[13]

"Não temos nenhuma prova quanto ao fato principal", disse. "Temos o laudo da Polícia Federal, ainda assim é indício." Esse laudo, como se viu, é o que atribuiu a autoria dos croquis a

---

13 Cf. <http://www.fgv.br/Cpdoc/Acervo/dicionarios/verbete-biografico/cataldo-paulo-cesar>.

Bolsonaro "sem nenhuma dúvida". O ministro não citou o outro laudo confirmatório de autoria.

"O fato de ser do punho dele não quer dizer necessariamente que tenha sido feito naquele apartamento [do capitão Fábio Passos, em 21 de outubro de 1987]", afirmou. Mencionou "indícios e contraindícios" e disse que "este rapaz vai se sair muito mal no Exército", mas que havia "um mínimo de dúvida".

8 a 2.

Em 2019, conversei uma segunda vez com o ex-ministro Cataldo, por telefone, no dia 4 de abril. Com seus 87 anos, era o único dos presentes àquele julgamento ainda em condições de falar. Me ofereci para ir vê-lo em Brasília, levando inclusive o áudio da sessão. Ele disse, gentil, que nada teria a acrescentar, por não se lembrar nitidamente do caso.

Contei-lhe, então, que iria questionar a decisão de 9 a 4, por *in dubio pro reo*, e expliquei a questão do resultado de 2 a 0 dos laudos, que o relator e todos os que o acompanharam naquele julgamento secreto, ele inclusive, transformaram em 2 a 2. "Não terá sido isso que influenciou o Tribunal", disse.

"Foi justamente isso", garanti.

"Não me lembro", disse Cataldo.

Perguntei-lhe sobre aquela decisão ter contrariado a posição do ministro do Exército, Leônidas Pires Gonçalves, pelo menos a posição que ele demonstrou ter ao encaminhar o caso ao STM. Ele afirmou que não tinha motivo para agastar o ministro. Lembrou de um *habeas corpus* que havia negado para acusados de agredirem uma comitiva do presidente José Sarney em uma visita dele ao Rio de Janeiro. "O ministro até mandou me dar os parabéns", contou.

"Não houve ali um combinado para livrar o capitão Bolsonaro?", perguntei.

"Da minha parte nunca houve, em processo algum, juízo prévio antes de conhecer os autos. Nunca fui movido por motivos extra-autos. Sempre julguei com o melhor direito e de acordo com a prova dos autos. Estou com a consciência sempre tranquila, não me arrependo de nada."

No fim da nossa conversa, o ex-ministro comentou ser "uma ironia do destino que aquele capitão julgado e absolvido por uma maioria expressiva tenha virado presidente da República".

"O senhor gostou?", perguntei.

"Boa tarde", ele respondeu.

O tenente-brigadeiro do ar Belham da Motta voltou a falar. Disse que o processo era "intrincado, embaralhado, não alinhado", com "indícios, deduções e suposições", e ressaltou dois pontos: que não havia ficado provada a reunião do dia 21 de outubro na casa do capitão Fábio, assim como a autoria do "famigerado croqui". Agradeceu a "aula de grafotecnia" de Seixas Telles, "que pôs os pingos nos is", e invocou o artigo 326 do CPPM para defender seu direito de rejeitar "o laudo".

O almirante Roberto Andersen Cavalcanti, que vergastara *Veja*, deu mais uma chicotada: "É lamentável que se queira condenar um oficial baseado na veracidade de *Veja*", afirmou, repetindo críticas à matéria daquela semana sobre a viagem de Sarney a Nova York, por uma "Márcia não sei lá das quantas".

Na rodada de votação, deixaram de se manifestar o ex-combatente e ex-promotor militar Rui de Lima Pessoa,[14] de 68 anos e um dos dois indicados por Geisel, e o almirante de esquadra Luiz Leal Ferreira,[15] de 61 anos, indicado por Sarney não fazia nem dois meses.

---

14 Cf. <http://www.fgv.br/cpdoc/acervo/dicionarios/verbete-biografico/pessoa-rui-de-lima>. **15** Cf. <http://www.fgv.br/cpdoc/acervo/dicionarios/verbete-biografico/ferreira-luis-leal>.

"A famigerada repórter"

Tarde da noite, a palavra voltou ao relator, o ministro general Sérgio de Ary Pires. Por quase uma hora — exatos cinquenta minutos e 59 segundos —, ele repassou os comentários que seus colegas tinham feito, contou histórias de outras rebeldias militares, citou os "Bolsonaros do passado" e criticou o "desvio lamentável" do capitão ao publicar o artigo de *Veja* em setembro de 1986. Era na revista que ele pretendia chegar, como chegou.

"Talvez esse fato [o artigo] tenha encorajado a leviana dessa repórter a insistir cotidianamente, procurando sensacionalismo, repórter orientada pelo corpo redatorial", ele ofendeu, no abrigo da sessão secreta. "Eu não guardo uma reputação condigna com esses homens de *Veja*", continuou. "Já ouvi vários comentários sobre a procedência desses homens, sobre os seus objetivos, e na verdade não tenho uma opinião formada. Já me disseram que são judeus internacionais argentinos em busca de dinheiro. Outros dizem que são comunistas internacionais a serviço da subversão, outros dizem que são simples anarquistas." O general Sérgio de Ary Pires prosseguiu: "Tem até os que os louvem considerando que a revista é impecável, que presta grandes serviços de seu corpo redatorial, é respeitável. Eu não posso formar um juízo temerário, mas posso afirmar que há dúvidas quanto à idoneidade dessa gente".

O general Erichsen da Fonseca interrompeu: "O confronto é entre *Veja* e o Exército, entre *Veja* e a estabilidade do governo. O alvo maior da revista é atingir o ministro do Exército, provar que não exercia liderança".

O relator retomou a palavra e contestou a afirmação de José Luiz Clerot sobre a mentira estar presente nos autos. "A mentira está presente em todas as declarações e afirmações dessa famigerada repórter Cassia Maria", vituperou o general. "Essa moça não deixa de ser uma vivandeira, sendo que as vivandeiras[16] prestam serviços, lavam roupa dos soldados, e essa quer lavar a roupa suja dos quartéis." O general marchou em frente, repetindo os argumentos aos quais já tinha recorrido em seu voto. Mencionou Cassia Maria de novo, desta vez para dizer que a vira no STM, antes da sessão, falando "muito serelepe" com o ministro Aldo Fagundes. Contou que *Veja* a tinha "destituído", o que não era verdade. O general relator não gastou nem um segundo com a questão-chave dos laudos periciais — os 2 a 0 que apontaram a autoria de Bolsonaro e que ele mudara para 2 a 2 no voto por escrito.

Concluiu dizendo-se "convencido" de que "a absolvição [de Bolsonaro] não atinge a dignidade e a autoridade do ministro do Exército". E garantiu: "Se o Leônidas estivesse aqui presente, votaria pela absolvição", quem sabe bem informado sobre um acordo a que Leônidas tivesse aderido depois, desde que o capitão saísse do Exército por outra via, como acabou acontecendo.

O relógio marcava 22h40, cinco horas e meia depois do início da rodada do fim da tarde, que começava às 17h10. O presidente daquele tribunal, brigadeiro Antônio Geraldo Peixoto,[17] indicado por Geisel, começou a tomar os votos, um a um. Clerot foi o primeiro. Antes de declará-lo, fez outro reparo ao ataque do relator à revista *Veja*. Disse que tinha conhecido Cassia Maria naquele dia, e a Elio Gaspari, o diretor adjunto de redação, que fora apresentado aos dois "na casa do Golbery [do Couto e Silva], de quem ele [Gaspari] era amigo íntimo e

---

16 O termo entrou para a história militar com a frase do general Castelo Branco, primeiro presidente da ditadura, no Estado-Maior do Exército, em 25 de agosto de 1964: "Vivandeiras alvoroçadas vem aos bivaques bulir com os granadeiros e provocar extravagâncias no Poder Militar". (*A ditadura envergonhada*). 17 Cf. <http://www.aer.mil.br/noticias/mostra/15155/ LUTO%20-%20Morre%20o%20Tenente-Brigadeiro%20Antonio%20 Geraldo%20Peixoto,%20ex-presidente%20do%20STM>.

confidente". Golbery era de fato uma fonte de Gaspari, como ele mesmo revelou em sua série de livros sobre a ditadura militar. "Não me parece que o ministro Golbery tivesse marginais na sua companhia", afirmou Clerot. Dito isso, considerou Bolsonaro não justificado, votando pela reforma do capitão.

Os outros votos contra Jair Bolsonaro — além dos de Clerot e do ministro Haroldo Erichsen da Fonseca — vieram dos ministros Luiz Leal Ferreira e Antônio Geraldo Peixoto, presidente da sessão. Desses, Clerot e Erichsen da Fonseca apresentaram voto por escrito, em separado.[18]

8 a 4.

Os oito ministros que absolveram o capitão Bolsonaro — considerando-o "não culpado" ou "justificado" — foram Sérgio de Ary Pires, Aldo Fagundes, Seixas Telles, Andersen Cavalcanti, Belham da Motta, Paulo César Cataldo, Alzir Chaloub e Rafael de Azevedo Branco. O nono voto pela absolvição foi do ministro Rui de Lima Pessoa.

9 a 4.

Já passava das onze da noite quando os ministros se questionaram sobre se deviam, naquele momento, transformar a sessão secreta em aberta, para divulgar publicamente o resultado. "A família do capitão está toda aí, numa agonia danada",

18 O voto em separado de Clerot transcreve, em seis páginas, trechos do parecer do subprocurador militar, Milton Menezes da Costa Filho, já citado. O de Erichsen da Fonseca, também em seis páginas, resume sua visão do caso e diz que Bolsonaro "violou profundamente os preceitos ético-militares", teve um "procedimento irresponsável e desleal", "comprometeu o bom nome do Exército" e "descumpriu os deveres militares da disciplina, do respeito, da hierarquia e da lealdade". Também apresentou voto em separado, divergindo pontualmente do relator, o ministro Rafael de Azevedo Branco, que votou a favor de Bolsonaro. A ata de sessão registra, também, que o ministro Roberto Andersen Cavalcanti, antes de proclamar sua decisão, declarou: "Por considerar que este processo não é de natureza administrativa, julgo não caber à presidência votar".

247

lembrou o ministro Clerot. Resolveram abrir a sessão. "Manda o pessoal entrar, que eu vou declarar o resultado", disse o presidente Geraldo Peixoto. E logo depois ele anunciou: "Por maioria de votos, o capitão Bolsonaro foi julgado não culpado".[19] Fim do áudio.

Veja publicou o resultado do julgamento em uma página de sua edição de 22 de junho de 1988, a de nº 1033: "Palavra final — STM absolve capitães da Beco sem Saída".[20] A matéria registra, como um "acontecimento inédito", o subprocurador, representante do Ministério Público, ter sido impedido de falar. Ao se referir aos laudos periciais, *Veja* errou: citou apenas um inconclusivo e outro da Polícia Federal, mostrando desconhecimento dos autos, talvez por ter feito uma cobertura propositalmente à distância, para não parecer que estava em campanha contra o capitão Bolsonaro. Além disso, os documentos eram secretos, o que dificultou a apuração de toda a imprensa.[21]

19 Diz a ementa do acórdão do Conselho de Justificação 129-9-DF: "Capitão do Exército acusado de conduta irregular e prática de atos atentatórios à honra pessoal, o pundonor militar e o decoro da classe. Carência de prova testemunhal a confirmar as acusações. Contradição em quatro exames grafotécnicos compromete o valor da prova pericial, impondo a rejeição dos mesmos, à luz do artigo 326 do CPPM. Rejeitadas as nulidades arguidas pela defesa, por intempestividade e por inobservância de formalidade de seu exclusivo interesse. Improcedentes as acusações, inclusive as de infringência de preceitos da Ética e do Dever Militar, declara-se o Oficial 'NÃO CULPADO'. Decisão por maioria".
20 Disponível em: <https://acervo.veja.abril.com.br/#/edition/33513?page=38&section=1>.
A capa era: "Tiroteio no Planalto: Sarney se livra das ideias confusas do brigadeiro Camarinha — Mailson continua debaixo de fogo".
21 *Jornal do Brasil* de 17 de junho de 1988: "STM absolve capitães acusados de planejar protesto com bomba". É nesta matéria, já citada aqui, que o *Jornal do Brasil* informou ter convidado Cassia Maria, ainda em *Veja*, a trabalhar em sua sucursal de Brasília. A matéria trazia uma foto da dra. Elizabeth, advogada de Bolsonaro. Disponível em: <https://news.google.com/newspapers?nid=0qX8s2k1IRwC&dat=19880617&printsec=frontpage&hl=pt-BR>.

A matéria de *Veja* criticava a advogada de Bolsonaro, por "ma-fé ou delírio", por ter "informado aos ministros do STM que a repórter Cassia Maria, que atualmente trabalha no *Jornal do Brasil*, foi demitida da revista *Veja* por falta de confiança profissional. Jamais a direção de *Veja* recebeu qualquer consulta a respeito do conceito profissional da repórter, que sempre foi o de uma jornalista qualificada. A informação de que ela foi demitida é mentirosa e se algum dos ministros do STM nela acreditou, foi ludibriado".

Dizia o texto no final: "A sentença judicial do STM encerra o caso, que a partir de agora passa a fazer parte da história da corte, da história de *Veja*, e da biografia do capitão, bem como de seu prontuário."

A matéria foi ilustrada com uma foto do julgamento e outra do capitão, esta ao lado do croqui da bomba. A legenda diz: "Bolsonaro: croqui é verdadeiro".

A *Folha de S.Paulo* noticiou em 18 de junho de 1988: "STM indefere pedido de Leônidas para afastar Bolsonaro e Passos". Disponível em: <https://acervo.folha.com.br/leitor.do?numero=10268&keyword=Jair%2CBolsonaro&anchor=4292579&origem=busca&pd=a3e75c60929c61da098997f07fe9545f>.

O *Globo*, também em 18 de junho, deu uma nota de pé de página: "Caso Bolsonaro: ainda cabe recurso". Dizia que ainda cabia embargo do MPM, o que ocorreu.

A manchete de todos os jornais no dia seguinte ao julgamento do STM foi a exoneração, pelo presidente José Sarney, do ministro-chefe do Estado-Maior das Forças Armadas, tenente-brigadeiro Paulo Roberto Camarinha.

Referências bibliográficas

BOLSONARO, Flávio. *Jair Messias Bolsonaro: Mito ou verdade*. Rio de janeiro: Altadena, 2017.

CASTRO, Celso. *O espírito militar: Um antropólogo na caserna*. Rio de janeiro: Jorge Zahar, 1990.

EMILIANO, José; MIRANDA, Oldack. *Lamarca: O capitão de guerrilha*. São Paulo: Global Editora, 1980.

GASPARI, Elio. *As ilusões armadas*. São Paulo: Companhia das Letras, 2002.

PAIVA, Marcelo Rubens. *Não és tu, Brasil*. São Paulo: Mandarim, 1996.

PINHO, Celso Luiz. *1970: A guerra no Vale do Ribeira*. São Paulo: Gregory, 2016.

RODRIGUES, Cassia Maria. *Operação 7 anões: Um brasileiro descobre a rota oficial da corrupção em Brasília*. Porto Alegre: L&PM, 1994.

SAINT-CLAIR, Clovis. *Bolsonaro: O homem que peitou o Exército e desafia a democracia*. Rio de Janeiro: Máquina de Livros, 2018.

Entrevistados

Sobre *Veja*

José Carlos de Andrade (e-mail)
Ali Kamel (telefone e e-mail)
Mariza Tavares (telefone e e-mail)

Sobre Jair Bolsonaro

Coronel da reserva Júlio Lemos (pessoalmente)
Coronel da reserva e advogado Edson Bimbi (telefone e e-mail)
Coronel da reserva Eduardo Galvão (e-mail)
General da reserva Juarez Aparecido de Paula Cunha (telefone)
Advogada Elizabeth Diniz Martins Souto (pessoalmente)
Ortopedista Deusdeth Gomes do Nascimento (telefone)

Sobre o STM

Ex-ministro Paulo César Cataldo (telefone)

Sobre o autor

Luiz Maklouf Carvalho nasceu em Belém, no Pará, em abril de 1953. É bacharel em direito pela Universidade Federal do Pará. Mora em São Paulo desde dezembro de 1983. Recebeu dois prêmios Jabuti de livro-reportagem por *Mulheres que foram à luta armada* (Globo, 1998) e *Já vi esse filme: Reportagens e polêmicas sobre Lula e o PT (1985-2005)* (Geração Editorial, 2005). É autor também, de:

· *1988: Segredos da Constituinte: Os vinte meses que agitaram e mudaram o Brasil* (Record, 2018);
· *João Santana: Um marqueteiro no poder* (Record, 2015);
· *O coronel rompe o silêncio: Lício Augusto Ribeiro, que matou e levou tiros na caçada aos guerrilheiros do Araguaia conta sua história* (Objetiva, 2004);
· *Cobras criadas: David Nasser e O Cruzeiro* (Senac SP, 2001);
· *Contido a bala: A vida e a morte de Paulo Fonteles, advogado de posseiros no sul do Pará* (Editora Cejup, 1994).

Foi editor do jornal *Resistência* e repórter, entre outros, dos jornais *Movimento*, *Jornal do Brasil*, *O Estado de S. Paulo*, *Folha de S.Paulo* e das revistas *Piauí* e *Época*. Desde janeiro de 2016 é repórter de *O Estado de S. Paulo*.

Créditos das imagens

pp. 129, 130; 132 (abaixo), 133 (acima, à esq., e abaixo) e 134:
Fotógrafos desconhecidos / Arquivo Jair Bolsonaro

pp. 131 e 132 (acima): Fotógrafos desconhecidos / Flickr / Aman

p. 133 (acima, à dir.): Luiz Pinto / Agência O Globo

pp. 135, 147 e 153: Arquivo do autor

pp. 136-40, 144-5, 148 (abaixo, à esq. e à dir.) e
150: *Veja* / Abril Comunicações S. A.

pp. 141 (acima), 143, 146, 148 (acima), 149 (à esq.)
e 151: Acervo Cpdoc / *Jornal do Brasil*

p. 141 (abaixo): Agência O Globo

pp. 142, 154-216: Arquivo Superior Tribunal Militar

p. 149 (à dir.): Agência Estado

p. 152: Arquivo pessoal Ali Kamel

© Luiz Maklouf Carvalho, 2019

Todos os direitos desta edição reservados à Todavia.

Grafia atualizada segundo o Acordo Ortográfico da Língua
Portuguesa de 1990, que entrou em vigor no Brasil em 2009.

capa
Daniel Trench
tratamento de imagens
Carlos Mesquita
pesquisa iconográfica
Ana Laura Souza
preparação
Ciça Caropreso
checagem
Gabriel Vituri
revisão
Huendel Viana
Livia Azevedo Lima

3ª reimpressão, 2021

Dados Internacionais de Catalogação na Publicação (CIP)

Carvalho, Luiz Maklouf (1953-2020)
O cadete e o capitão : A vida de Jair Bolsonaro no
quartel / Luiz Maklouf Carvalho. — 1. ed. — São Paulo :
Todavia, 2019.

ISBN 978-65-80309-35-1

1. Perfil biográfico. 2. Política. I. Título.

CDD 923.181

Índice para catálogo sistemático:
1. Biografia 923.181

Bruna Heller — Bibliotecária — CRB 10/2348

todavia
Rua Luís Anhaia, 44
05433.020 São Paulo SP
T. 55 11. 3094 0500
www.todavialivros.com.br

fonte
Register*
papel
Pólen soft 80 g/m²
impressão
Geográfica